Revista | Nr. 10

9Semne

Gândire Biblică Pentru Zidirea Bisericilor Sănătoase

BISERICA
Trăsături esențiale

9marks.org
revistarom@9marks.org

Director editorial: Jonathan Leeman
Redactor șef: Alex Duke
Design copertă: OpenBox9
Director producție: Rick Denham & Mary Beth Freeman
Președinte 9Marks: Mark Dever
9Marks ISBN: 978-1-950396-66-5

CUPRINS

5 **Nota editorilor**
Mark Dever și Jonathan Leeman

INTRODUCERE

6 **Ce este și cum poate fi măsurat succesul în lucrare?**

7 **Care sunt cele mai importante lucruri pe care trebuie să le facă un tânăr păstor?**

I. PREDICAREA EXPOZITIVĂ

8 **Ce este o predică "expozitivă"?**

9 **Impostori expozitivi**
Mike Gilbart-Smith

11 **Nu ai aplicații? Atunci nu ai predicat**
Michael Lawrence

II. TEOLOGIA BIBLICĂ

14 **Ce anume se înțelege prin expresia "teologie biblică"?**

15 **Cum este biserica păzită și ghidată de teologia biblică**
Jonathan Leeman

18 **Teologia biblică dezmembrează evanghelia prosperității**
Michael Schäfer

III. EVANGHELIA

22 **Ce este Evanghelia?**

23 **De ce este Iadul parte integrantă din Evanghelie?**
Greg Gilbert

26 **O predică centrată în Evanghelie strălucește de Evanghelie**
David King

28 **Nouă semne ale unei biserici a evangheliei prosperității**
D. A. Horton

IV. CONVERTIREA

33 **Ce este convertirea?**

23 **Apartenența înaintea credinței redefinește biserica**
Michael Lawrence

26 **Șase modalități în care le poți da oamenilor o falsă siguranță**
Mike McKinley

28 **Componenta colectivă a convertirii**
Jonathan Leeman

V. EVANGHELIZAREA

33 **Ce este evanghelizarea**

| 5 | **Problema programelor evanghelistice**
Mack Stiles

| 9 | **Patru practici ale unei biserici dedicată Marii Trimiteri**
Mark Dever

VI. MEMBRALITATEA BISERICEASCĂ

| 8 | **Nu este oare ideea de membralitate în biserică un concept american modern?**

| 9 | **Este biblic conceptul de membralitate în biserică?**
Matt Chandler

| 11 | **De la participanți la membri**
Thabiti Anyabwile

VII. DISCIPLINA BISERICII

| 14 | **Ce este disciplina bisericii?**

| 15 | **Când ar trebui ca o biserică să practice disciplina?**

| 18 | **De ce ar trebui ca bisericile să îi excomunice pe membrii vechi, care nu mai participă la viața acestora**
Alex Duke

| 18 | **Un ghid al disciplinei bisericii pas cu pas**
Geoff Chang

VIII. UCENICIZAREA

| 22 | **În principiu, cum funcționează ucenicizarea?**

| 23 | **Slujirea femeilor acolo unde nu există "lucrare cu femeile"?**
Carrie Russell

| 26 | **Ucenicizarea este normalitatea în creștinism**
Erik Raymond

IX. CONDUCEREA BISERICII

| 33 | **Ce este un prezbiter al bisericii?**

| 23 | **Iubește biserica mai mult decât sănătatea ei**
Jonathan Leeman

| 26 | **Bucuria în autoritate: Cum să creem o cultură a unor complementarieni fericiți**
Whitney Woollard

| 28 | **Cum să treci de la conducerea prin diaconi la cea prin prezbiteri**
Phil Newton

| 28 | **Nu fi un 9Marxist!**
Jonathan Leeman

MISIUNEA

| 33 | **Ce este succesul în misiune și cum se măsoară?**

5 **Evanghelia prosperității și problema bisericilor nepăzite**
Ken Mbugua

9 **Eclesiologia ta greșită ne rănește**
Mark Collins

9 **Nu mai trimiteți misionari! De ce mai mult nu este întotdeauna mai bine**
Steve Jennings

RUGĂCIUNEA

9 **Care sunt felurile diferite de rugăciune pe care o slujbă a bisericii ar trebui să le includă?**

11 **4 motive pentru care să adăugați o slujbă de rugăciune regulată în calendarul bisericii**
Brad Wheeler

18 **Rugăciunea comună: o lucrare invizibilă, dar vitală**
Megan Hill

18 **Cum să ne rugăm în comun cele patru mari tipuri de rugăciune**
John Onwuchekwa

NOTA EDITORILOR

Mark Dever

Jonathan D. Leeman

Nouă ne place să spunem că 9Marks nu are nimic nou de oferit. Noi doar îndreptăm privirile către lucruri care sunt cu adevărat vechi.

Salut din partea stră-străbunicilor tăi!

Evident, creștinii din urmă cu o sută de ani nu făceau toate lucrurile perfect în zidirea bisericilor lor, însă cel puțin ei căutau călăuzirea acolo unde trebuie – în Scriptură. Ei nu se îndreptau către cele mai recente tehnici de marketing sau către sondajele de opinie făcute pe grupuri țintă. Ei nu își ridicau antenele pentru a verifica de unde bate vântul în societate. Ei își deschideau Bibliile, le studiau, și încercau să-și modeleze părtășia, conducerea și lucrările bisericilor lor după învățătura Scripturii.

9Marks există de 20 de ani pentru a-i încuraja pe liderii bisericilor să facă același lucru. Viziunea noastră este simplă: *să îi echipăm pe liderii bisericilor cu o viziune biblică și cu resurse practice pentru zidirea bisericilor sănătoase.*

Da, este adevărat, ai nevoie să-ți cunoști propriul context, la fel cum părinții trebuie să-și cunoască individual copiii. Cu toate acestea, Biblia ne oferă toată călăuzirea de care avem nevoie pentru a ne aduna în congregațiile noastre, pentru a ne confirma reciproc în calitate de membri ai trupului lui Hristos, prin rânduielile bisericii, pentru a predica Scriptura, pentru a crește lideri, pentru a ne ucenicia reciproc, pentru a-i evangheliza pe prietenii și vecinii noștri, și pentru a crește în viață, sănătate și vitalitate spirituală.

Ciudat este că mult prea multe cărți și articole destinate păstorilor pretind să ofere „cheia" pentru creșterea bisericii. În mod uzual, cheia este orice crede autorul că a fost util în a-și atinge obiectivul de a crește numărul membrilor bisericii lui. Mesajul obișnuit este acesta: „Fă ceea ce fac eu!" Evident, dacă aceea ar fi cheia creșterii bisericii, de ce oare nu a făcut-o cunoscută Duhul Sfânt? Încearcă El oare să ne facă viața mai grea?

Începând cu anul 2006, 9Marks a publicat această revistă pentru a-i ajuta pe liderii și membrii bisericilor să se gândească la diferitele domenii ale vieții de biserică: lucrarea prezbiterilor, a diaconilor, evanghelizarea, conceptul de membru în biserică, disciplina bisericii, cântarea, rugăciunea, programele de școală duminicală, evanghelia prosperității, autoritatea, aspectele etnice, politice, păstorirea celor necăsătoriți, ucenicizarea, tranziția pastorală și multe altele. Toate numerele revistei sunt disponibile pe website pentru a fi descărcate gratuit.

În această ediție aniversară, am colectat câteva dintre cele mai bune articole – câteva pentru fiecare dintre cele 9 semne ale unei biserici sănătoase. Citește-le, apoi dă această revistă mai departe colegilor tăi din conducerea bisericii.

Poate că organizația noastră nu va mai exista peste 20 de ani pentru că vor fi până atunci suficiente biserici care vor înțelege această viziune: da, Biblia este cu adevărat suficientă. Până atunci, haideți să ne rugăm ca Dumnezeu să ne ajute să rămânem credincioși în a ne întoarce privirile din nou și din nou către Biblie. Mai mult decât atât, haideți să ne rugăm să avem parte de mai multe biserici și de mai mulți păstori care să fie modele în învățătura și practica acelorași lucruri.

CE ESTE ȘI CUM POATE FI MĂSURAT SUCCESUL ÎN LUCRARE?

Aceasta este o întrebare dificil de răspuns, din cauza principiilor contradictorii care sunt puse în joc.

1. Cum măsurăm supranaturalul? Rodnicia supranaturală nu poate fi măsurată întotdeauna.

2. Succesul ține de credincioșie. Unul dintre cele mai importante criterii ale succesului nostru ar trebui să țină de faptul că suntem sau nu credincioși predicării Cuvântului și trăirii unei vieți de conformare față de Cuvânt.

3. Mai mult decât simpla prezență în biserică. Numărul de oameni care participă la slujbele unei biserici nu este singurul factor ce trebuie luat în considerare, ci trebuie să ne gândim mai degrabă la cât de mulți dintre membrii noștri trăiesc în sfințenie, câți lideri sunt crescuți, cât de mulți membri pleacă din biserică pe terenul de misiune, și așa mai departe. Astfel de factori sunt cu mult mai profunzi și mai complecși, și sunt adesea indicatori mai buni asupra credincioșiei și a succesului lucrării unui slujitor.

4. Succesul nu este întotdeauna vizibil. O lucrare credincioasă și „de succes" poate să nu manifeste roade imediate și evidente. Adoniram Judson nu a avut nici măcar un singur convertit vreme de 7 ani. Mai mult, răspunsurile inițiale față de predicarea Evangheliei pot să se dovedească foarte amăgitoare în timp (Matei 13:1-23). La urma urmei, cât de multă „roadă" a apucat să vadă profetul Ieremia?

5. Totuși, roada vizibilă trebuie luată în considerare. Dumnezeu le dă daruri diferite oamenilor. Este perfect posibil ca un om să se străduiască credincios într-un lucru pentru care nu are dar. Într-o astfel de situație, va exista puțină roadă vizibilă, lucru care trebuie luat în considerare atunci când își evaluează planurile și susținerea pe termen lung. Nu toți creștinii ar trebui să poată să-i ceară bisericii locale să pună deoparte ceva din veniturile acesteia ca să îi susțină în lucrare. Roada vizibilă este parte din această analiză.

6. Care este esența succesului în lucrare? Succesul în lucrare înseamnă în primul rând credincioșie, dar a încerca în mod smerit și atent să evaluăm roada lucrării unui credincios ar trebui să joace un rol util în cântărirea succesului lucrării lui.

CARE SUNT CELE MAI IMPORTANTE LUCRURI PE CARE TREBUIE SĂ LE FACĂ UN TÂNĂR PĂSTOR?

1. Predicarea Cuvântului lui Dumnezeu. Lucrarea cea mai importantă pe care un tânăr păstor o are de făcut este să predice Cuvântul lui Dumnezeu. Totul începe de aici. Cuvântul lui Dumnezeu este ceea ce îi convertește pe păcătoși și ceea ce îi sfințește pe credincioși (1 Tes. 1:5; Ioan 17:17). Cuvântul lui Dumnezeu este ceea ce aduce schimbarea, sănătatea și creșterea spirituală (1 Tes. 2:13). De aceea, predicarea expozitivă credincioasă a Cuvântului lui Dumnezeu trebuie să fie prioritatea numărul unu a oricărui tânăr păstor.

2. Dragostea pentru oameni. Un păstor trebuie să-și iubească oamenii. El trebuie să trăiască printre ei, să le slujească, să îngrijească de ei, să îi încurajeze, să îi suporte în slăbiciunile lor, și să se dedice lor. Este cu totul important ca un păstor să își iubească cu generozitate turma de la început în lucrarea lui, așa încât membrii bisericii să învețe să aibă încredere în el. Fără această încredere câștigată prin dragoste, este puțin probabil ca ei să îi urmeze conducerea.

3. Alegerea înțeleaptă a luptelor. Nu merită să luptăm pentru orice lucru. Un tânăr păstor trebuie să se străduiască să-și dezvolte un simțământ clar asupra lucrurilor care sunt importante și să pună piciorul în prag doar acolo unde chestiunile sunt cu adevărat critice.

4. Angajamentul pe termen lung. Nu te aștepta ca lucrurile să se schimbe peste noapte. Planifică-ți lucrarea și slujește așteptând schimbările pe termen lung. Predică răbdător și ucenicizează-ți oamenii. Dedică-te lor, slujindu-le pe termen lung și roagă-te ca Domnul să aducă roadă în ei la vremea pe care El o consideră potrivită.

CE ESTE O PREDICĂ „EXPOZITIVĂ"?

O predică expozitivă este o predică ce preia principalul subiect al unui pasaj al Scripturii, îl transformă în principala temă a predicii și îl aplică vieții de astăzi.

Cu alte cuvinte, o predică expozitivă explică înțelesul unui pasaj al Scripturii și îi arată relevanța pentru viața aceluia care o aude. Atât.

Aceasta înseamnă că o predică expozitivă:

- Nu are nevoie să se focalizeze doar pe un verset sau două.
- Nu are nevoie să prezinte argumente exegetice complexe sau aspecte istorice nesfârșite.
- Nu trebuie să fie seacă, fără viață sau separată de viețile oamenilor.
- Nu confundă principalul subiect al unui pasaj cu orice aplicație legitimă acelui pasaj (adică, să folosească un verset pentru a spune ceea ce predicatorul vrea să spună).

Mai degrabă, ea ar trebui să preia un pasaj mic, mediu sau mare al Scripturii și să arate cât de important este înțelesul primar al acelui pasaj pentru lumea de astăzi.

IMPOSTORI EXPOZITIVI

Mike Gilbart-Smith

Mark Dever descria în mod corect predicarea expozitivă ca fiind „predicarea care preia ca element esențial al unei predici ideea unui anumit pasaj al Scripturii".

Însă am auzit (și am predicat!) mesaje care intenționează să fie expozitive dar, cumva, eșuează. În cele ce urmează intenționez să identific 12 astfel de situații: cinci dintre ele nu fac din mesajul versetelor mesajul predicii și astfel abuzează textul; cinci eșuează să facă legătura între pasajul biblic și congregație, și două ratează să recunoască faptul că predicarea este, în ultimă instanță, lucrarea lui Dumnezeu. La origine, niciuna dintre aceste observații nu îmi aparțin. Pe multe dintre ele le-am învățat la Eden Baptist Church în Cambridge, la mijlocul anilor '90. Pe altele le-am cules între timp. De la momentul când am scris un articol asemănător, în urmă cu mai mulți ani, am adăugat unele lucruri care mi-au fost sugerate de anumite persoane. Sunt sigur că poți să te gândești și la altele.

IMPOSTORI CARE EȘUEAZĂ SĂ VADĂ TEXTUL BIBLIC

1) „Predica fără fundament": textul este înțeles greșit

În acest caz, predicatorul spune lucruri care pot fi adevărate, dar ele nu izvorăsc în niciun fel dintr-o interpretare corectă a pasajului. El este nepăsător atât în ce privește *conținutul* textului (de ex. o predică despre „producția, motivația și inspirația" menționate în versiunea NIV a versetului din 1 Tesaloniceni 1:3 [și parțial în BVA în română - n.trad.], deși niciunul din aceste cuvinte nu are vreun paralel în limba greacă) cât și în ce privește *contextul* (de exemplu, predica despre David și Goliat, care e urmată de întrebarea, „Cine este Goliatul tău, și care sunt cele cinci pietre netede de care ai nevoie pentru a fi pregătit să le folosești împotriva lui?").

Dacă un predicator nu este profund preocupat să descopere adevărul Cuvântului lui Dumnezeu pentru a identifica mesajul predicilor sale, el va fi cel mai probabil dirijat de propriile idei, nu de cele ale lui Dumnezeu.

2) „Predica trambulină": punctul central al textului este ignorat

În strânsă legătură cu aceasta este predica în care mesagerul devine concentrat pe un lucru care, în realitate, constituie o implicație secundară a textului, nu punctul ei central. Imaginează-ți o predică asupra textului din Ioan 2, care descrie nunta din Cana, dar care se concentrează pe libertatea creștinului de a consuma alcool, și nu spune nimic în legătură cu descoperirea slavei noului legământ al lui Hristos prin semnul schimbării apei în vin de către Isus.

Unul dintre marile avantaje ale predicării expozitive secvențiale [adică trecând succesiv prin tot textul unei cărți - n.trad.] este că predicatorul e „forțat" să vorbească despre subiecte pe care altfel le-ar evita, și să dea greutate potrivită acelor teme pe care altfel le-ar fi supraevaluat. Un predicator care are mesaje „neîntemeiate" sau de tip „trambulină" poate, fără să își dea seama, să rateze ambele dezavantaje, iar agenda lui Dumnezeu să ajungă astfel să fie redusă la tăcere sau pusă deoparte.

3) „Predica doctrinară": bogăția textului este ignorată

Dumnezeu ne-a vorbit în mod intenționat „în multe feluri" (Evrei 1:1). Mult prea multe piedici ignoră genul literar al unui pasaj și predică din textele narative, poetice, epistolare și apocaliptice în mod absolut asemănător, ca și cum ar avea de-a face cu o serie de afirmații simple, declarative. Chiar dacă toate predicile trebuie să aibă adevăruri declarative, ele nu trebuie reduse la acestea. Contextul literar al pasajelor ar trebui să facă așa încât o predică din Cântarea Cântărilor să sune diferit de una din Efeseni 5. Pasajul poate să aibă același punct central, dar el este prezentat într-o modalitate diferită. Diversitatea Scripturii nu ar trebui aplatizată în predicare, ci ea trebuie prețuită și folosită într-o modalitate care să fie sensibilă față de genul literar. Genul narativ ar trebui să ne ajute să empatizăm, cel poetic ar trebui să ne stârnească și să ne înalțe răspunsul emoțional, iar textele apocaliptice și profetice ar trebui să ne provoace uimirea.

4) „Predica tip scurtătură": textul biblic este rareori menționat

Fiind opusul predicii exegetice, acest fel de predicare nu demonstrează niciun fel de străduință exegetică. Chiar dacă Domnul Și-a stabilit agenda prin Cuvântul Său, doar predicatorul este pe deplin conștient de acest fapt. Congregația poate foarte bine să sfârșească spunând „ce predică minunată", în loc să spună „ce pasaj minunat al Scripturii".

Haideți să continuăm să încurajăm adunările noastre să audă vocea lui Dumnezeu, nu doar vocile noastre, îndreptându-le mereu privirile înapoi la textul Scripturii, și spunându-le mai degrabă „iată ce vrea Dumnezeu să spună în versetul 5" decât „ascultați cu atenție ce vă spun acum".

5) „Predica fără Hristos": mesajul Îl exclude pe Mântuitor

Isus i-a mustrat pe farisei astfel: „[voi] cercetați Scripturile, pentru că socotiți că în ele aveți viața veșnică, dar tocmai ele mărturisesc despre Mine. Și nu vreți să veniți la Mine, ca să aveți viața!" (Ioan 5:39-40). Dar cât de trist este ca până și noi, care am venit la Isus pentru a avea viața, să ajungem să adunăm o întreagă congregație pentru studiul unui pasaj al Scripturii, și totuși să refuzăm să o facem să vadă ce are de spus acel pasaj despre Hristos, transformând pasajele Vechiului Testament în predici moralizatoare, fără Hristos, și predicând mesaje fără Evanghelie chiar din textele Evangheliilor. Imaginați-vă oroarea unei predici din narațiunea legată de evenimentele din Grădina Ghetsimani care s-ar concentra pe oferirea unei lecții despre cum să tratăm stresul din viețile noastre.

Dacă ne-am imagina Cuvântul lui Dumnezeu ca o roată uriașă, atunci butucul este Hristos iar axa este Evanghelia. Nu am predicat cu credincioșie niciun pasaj al Scripturii câtă vreme nu ne-am străduit să mișcăm spițele așa încât ele să pună în mișcare butucul, și câtă vreme nu am comunicat ceea ce pasajul spune despre Hristos și despre felul cum el este relaționat la Evanghelie.

IMPOSTORI CARE EȘUEAZĂ SĂ VADĂ CONGREGAȚIA

6) „Predica exegetică": textul rămâne fără aplicații

Dacă „predica fără fundament" ratează în totalitate textul, „predica exegetică" ratează totalmente congregația. Anumite predici asupra cărora se emite pretenția că sunt expozitive sunt respinse de audiență drept plictisitoare și irelevante ... și pe bună dreptate! Oamenii ar putea foarte bine să citească un text asemănător dintr-un comentariu exegetic. Orice s-a spus în legătură cu acel pasaj este adevărat, dar aceasta nu constituie predicare autentică, ci este ca o simplă lecție de la facultate. Multe lucruri pot fi învățate în legătură cu felul în care Pavel s-a folosit de genitivul absolut, dar puține lucruri învățăm astfel cu privire la caracterul lui Dumnezeu sau natura inimii omului. În mintea celor din adunare nu există nicio aplicație în niciun aspect. Adevărata predicare expozitivă va informa, evident, mintea, dar ea va încălzi și inima și va constrânge voința.

O dietă regulată a predicării exegetice îi va face pe oameni să simtă că doar predicarea anumitor subiecte poate fi relevantă, și va influența citirea Bibliei în viața privată a acelora care presupun că putem citi Cuvântul lui Dumnezeu cu credincioșie și totuși să rămânem neprovocați și neschimbați.

7) „Predica irelevantă": textul este aplicat unei alte congregații

Mult prea multe predici se manifestă azi într-un fel mândru în adunare, prin a arunca cu pietre peste zid, în grădinile altora. Fie esența pasajului este aplicată doar celor necredincioși, sugerând faptul că textul biblic nu are nimic de spus bisericii, fie este aplicată problemelor care sunt rareori întâlnite în congregația căreia i se predică.

Astfel, acea adunare începe să se mândrească și, ca și fariseul din pilda lui Isus, sfârșește mulțumitoare pentru faptul că ei nu sunt ca alții. Răspunsul adunării nu constă în credință și pocăință, ci „O, dacă doamna Smith ar auzi această predică!" sau „Biserica metodistă de peste drum ar fi trebuit cu adevărat să aibă parte de această predică!"

O astfel de predicare va crește o congregație în auto-neprihănire, nu în evlavie.

8) „Predica personală": textul este aplicat doar predicatorului

Este ușor pentru un predicator să se gândească doar la felul cum un pasaj biblic se aplică propriei persoane, apoi să predice adunării ca și cum congregația s-ar afla în întregime în aceeași situație cu a lui. Pentru mine, este cu certitudine cel mai ușor să observ cum se aplică un pasaj al Scripturii unui bărbat englez alb, în vârstă de circa 40 de ani, cu soție și șase copii, care lucrează ca păstor al unei mici congregații din partea de vest a Londrei. Acest lucru poate suna minunat pentru timpul personal de meditație, dar nu îi va fi de mare folos bisericii mele, întrucât nimeni altcineva nu se potrivește acestei situații.

Care sunt implicațiile textului pentru un tânăr sau pentru o mamă singură? Dar pentru femeia care a trecut de 40 de ani și care tânjește să se căsătorească? Dar pentru acel emigrant? Dar pentru cel fără serviciu, pentru ateul care tocmai ne-a vizitat, ori pentru acel musulman? Dar pentru congregație în întregime, pentru șoferul de autobuz, pentru funcționarul de la primărie, studentul de facultate sau acea mamă casnică?

Predica personală poate să determine adunarea să creadă că Biblia este aplicabilă doar creștinilor „profesioniști" și că singura vocație validă pentru viețile lor ar fi să lucreze cu normă întreagă pentru biserică sau o altă organizație crești-nă. Ea poate determina congregația să-și idolatrizeze păstorul și să își trăiască viețile creștine prin intermediul lui. Aceasta îi fură congregației posibilitatea de a vedea cum să aplice Cuvântul lui Dumnezeu oricărui aspect din viețile lor și cum să îl comunice acelora ale căror vieți sunt destul de diferite de ale lor.

9) „Predica ipocrită": textul este aplicat tuturor, cu excepția predicatorului

Eroarea opusă „predicii personale" este predica în care mesagerul este considerat ca acela care învață pe ceilalți Cuvântul, dar el nu trăiește în practică ce înseamnă să te afli sub autoritatea Cuvântului.

Există momente când predicatorul trebuie să spună „voi" și nu „noi". Dar un predicator care întotdeauna spune „voi" și niciodată „noi", nu oferă modelul asupra felului în care el este doar o portavoce a Marelui Păstor, și care, înainte de toate, nu este decât una dintre oi care trebuie să audă ea în săși vocea Marelui Păstor, trebuie să-L cunoască și să-L urmeze, punându-și credința în El în ce privește viața și siguranța ei veșnică. Un predicator care vorbește în felul acesta poate să facă eroarea exact opusă celei în care congregația trăiește prin păstorul ei: el va trăi prin congregația lui. El va presupune că ucenicia lui este în întregime legată de lucrarea sa și va sfârși prin a nu umbla ca un ucenic aflat sub autoritatea Cuvântului lui Dumnezeu, ci ca unul care îi pune pe alții sub autoritatea unui Cuvânt față de care el rămâne la distanță.

10) „Predica nepotrivită": esența pasajului este aplicată greșit congregației de față

Uneori distanța hermeneutică între pasajul original și congregația care aude predica poate fi înțeleasă greșit, astfel încât aplicația făcută la contextul original este transferată direct și în mod greșit contextului prezent. Astfel, dacă predicatorul nu are o teologie biblică corectă cu privire la închinare, pasaje legate de detaliile vechi-testamentare ale templului pot să fie aplicate în mod greșit clădirilor bisericii din Noul Testament, în loc ca acestea să fie prezentate ca fiind împlinite în Hristos și în poporul Său. Predicatorii evangheliei prosperității ar putea să pretindă că promisiunile de binecuvântări materiale date Israelului credincios din vechiul legământ se aplică în mod egal poporului noului legământ al lui Dumnezeu.

IMPOSTORI CARE EȘUEAZĂ SĂ ÎL VADĂ PE DOMNUL

Lecțiile de predicare se referă adesea la două orizonturi ale acesteia: textul biblic și congregația. Dar predicatorii creștini trebuie să recunoască faptul că, în spatele amândurora, stă Domnul, care a inspirat textul și care este la lucru în congregație.

11) „Predica fără viață": esența pasajului este vorbită, nu predicată

Este posibil să avem de-a face cu un predicator care înțelege foarte bine pasajul și care vorbește despre implicațiile lui pentru congregația prezentă într-o modalitate competentă și chiar profundă. Și totuși, predicatorul își rostește mesajul ca și cum ar citi dintr-o carte de telefoane. Nu există niciun simțământ că, atunci când el prezintă mesajul Cuvântului lui Dumnezeu, Dumnezeu Însuși comunică poporului Său. Atunci când predicatorul eșuează să recunoască faptul că Dumnezeu Însuși, prin Cuvântul Lui, este Cel care pledează, încurajează, mustră, instruiește, îndeamnă, cioplește și rafinează poporul Său, prin aplicarea de către Duhul a acelui Cuvânt, adesea nu va exista niciun fel de pasiune, reverență, solemnitate, nicio bucurie evidentă, niciun simț al lacrimilor întristării – ci doar cuvinte.

12) „Predica fără putere": mesajul textului este predicat fără rugăciune

Uneori atât de mult timp este dedicat studiului pasajului și creionării predicii, încât rămâne foarte puțină vreme pentru rugăciune, pentru a cere fie înțelegerea corectă, fie aplicațiile adecvate ale textului.

Predicatorul care se străduiește din greu dar se roagă puțin, se încrede mai mult în propria persoană decât în Domnul. Aceasta este probabil una dintre cele mai mari ispite în care poate să cadă un predicator expozitiv, și ea este cu atât mai mare cu cât congregația este mai capabilă să discearnă și să identifice exegeza falsă sau aplicațiile inadecvate. Dar diferența pe care rugăciunile predicatorului au făcut-o în ceea ce privește impactul mesajului său va fi clară doar Domnului și se va vedea doar în ziua când toate lucrurile vor fi date pe față. Așteptarea Domnului și prevederea eternității trebuie să fie, în ultimă instanță, mai importante pentru predicator. În fapt, lui trebuie să îi pese cu adevărat doar de pasajul său și de congregație pentru că Domnul și veșnicia sunt invizibile, dar de importanță infinită.

CONCLUZIE

Predicarea expozitivă este foarte importantă pentru sănătatea bisericii, pentru că ea permite ca întreg sfatul lui Dumnezeu să fie aplicat întregii Biserici a lui Dumnezeu. Fie ca Domnul să îi echipeze în așa fel pe predicatorii Cuvântului Său, încât vocea Lui să se facă auzită și să fie ascultată.

DESPRE AUTOR:

Mike Gilbart-Smith este păstor la Twynholm Baptist Church din Fulham, Anglia. Îl puteți găsi pe Twitter la @MGilbartSmith.

Nota editorului: acest articol reprezintă o versiune revizuită și extinsă a unui articol pe care Mike l-a scris cu mai mulți ani în urmă.

NU AI APLICAȚII? ATUNCI NU AI PREDICAT

Michael Lawrence

Ai stat vreodată într-o sală de clasă gândindu-te care este sensul unei lecții? Eu îmi amintesc în mod special de acel sentiment pe care-l trăiam când mă străduiam în facultate să înțeleg disciplinele care cereau calcule. Cursul era predat ca și cum aplicațiile principiilor erau evidente de la sine. Și poate că, pentru așii în matematică din acea clasă, așa și era. Dar pentru acest tânăr englez, totul era un exercițiu constant și inutil de gândire totalmente abstractă. Fără a înțelege aplicațiile din lumea reală, aveam mari dificultăți în a pricepe de ce am nevoie să știu valoarea vreunui lucru cu care n-aș fi avut niciodată de-a face, ca și cum ar fi fost situat la o distanță infinită.

Dacă ești un expert în matematică, tot ce trebuie să faci este să îți amintești cum te simțeai atunci când ți se cerea să discuți sensul vreunuia dintre sonetele lui Shakespeare.

EXPLICAȚIE ≠ APLICAȚIE

N-am de gând să încerc să dezgrop amintiri neplăcute. Dar mă întreb dacă nu cumva vreunii dintre noi, predicatorii, suntem vinovați de a ne pune membrii bisericilor, în fiecare duminică, într-o situație spirituală echivalentă aceleia în care se află un proaspăt student la facultate care studiază calculele algebrice? Asemenea multor profesori din nenumărate domenii, suntem pasionați în ceea ce privește subiectul nostru și foarte bine pregătiți. Putem răspunde întrebărilor legate de timpul verbului din grea-că sau ebraică și de despre contextul istoric și cultural din Orientul mijlociu în vremea antică. Putem să explicăm un termen înainte ca membrii bisericilor noastre să își dea seama cum să îl pronunțe corect. Și suntem pregătiți să explicăm de ce traducătorii au înțeles greșit și de ce cei care ne aud ar trebui să se folosească mai degrabă de înțelegerea pe care noi o avem cu privire la acel verset.

Și totuși, în ciuda acestei bogății de cunoștințe și înțelepciune, prezentate cu pasiune, ca și cum ar fi cea mai mare realizare a noastră, congregația rămâne cu o firavă înțelegere în ceea ce privește aplicațiile, sau a ceea ce ei trebuie să facă cu acel text. Știu că au de-a face cu un lucru important în viață, pentru că la mijloc este vorba despre Cuvântul lui Dumnezeu. Mai mult decât atât, ei știu că acesta este Cuvântul lui Dumnezeu pentru ei.

Dar, când explicăm, le spunem în esență celor ce ne ascultă, „acum vi l-am transmis. Mai trebuie să vă dați seama cum să-l aplicați în viețile voastre". Sau, mai rău, îi lăsăm pe oameni întrucâtva încurcați și cu simțământul de a fi lumești pentru că nu știu cum să îl aplice, fiindcă nouă ni se pare evident acest lucru.

Pur și simplu nu este suficient ca noi, predicatorii, să explicăm textul adunărilor noastre. Dacă vrem să fim buni păstori, va trebui să aplicăm textul în viețile lor de astăzi.

Dar de ce nu o facem? Cred că din câteva motive.

În primul rând, a face aplicații este o treabă grea. Comparată cu introspecția în complexitatea inimii și a situației omului, analiza gramaticală și a contextului este o joacă de copil.

În al doilea rând, aplicațiile sunt subiective. Știu când am subliniat corect o propoziție sau când am conjugat un verb. Dar cum aș putea ști că am făcut aplicația corectă?

În al treilea rând, a face aplicații este un lucru complicat. Textul are o idee centrală, dar sunt multitudini de aplicații ce pot fi făcute, poate la fel de multe pe cât sunt ascultători în sală. Iar alegerea celor potrivite din mulțimea de opțiuni este o treabă complicată.

În al patrulea rând, a face aplicații este o chestiune personală. Imediat ce încep să mă gândesc la felul cum un text anume se aplică congregației mele, nu pot să nu mă confrunt cu felul cum el se aplică vieții mele. Și, uneori, mai degrabă aș prefera să îl explic decât să intru în zona aplicațiilor.

Toate aceste motive au de-a face cu firea noastră și cu dorința noastră de a evita mai degrabă munca grea la care nu suntem așa de pricepuți, sau chiar să evităm cu totul convingerea personală de păcat. De aceea, răspunsul nostru la aceste scuze este, pur și simplu, să ne pocăim.

APLICAȚIE ≠ CONVINGERE

Dar mai există un al cincilea motiv, mai teologic, pentru care unii dintre noi neglijăm aplicațiile în predicile noastre. Noi suntem convinși cumva că aplicația este treaba altcuiva și că ea se află dincolo de sarcinile pentru care suntem plătiți. Nu este cumva Duhul Sfânt Cel care trebuie să aplice în final textul în inima fiecărei persoane? Dacă eu fac aplicația, și ea nu este relevantă, nu i-am lăsat cumva pe oameni să scape din cârlig? Dar dacă eu prezint adevărul, după care mă dau la o parte, atunci Duhul Sfânt are un teren liber să-Și facă lucrarea. Și El se va descurca cu mult mai bine decât aș face-o eu.

Am auzit mulți predicatori moderni foarte stimați subliniind acest lucru. Dar, cu tot respectul, cred că această obiecție este deopotrivă nebiblică și confuză din punct de vedere teologic. Confuzia este că noi punem semn de egalitate, în mod greșit, între convingere și aplicație. Convingerea de păcat, de neprihănire și judecată este treaba Duhului Sfânt (Ioan 16:8). Nimeni altul decât Duhul Sfânt nu poate aduce adevărata convingere de păcat, iar atunci când noi încercăm să facem lucrarea aceasta în locul Lui, ajungem în mod inevitabil la legalism. De ce? Deoarece convingerea de păcat este o chestiune a inimii, iar o persoană devine convinsă nu doar datorită faptului că un lucru este adevărat, ci și datorită aceluia că acea persoană este responsabilă înaintea lui Dumnezeu pentru acel adevăr, și ea trebuie să acționeze în baza lui.

Aplicația este diferită de convingere. Chiar dacă ținta ei este inima, ea tratează mintea. Dacă exegeza ne cere să înțelegem contextul original al pasajului, aplicația are de-a face întru totul cu explorarea contextului contemporan în care pasajul este auzit. Are de-a face cu identificarea aspectelor care țin de viață, etică și înțelepciune în care acest cuvânt particular al lui Hristos are nevoie să locuiască din belșug (Col. 3:26). Noi toți avem tendința de a asculta un mesaj prin propriile filtre și prin intermediul propriei experiențe. Așadar, atunci când un pastor se străduiește să facă aplicații ale Cuvântului, pentru noi se deschide o oportunitate de a lua în considerare semnificația unui pasaj în modalități la care nu ne-am fi gândit anterior sau pe care nu le-am lua în mod normal în considerare.

De exemplu, oridecâteori aud Ioan 3:16, mă gândesc imediat la chemarea mea de a face evanghelizare. Aceasta este aplicația mea naturală la acest verset, care vine aproape ca un reflex personal. Dar aplicația atentă, omiletică, ar putea să mă determine să mă gândesc mai profund la natura dragostei lui Dumnezeu pentru mine sau la ce înseamnă să am viața veșnică în Hristos. Extinzându-mi înțelegerea cu privire la aplicațiile posibile ale acelui singur verset, Ioan 3:16 începe să locuiască în viața mea mult mai bogat. Fără a mă amesteca peste lucrarea Duhului Sfânt, aplicația bine făcută a unui pasaj multiplică oportunitățile pentru convingerea de păcat.

EVITAREA APLICAȚIILOR ESTE NEBIBLICĂ

De asemenea, evitarea aplicațiilor este, pur și simplu, nebiblică. A face aplicații este exact ceea ce vedem noi pe paginile Scripturii, dacă ne uităm ce au făcut predicatorii și învățătorii Cuvântului lui Dumnezeu. De la Deuteronom 6:7 – unde părinților li se spune „să le întipărești în mintea copiilor tăi, și să vorbești de ele când vei fi acasă, când vei pleca în călătorie, când te vei culca și când te vei scula" – până la Neemia 8:8 - unde Ezra și Leviții nu doar citeau cartea Legii înaintea oamenilor, ci se și străduiau să „îi arate înțelesul, ca să-i facă să înțeleagă ce citiseră" – Vechiul Testament ne arată că poporul lui Dumnezeu nu era preocupat doar de cunoașterea Cuvântului Lui, ci îi și înțelegeau semnificația pentru viețile lor.

Iar această preocupare a continuat în învățătura lui Isus și a apostolilor. În Luca 8:21, Isus vorbește despre relația Sa cu cei care „ascultă Cuvântul lui Dumnezeu și îl împlinesc", iar învățătura Lui este ilustrată în felul cum trebuia să arate un credincios atunci când acel Cuvânt era pus în practică, începând cu Predica de pe Munte. Epistolele apostolilor sunt pline de aplicații practice, iar ei au dat mai departe acea preocupare către prezbiteri, care erau chemați să predice despre evlavia practică (1 Tim. 4) și să încredințeze aceeași învățătură „la oameni de încredere, care să fie în stare să îi învețe și pe alții" (2 Tim. 2:2).

Nicăieri nu vedem acest lucru mai clar decât în Efeseni 4:12-13. Scopul pentru care Hristos i-a dat Bisericii darul de păstori și învățători este acela de „desăvârșire a sfinților, în vederea lucrării de slujire, pentru zidirea trupului lui Hristos, până vom ajunge toți la unirea credinței și a cunoștinței Fiului lui Dumnezeu, la starea de om mare, la înălțimea staturii plinătății lui Hristos". Cum putem să-i echipăm noi pe membrii bisericii pentru diferitele lucrări din cadrul acesteia și din afara ei, dacă nu vorbim niciodată în mod specific și practic în acest sens? Pavel pare să presupună că noi ar trebui să țintim constant la acest lucru, ceea ce este departe de evitarea aplicațiilor.

CÂTEVA EXEMPLE

Așadar, cum ar trebui să arate aceasta în practică? Aș vrea să vă ofer două exemple. Haideți, mai întâi, să privim la 2 Samuel 11, narațiunea adulterului lui David cu Bat-Șeba și a abuzului de putere al lui pentru a pune la cale uciderea soțului ei și ascunderea păcatului său. Evident, aplicațiile legate de puritate sexuală și crimă stau deja la suprafața textului. Dar cum rămâne cu toți acei oameni din adunarea ta, pentru care curvia și crima nu constituie ispite curente? Sigur că există câțiva oameni de acest fel. Nu avem nimic să le spunem? Ba evident că avem.

Privind la păcatul specific al lui David, poți să îi ajuți să vadă felul în care păcatul acționează în general, ca și natura lui amăgitoare, oportunistă și progresivă. Apoi poți să-i ajuți să se gândească la „oportunitățile de a păcătui" cu care ei se confruntă, nu în calitate de împărați ai lui Israel, ci în calitate de mame, bunici, studenți, angajați, manageri sau pensionari. În aplicațiile tale, nu trebuie să încerci să fii exhaustiv. Încerci să oferi sensul pasajului și să pui rotițele în mișcare în mințile lor în ce privește propriile lor vieți.

Sau, să ne uităm la Efeseni 6:1-4. Acest pasaj este unul care vorbește despre obligațiile reciproce ale părinților și copiilor. Și există o mulțime de aplicații chiar acolo, în text. Dar ce se-ntâmplă cu toți aceia din biserica ta, care nu au copii sau ai căror copii nu se mai află acasă? Ei doar trebuie să asculte și să prindă o idee cu care să îi încurajeze pe părinții din jurul lor? Da, acesta poate fi un punct de plecare. Dar acesta este Cuvântul lui Dumnezeu, aplicabil și lor. Principiul autorității, odată ce este exersat corect și față de care ne supunem, le este aplicabil tuturor. Profesori și elevi, angajatori și angajați, prezbiteri și congregație, toți avem ceva de învățat despre ce înseamnă să creștem fiind supuși și respectând autoritatea evlavioasă. Așa cum observă Catehismul Mare de la Westminster, „prin cea de-a cincea poruncă se înțelege că ea face referire nu doar la părinții naturali, ci la toți superiorii în vârstă și daruri, în special la aceia care, prin rânduiala lui Dumnezeu, sunt puși peste noi în poziție de autoritate" (R.124). Noi toți ne aflăm într-o oarecare măsură sub autoritate, și mai toți avem întrucâtva autoritate. Aplicațiile atente vor ajuta la clarificarea acestui lucru.

CE ÎNSEAMNĂ ASTA PENTRU TINE

Ceea ce cred eu că înseamnă toate acestea este că o predică lipsită de aplicații nu poate fi deloc predică, ci doar o lecție biblică. Noi nu vrem ca oamenii să plece de la lecțiile noastre întrebându-se ce am vrut să spunem. Dimpotrivă, haideți să ne dedicăm timpul aplicării textului, „pentru desăvârșirea sfinților... pentru zidirea trupului lui Hristos, până vom ajunge ... la înălțimea staturii plinătății lui Hristos" (Efes. 4:12-13).

DESPRE AUTOR:

Michael Lawrence este păstor senior la Hinson Baptist Church în Portland, Oregon. Îl puteți găsi pe Twitter la @pdxtml.

CE ANUME SE ÎNȚELEGE PRIN EXPRESIA „TEOLOGIE BIBLICĂ"?

Expresia „teologie biblică" poate fi folosită cu două sensuri:

1. Învățătură sănătoasă. Termenul poate fi folosit cu sensul pe care persoanele obișnuite l-ar avea în minte: teologia care este biblică, sau teologia care reflectă cu acuratețe ceea ce Dumnezeu a revelat despre Sine în Cuvântul Lui. Liderii bisericilor sunt adesea ispitiți să predice ceea ce este popular, ceea ce nu ofensează, ceea ce le va „gâdila urechile oamenilor". Ei sunt ispitiți să facă anumite lucruri de dragul tradiției. În schimb, o biserică sănătoasă acordă o importanță deosebită învățăturii sănătoase.

2. O modalitate de interpretare a Scripturii. Cu toate acestea, expresia „teologie biblică" are și un al doilea sens, mai degrabă tehnic. Ea descrie acea disciplină hermeneutică, sau modalitate de interpretare a Bibliei, care încearcă să identifice și să prezinte narațiunea unică, principală, a Scripturii, care traversează ca un fir roșu toate cărțile Bibliei și genurile ei literare. În acest sens, teologia biblică analizează:

- Felul în care anumite teme biblice se dezvoltă de-a lungul întregii Scripturi;
- Felul în care Vechiul și Noul Testament sunt legate unul de celălalt;
- Felul în care întreaga Scriptură, într-un fel sau altul, ne îndreaptă privirile către lucrarea mântuitoare săvârșită de Domnul nostru Isus Hristos.

În acest sens, noi folosim expresia „teologie biblică" făcând referire la cea de-a doua definiție dintre cele de mai sus, anume referindu-ne la aceasta ca fiind disciplina hermeneutică prin care încercăm să marcăm dezvoltarea narațiunii unice (meta-narațiune) a Bibliei. Dacă dorim să folosim această expresie în sensul primei definiții, anume teologia care este biblică, atunci vom prefera să folosim expresia „învățătură sănătoasă".

CUM ESTE BISERICA PĂZITĂ ȘI GHIDATĂ DE TEOLOGIA BIBLICĂ

Jonathan Leeman

Teologia biblică constituie modul cum citim Biblia. Ea este în esență o disciplină hermeneutică. Ea prezumă că numeroșii autori ai Scripturii și multele sale cărți relatează o singură istorie a unui singur Autor – anume vorbește despre Hristos.

Sună un pic academic? Așa este, dar…

Disciplina teologiei biblice este esențială pentru păzirea și călăuzirea bisericii tale. Ea apără bisericile împotriva falselor istorii și a căilor greșite. Ea călăuzește biserica către o predicare mai bună, către o viață practică mai bună, către căi mai bune.

TEOLOGIA BIBLICĂ, ÎN CALITATE DE PROTECTOR AL BISERICII

Gândește-te pentru o clipă la liberalismul teologic. El rescrie narațiunea mântuirii ca și cum ar vrea să portretizeze lucrarea lui Dumnezeu de a corecta, să spunem, nedreptatea economică sau conștiința politică egocentrică. Astfel de relatări ale răscumpărării pot să nu fie greșite în întregime, dar ele îmi amintesc de felul cum una dintre fiicele mele ar veni să relateze un conflict cu sora ei. Ea ar spune adevărul dar, în același timp, ar omite anumite detalii, ar pune accent pe anumite lucruri și ar face conexiuni și interpretări intenționate. Așa stau lucrurile și cu felul în care liberalismul abordează relatarea evanghelică a Bibliei.

Tot așa și cu romano-catolicismul, unde preoții și sacramentele joacă un rol mijlocitor și care se înrădăcinează din plin în vechiul legământ.

La fel este și în ce privește evanghelia prosperității care, la rândul ei, importă elemente din vechiul legământ în cel nou, doar-doar să poată vorbi despre binecuvântări materiale.

Alte grupuri teologice nu aduc trecutul istoriei răscumpărării în prezent, ci aduc viitorul acesteia în prezent. Cândva au existat anabaptiștii perfecționiști, care credeau că pot să aducă cerul pe pământ, și asta foarte repede. Liberalii progresiști au încercat acest lucru în urmă cu un secol. Acum este rândul acelora care se căznesc să transforme societatea, și ei fac acest lucru aducând înaintea noastră narațiuni repovestite cu subtilitate.

Lista este lungă, fie că ne gândim la sectele „creștine" precum mormonismul, Martorii lui Iehova, fie că ne gândim la mișcările din interiorul bisericilor, cum ar fi evanghelia socială, teologia eliberării, mesianismul american sau anumite forme de separatism fundamentalist. Unele vin cu o formă mai blândă a denaturării narațiunii biblice, altele cu una mai puternic distorsionată.

Esența este că evangheliile dezechilibrate (sau false) și bisericile dezechilibrate (sau false) sunt zidite fie pe „texte-cheie" alese într-un fel îngust, fie pe relatări care sunt eronate cu totul. Ele fac conexiuni greșite între principalele legăminte ale Bibliei; subliniază prea multă continuitate ori prea multă discontinuitate; eșuează să facă distincție între tip și antetip; sau exagerează în una dintre extreme, în viziunea lor escatologică. Unii promit cerul pe pământ acum iar alții fac distincție între viața trupească și viața spirituală în vremea de acum.

În fiecare caz, sistemele teologice greșite sau neechilibrate propovăduiesc o evanghelie greșită sau dezechilibrată, iar astfel de evanghelii conduc la zidirea unor biserici dezechilibrate sau greșite.

Spre deosebire de aceasta, teologia biblică sănătoasă apără Evanghelia și păzește Biserica. D.A.

Carson spunea: „O teologie biblică robustă tinde să îi apere pe creștini împotriva celor mai rele influențe reducționiste".

Asta înseamnă că este treaba păstorului (1) să cunoască teologia biblică sănătoasă și (2) să aibă știință de sistemele teologice greșite care îi afectează pe oamenii ce pășesc în biserica lui. Astăzi, mulți dintre membrii bisericilor au fost afectați de vreuna dintre versiunile evangheliei prosperității. Poți să explici de ce acel lapte nu este bun?

TEOLOGIA BIBLICĂ, GHIDUL BISERICII

Dar teologia biblică nu este doar un păzitor al Bisericii, ci este și un ghid – o călăuză către o predicare sănătoasă, o implicare sănătoasă în evanghelizare, către o închinare comună sănătoasă, către o conducere bisericească sănătoase și către o viață creștină sănătoasă.

Un ghid pentru predicarea sănătoasă

Atunci când te așezi pentru a studia un text și pentru a pregăti o predică, teologia biblică te păzește de a lua anumite texte și, pe baza lor, să ajungi să relatezi o istorie dezechilibrată a răscumpărării.

Teologia biblică plasează fiecare text în contextul canonic corect și te ajută să vezi ce legătură are textul tău cu Persoana și lucrarea lui Hristos. Ea dă la o parte moralismul, așa încât să poți predica mesaje *creștine*. Ea face conexiuni corecte între texte indicative și texte imperative, între credință și fapte. Ea produce mesaje evanghelistice. Ea va face ca fiecare predică să fie parte din măreața istorie a răscumpărării.

Pe scurt, păstorule, ai nevoie de teologie biblică sănătoasă pentru a te achita de cel mai important lucru în slujirea ta: anume să predici și să înveți Cuvântul lui Dumnezeu.

Un ghid pentru o implicare evanghelistică sănătoasă

Îndreptându-ne acum atenția către evanghelizarea și implicarea bisericii în relație cu lumea din afară, trebuie să conștientizăm că teologia biblică echilibrează într-un mod corect așteptările noastre așa încât să nu ajungem să ne așteptăm la prea mult (să avem, de exemplu, o escatologie exagerată) sau să cerem prea puțin (oferind oamenilor un har ieftin, o credință superficială, beneficiile apartenenței la biserică înainte ca oamenii să creadă) sau să nu predicăm aspectele imperative ale Evangheliei.

Teologia biblică sănătoasă nu le va promite oamenilor că vor avea acum o viață la superlativ, fie că este vorba despre sănătate și bogăție, fie transformarea orașului, fie că vom câștiga favoarea elitelor sau că ne vom lua înapoi țara. Dar aceasta nu înseamnă că ar trebui să ne ferim de a ne implica în ce privește schimbarea societății sau de a căuta binele orașului prin fapte bune mânate de dragoste și dreptate.

Teologia biblică face implicarea primordială, adică evanghelizarea și misiunea, dar ea nu separă într-un mod fals cuvintele de fapte. Acestea sunt inseparabile pentru mărturia și misiunea bisericii, așa cum ne arată foarte clar relatarea biblică de la Adam la Avraam, la Israel, la David, la Hristos și la Biserică.

Un ghid pentru închinarea comună sănătoasă

Este dansul aproape gol al lui David, de la aducerea chivotului legământului, un aspect normativ pentru închinarea în adunările bisericii? Nu? Dar jertfele preoților Vechiului Testament, folosirea instrumentelor și a corurilor sau darurile aduse de diverse sărbători, ori citirea și explicarea textului biblic? O teologie biblică sănătoasă ne ajută să răspundem la dilema cu privire la ce anume să aducem în perioada noului legământ și ce să lăsăm în cel vechi.

Din nou, multe lucruri depind de felul cum cineva așază împreună legămintele, de abordarea pe care o persoană o are cu privire la aspectele de continuitate și discontinuitate și de felul cum acea persoană înțelege lucrarea lui Hristos de împlinire a legămintelor. De asemenea, acest lucru depinde de înțelegerea persoanei în cauză cu privire la ce anume i-a fost permis Bisericii lui Hristos să facă.

Toate acestea pot să sune foarte academic, dar practicile bisericii tale depind de teologia biblică pe care o ai. Întrebarea este: te-ai gândit în profunzime care este teologia ta biblică?

Un ghid pentru o conducere sănătoasă a bisericii

În același fel, relatarea Scripturii ne cere să acordăm atenție aspectelor de continuitate și discontinuitate în felul în care ne organizăm ca biserici. În termeni de continuitate, poporul lui Dumnezeu are întotdeauna nevoie să practice membralitatea și disciplina. În termen de discontinuitate, liderii poporului lui Dumnezeu se schimbă în mod dramatic de la vechiul legământ la cel nou. În primul rând, toți copiii lui Dumnezeu devin acum preoți. În al doilea rând, prezbiterii lui Dumnezeu sunt păstori care hrănesc turma prin intermediul Cuvântului.

Fără îndoială, întrebarea legată de *cine* poate fi membru al bisericii depinde de teologia biblică. Este calitatea de membru rezervată celor credincioși, sau celor credincioși și copiilor lor? Acest lucru depinde de cantitatea de continuitate și discontinuitate pe care o vezi între circumcizie și botez.

Un ghid pentru o viață creștină sănătoasă

În final, merită să luăm în considerare importanța teologiei biblice pentru viața sănătoasă de creștin și pentru felul cum acea viață se conectează la biserica locală.

În istoria Exodului, răscumpărarea a fost aplicată la nivel de grup, dar în Noul Testament, răscumpărarea este individuală, nu-i așa?

Ei bine, depinde de felul cum înțelegem relația dintre vechiul legământ și noul legământ și de felul cum înțelegem ceea ce Hristos realizează în noul legământ. N-ar putea cineva susține că existența unui cap al legământului implică existența unui popor al legământului (v. Ier. 31:33; 1 Petru 2:10)? Mai mult, Pavel pare să sublinieze că zidul de despărțire dintre Evrei și Neamuri a fost zdrobit și că acel „om nou" a fost creat exact în momentul în care păcătoșii au fost împăcați cu Dumnezeu (Efes. 2:11-22).

Dacă este adevărat că mântuirea, în Noul Testament, este îndreptată către *un popor* identic celui din Vechiul Testament, chiar dacă *experiența* mântuirii oricărui individ se petrece la momente diferite și nu împreună, ca grup, precum în Exod, atunci ar părea că viața creștină este fundamental o viață de grup. Și creșterea spirituală, la rândul ei, este de grup. Apoi trăirea în credință este o chestiune de grup. Da, este adevărat că tata m-a adoptat, dar el m-a adoptat într-o familie, așa încât calitatea de fiu sau fiică a lui înseamnă în același timp să fiu fratele și sora *lor*.

Ei bine, această realitate a grupului are nenumărate implicații în orice lucru din învățătura, părtășia și cultura bisericii. Scopul de bază pentru existența unei biserici locale – dacă o astfel de perspectivă teologică este corectă – este pur și simplu *să fie* o biserică. Înseamnă ca ea *să fie* această nouă familie, noul popor, noua națiune, noua cultură și noul trup. De aceea, parte din ceea ce noi denumim creștere spirituală nu are legătură cu ceea ce fac în timpul meu privat, ci are de-a face cu felul cum învăț să îmi însușesc noua identitate, în calitate de membru al familiei.

Pe de altă parte, este ușor să ne imaginăm o teologie care supralicitează poziția individului în detrimentul congregației (așa cum pot face unele sisteme teologice conservatoare) sau care supralicitează structurile bisericești sau din societate în detrimentul individului (așa cum fac teologiile liberale).

Mai mult, înțelegerea pe care o ai cu privire la relatarea biblică te ajută să cunoști ce să aștepți de la ceilalți membri de biserică: cât de multă neprihănire, cât de multă biruință asupra păcatului, cât de multă vindecare spirituală pentru victimele nedreptății, cât de multă restaurare a relațiilor frânte. Forma relatării biblice – așa cum o înțelegi – va creiona abordarea pe care o vei avea cu privire la tragedie, rău și neprihănire, atunci când te vei confrunta cu fiecare dintre ele în viața ta și a altora.

Cu alte cuvinte, o teologie biblică sănătoasă conduce la o viziune de tipul *„deja, dar nu încă"* asupra vieții creștine. Este foarte ușor să cădem în eroarea de a aștepta prea mult „deja" sau prea mult „nu încă".

Esența este aceasta: o teologie biblică sănătoasă constituie o călăuză de încredere pentru viața creștină, în mod particular în ceea ce privește felul în care acea viață se relaționează la biserica locală. Și ea păzește biserica împotriva exceselor, a așteptărilor greșite și a unei evanghelii false.

DESPRE AUTOR:

Jonathan Leeman este directorul editorial al 9Marks și unul din prezbiterii Cheverly Baptist Church din Cheverly, Maryland. Îl puteți găsi pe Twitter la @JonathanDLeeman.

TEOLOGIA BIBLICĂ DEZMEMBREAZĂ EVANGHELIA PROSPERITĂȚII

Michael Schäfer

Psalmul 23 este cel mai îndrăgit pasaj din Biblie și, de aceea, probabil cea mai iubită parte dintre toate scrierile din lume. Promisiunile și încurajările lui sunt atât de clare, încât cu greu mai este nevoie să li se dea vreo interpretare.

În mod obișnuit, tot ce au de făcut învățătorii biblici este să le amintească credincioșilor de faptul că Păstorul, Domnul, despre care se vorbește în acest Psalm este însuși Domnul Isus Hristos. Isus Și-a dat viața pentru oile Sale, și acest lucru face ca promisiunile Psalmului să fie împlinite.

Cu toate acestea, atunci când încape pe mâna celor care predică Biblia pentru foloasele lor, versetului de deschidere i se dă interpretarea că el ar promite că niciun credincios nu ar trebui să experimenteze vreo suferință de orice fel: „Domnul este Păstorul meu; nu voi duce lipsă de nimic".

Conform acestei interpretări, credincioșii au acces la comorile lui Dumnezeu, fiind liberi să capete orice își doresc. Așa că, tot ce trebuie să facă este să identifice dorința și să o ceară de la Dumnezeu.

PENTRU A PRIMI, TREBUIE SĂ DAI... ÎN SPECIAL PREDICATORULUI

Dar acești predicatori merg mai departe. Din nou, răstălmăcind Scriptura, ei explică faptul că această abundență promisă implică satisfacerea anumitor condiții. Binecuvântarea abundentă din partea lui Dumnezeu este bazată pe dărnicia generoasă a persoanei în cauză, în mod obișnuit exprimată față de acei predicatori! Și aici se folosesc apoi versete după versete, precum cele de mai jos:

„Să-i dai și să nu dai cu părere de rău în inimă; căci pentru aceasta te va binecuvânta Domnul, Dumnezeul tău, în toate lucrările de care te vei apuca." (Deut. 15:10)

„Cinstește pe Domnul cu averile tale, și cu cele dintâi roade din tot venitul tău: căci atunci grânarele îți vor fi pline de belșug, și teascurile tale vor geme de must" (Prov. 3:9-10).

„Unul, care dă cu mâna largă, ajunge mai bogat; și altul, care economisește prea mult, nu face decât să sărăcească. Sufletul binefăcător va fi săturat, și cel ce udă pe alții va fi udat și el." (Prov. 11:24-25)

„Omul milostiv va fi binecuvântat, pentru că dă săracului din pâinea lui." (Prov. 22:9)

„Aduceți însă la casa vistieriei toate zeciuielile, ca să fie hrană în Casa Mea; puneți-Mă astfel la încercare, zice Domnul oștirilor, și veți vedea dacă nu vă voi deschide zăgazurile cerurilor, și dacă nu voi turna peste voi belșug de binecuvântare" (Mal. 3:10).

„Să știți: cine seamănă puțin, puțin va secera; iar cine seamănă mult, mult va secera. Fiecare să dea după cum a hotărât în inima lui: nu cu părere de rău, sau de silă, căci ,pe cine dă cu bucurie, îl iubește Dumnezeu'. Și Dumnezeu poate să vă umple cu orice har, pentru ca, având totdeauna în toate lucrurile din destul, să prisosiți în orice faptă bună, după cum este scris: ,A împrăștiat, a dat săracilor, neprihănirea lui rămâne în veac'. ,Cel ce dă sămânță semănătorului și pâine pentru hrană', vă va da și vă va înmulți și vouă sămânța de semănat și va face să crească roadele neprihănirii voastre." (2 Cor. 9:6-10)

Este clar de ce evanghelia prosperității a pătruns atât de mult în biserici. Nu doar că ea este alimentată de lăcomia păcătoasă a predicatorilor și ascultătorilor lor deopotrivă, ci ideea că dărnicia conduce la binecuvântare materială este prezentată ca și cum ar fi învățătura clară lui Dumnezeu.

Dar cum să combatem această învățătură falsă, care face ravagii în biserică?

NECREDINCIOS RĂU SAU CREDINCIOS NEINFORMAT?

În contextul meu din Africa de Sud, după cum este valabil fără îndoială și în alte părți, trebuie să luăm mai întâi în considerare dacă învățătorul fals predică în acest fel în calitate de necredincios rău sau în calitate de credincios neinformat.

Mulți predicatori ai evangheliei prosperității fac acest lucru în calitate de vrăjmași ai lui Dumnezeu. Ei nu au o gândire biblică legată de Dumnezeu și nici nu predică faptul că singura cale către mântuire este doar Isus Hristos. Cei care fac parte din această categorie au nevoie de rugăciunile noastre și de mărturia noastră evanghelistică. Ei se conduc pe ei înșiși și pe cei ce-i urmează către Iad, predicând un mesaj care nu este deloc Evanghelia.

Dar există și un alt grup foarte răspândit ce promovează evanghelia prosperității (în Africa de Sud, cel puțin), anume credincioșii neinformați.

Acești predicatori neinformați cred și propovăduiesc evanghelia prosperității mai degrabă din ignoranță decât din răutate. Dorința lor zeloasă este de a înălța Cuvântul lui Dumnezeu, dar felul lor de a citi Scriptura, ignorând regulile de interpretare sau plasarea textului în narațiunea biblică generală, îi conduce la a se îndepărta de adevăr.

AVEM NEVOIE DE TEOLOGIE BIBLICĂ

Ce anume au nevoie cei din acest al doilea grup pentru a se corecta? Au nevoie să fie învățați teologia biblică.

Expresia „teologie biblică" se poate referi, pur și simplu, la teologia care este biblică. Dar aici vreau s-o folosesc într-un sens mai degrabă tehnic, pentru a mă referi la o modalitate de a citi Biblia ca o narațiune unică, cu un Autor unic și care face referire la un singur Domn și Mântuitor, Isus Hristos. Teologia biblică ne învață cum să citim fiecare pasaj al Scripturii în lumina Persoanei și a lucrării lui Hristos (vezi de exemplu Luca 24:27, 44-47; Ioan 5:39).

Aparenta modalitate literală de a citi orice pasaj al Scripturii, precum „Domnul este Păstorul meu, nu voi duce lipsă de nimic", este văzută de mulți drept semnul uceniciei adevărate. Dar dacă o astfel de citire nu respectă regulile de interpretare sau locul acelor texte în cadrul relatării biblice generale, atunci persoanele în cauză vor răstălmăci Cuvântul lui Dumnezeu. O astfel de citire are nevoie să fie dată pe față cu dragoste și etichetată drept inadecvată pentru interpretarea mesajului Bibliei.

O TEOLOGIE BIBLICĂ A BOGĂȚIEI ȘI PROSPERITĂȚII

Dar ce ne învață Biblia în legătură cu bogăția și prosperitatea?

Capitolele de început ale Bibliei ne arată clar că, în calitate de Creator, Dumnezeul este Stăpânul tuturor lucrurilor (Ps. 89:11). De aceea, toată bogăția Îi aparține (Ps. 50:10) și trebuie folosită pentru a stăpâni pământul și a-I aduce glorie, prin închinarea față de Fiul Său și slujind poporului Lui.

În calitate de Stăpân al tuturor lucrurilor, Dumnezeu dorește ca noi, creaturile Sale și administratorii pământului, să dorim să avem o relație cu El în loc să ne concentrăm pe lucrurile pe care El le-a creat pentru a ne fi de ajutor (Matei 6:31-33). Cu toate acestea, omenirea s-a închinat în mod consecvent lucrurilor create în loc să se închine Creatorului și s-a folosit de lucrurile materiale pentru scopuri egoiste.

Aceasta a fost abordarea obișnuită de-a lungul istoriei, așa încât a fost un lucru surprinzător când Dumnezeu a acționat cu îndurare față de Avraam, promițând lui și generațiilor care aveau să îl urmeze o împărăție minunată, în care avea să îi binecuvânteze material, așa încât ei să facă ceea ce Dumnezeu a intenționat cu Adam, anume să stăpânească peste creație cu scopul închinării la Dumnezeu și a slujirii altora, precum și pentru a fi o lumină pentru celelalte popoare (Gen. 12:1-3; 15:1-18). Celelalte națiuni trebuiau să privească la Israel și să îi considere un popor înțelept și binecuvântat, și astfel să se întoarcă la Dumnezeul lor, pentru a fi incluși în poporul Lui (Deut. 4:1-8).

Pentru a-l pregăti ca să fie această lumină și să trăiască în țara promisă, Dumnezeu i-a dat poporului Său Legea (Exod 19-20), după care le-a promis că aceia care se supuneau stăpânirii Lui aveau să primească binecuvântări materiale, în timp ce aceia care o respingeau avea să înfrunte blestemul, adesea descris în termenii sărăciei materiale (Deut. 28:1-68).

Și totuși, în ciuda acelui avertisment, a fost încă nevoie de profeți care să predice cuvintele de avertisment către cei care alegeau să umble după bogăția lor în loc să fie bogați față de Dumnezeu (ex. Isaia 5:8-10). Chiar și după ce au suferit pedeapsa exilului pentru refuzul supunerii complete față de Dumnezeu, poporul Israel a continuat să aleagă confortul și plăcerea proprie în detrimentul slavei lui Dumnezeu (Hagai 1:4).

De-a lungul perioadei vechi-testamentale, autorii înțelepți l-au învățat pe poporul lui Dumnezeu că nu era niciun fel de înțelepciune în a pune orice lucru mai presus decât Creatorul. Înțelepciunea, bazată pe caracterul lui Dumnezeu, dicta ca generozitatea să aibă rezultate pozitive în viața celui care dăruia, în timp ce egoismul avea să conducă la deșertăciune.

Un singur Om a luat aminte la avertisment și a avut viziunea ascultării de chemarea lui Dumnezeu într-o supunere obedientă. În ciu-da ispitelor Satanei, Isus a trăit în ascultare perfectă față de Legea lui Dumnezeu (Matei 4:1-11). Drept rezultat, El a avut stăpânirea perfectă asupra întregii creații, după cum se poate vedea în faptul că a liniștit furtunile (Matei 8:23-27), i-a vindecat pe cei bolnavi (Matei 8:14-17) și chiar Și-a demonstrat stăpânirea asupra morții (Matei 28:1-20).

Chemarea pe care Isus o face oamenilor a fost și este ca ei să acționeze cu înțelepciune și să se supună planului lui Dumnezeu pentru viețile lor, pocăindu-se de păcate și punându-și credința în Isus, Regele revelat al lui Dumnezeu. Moartea Lui pe cruce oferă iertarea de care omenirea egoistă are atât de disperată nevoie, iar învierea Lui ne asigură de viața veșnică alături de El.

Autorii Noului Testament reiterează învățătura lui Isus care, prin ascultarea Lui perfectă, a devenit Înțeleptul și Profetul Israelului. Ei au avertizat poporul lui Dumnezeu cu privire la dragostea de bani și l-au îndemnat să caute mulțumirea și generozitatea din dorința de a crește Împărăția lui Dumnezeu (1 Tim. 6:6-10, 17-19). Prin învățătura lor, noi știm că cei care se adună în jurul lui Isus – Biserica – au promisiunea grijii și providenței zilnice din partea lui Dumnezeu (Filip. 4:19). Dar promisiunea de binecuvântare materială nu este asigurată în același fel în care era dată poporului Israel, căruia i s-a descoperit că posesiunile materiale nu reprezentau o măsură a credincioșiei sau ascultării lor. În fapt, Isus a spus că El va chema Biserica să sufere pentru gloria Lui, ca mărturie înaintea unei lumi obsedate de sine, manifestându-și dorința de a-L prețui pe Mântuitor deasupra oricărui alt lucru (Matei 5:3-12). Pentru orice credincios, această suferință va constitui o bucurie, căci el știe că Hristos este comoara lui și că nimic nu poate să-l separe vreodată de Hristos (Rom. 8:35-39).

Pentru cel credincios, veșnicia este prilejul de bucurie pentru Hristos, comoara lui, ce depășește cu mult promisiunea lui Dumnezeu privitoare la abundență și binecuvântarea pe care El ar putea să o dea poporului Său pe vecie.

Orice învățătură care trece de această simplă vedere generală asupra Bibliei, promițând mai multă prosperitate materială decât spun Scripturile, are nevoie să fie corectată. Doar Hristos este comoara noastră! El este binecuvântarea noastră! Cei care predică și cei care ascultă trebuie să înțeleagă că nicio parte a Scripturii nu poate fi înțeleasă în contradictoriu față de mesajul general al Bibliei sau să ofere o binecuvântare diferită de Hristos ori provenind dintr-o altă sursă decât El.

Fiind o disciplină, teologia biblică îl forțează pe om să își pună întrebări cu privire la textul pe care-l are în față, întrebări care sunt critice pentru ca orice credincios să îl înțeleagă corect. „Pentru cine a fost scris textul? Când a fost scris? De ce a fost scris?" Doar atunci când aceste întrebări își găsesc răspunsul corect, predicatorul poate trece mai departe, de la „lor, atunci și acolo" la „nouă, aici și acum".

TEOLOGIA BIBLICĂ – CEL MAI BUN INSTRUMENT CORECTIV

Studiul teologiei biblice – sau, mai simplu, citirea tuturor pasajelor Bibliei în contextul lor – este cel mai bun instrument corectiv pentru învățătura neinformată a Evangheliei prosperității.

Teologia biblică ne impune să nu citim selectiv Biblia.

Ea cere ca noi să supunem Cuvântului lui Dumnezeu orice gând sau idee pe care le putem avea.

Ea ne impune să recunoaștem faptul că punctul central al Bibliei constituie Domnia și slava lui Hristos, și nu confortul și prosperitatea noastră.

Ea ne cere să luăm în considerare cine a fost audiența intenționată de text, atunci când el a fost scris, și în ce circumstanțe se găseau cei cărora le-a fost scris, și asta înainte de a trece prea repede la noi înșine, în secolul 21.

Teologia biblică ne cere să ținem cont de situația prezentă în lumina promisiunea veșniciei, fără a permite necazurilor momentane de astăzi să întunece cu ceva greutatea veșnică de slavă.

DESPRE AUTOR:

Michael Schäfer este director de programe de instruire la ENTRUST, o organizație sud-africană care pregătește lucrători. Michael este membru în Christ Church Umhlanga de lângă Durban, Africa de Sud.

CE ESTE EVANGHELIA?

Evanghelia este vestea bună despre ceea ce Isus Hristos a făcut pentru împăcarea păcătoșilor cu Dumnezeu. Iată această veste descrisă un pic mai detaliat:

1. Singurul Dumnezeu adevărat, care este sfânt, ne-a create după chipul Lui ca să Îl cunoaștem (Gen. 1:26-28).

2. Noi însă am păcătuit și ne-am despărțit de El (Gen. 3; Rom. 3:23).

3. În marea Lui dragoste, Dumnezeu L-a trimis pe Fiul Său, Isus Hristos, ca să vină în această lume ca Rege și să Își salveze poporul de vrăjmașii lor – îndeosebi de propriile lor păcate (Ps. 2; Luca 1:67-79).

4. Isus Și-a inaugurat Împărăția acționând atât ca Preot mijlocitor cât și ca jertfă preoțească – El a trăit o viață perfecta și a murit pe cruce, împlinind astfel Legea și luând asupra Lui pedeapsa păcatelor celor mulți (Marcu 10:45; Ioan 1:14; Evrei 7:26; Rom. 3:21-26, 5:12-21); apoi, El a înviat din morți, demonstrând că Dumnezeu a acceptat jertfa Lui și că mânia lui Dumnezeu împotriva noastră a fost stinsă (F.A. 2:24, Rom. 4:25).

5. El ne cheamă acum să ne pocăim de păcatele noastre și să ne punem credința doar în Hristos pentru iertarea noastră (F.A. 17:30, Ioan 1:12). Dacă ne pocăim de păcatele noastre și ne punem credința în Hristos, suntem născuți din nou la o viață nouă, o viață veșnică pe care o vom trăi cu Dumnezeu (Ioan 3:16).

Iată ce veste bună.

O bună modalitate de a prezenta sumar această veste bună este să reținem cuvintele Dumnezeu, Omul, Hristos și Răspunsul.

1. DUMNEZEU.

Dumnezeu este Creatorul tuturor lucrurilor (Gen. 1:1). El este perfect sfânt, vrednic de toată închinarea și El va pedepsi orice păcat (1 Ioan 1:5, Apoc. 4:11, Rom. 2:5-8).

2. OMUL.

Toți oamenii, chiar dacă au fost creați inițial buni, au devenit prin natural or păcătoși (Gen. 1:26-28, Ps. 51:5, Rom. 3:23). Încă din naștere, toți oamenii sunt înstrăinați de Dumnezeu, împotrivitori Lui și expuși mâniei lui Dumnezeu (Efes. 2:1-3).

3. HRISTOS.

Isus Hristos, care este pe deplin Dumnezeu și pe deplin Om, a trăit o viață fără păcat, a murit pe cruce pentru a purta mânia lui Dumnezeu în locul tuturor ce vor crede în El, și a înviat din mormânt pentru a da poporului Său viața veșnică (Ioan 1:1, 1 Tim. 2:5, Evrei 7:26, Rom. 3:21-26, 2 Cor. 5:21, 1 Cor. 15:20-22).

4. RĂSPUNSUL.

Dumnezeu îi cheamă pe toți oamenii de pretutindeni să se pocăiască de păcatele lor și să își pună credința în Hristos ca să fie mântuiți (Marcu 1:15, F.A. 20:21, Rom. 10:9-10).

DE CE ESTE IADUL PARTE INTEGRANTĂ DIN EVANGHELIE

Greg Gilbert

Tema Iadului ne face adesea să ne dorim să dăm ochii peste cap și să ne gândim imediat la cu totul altceva. Pentru unii, oroarea provocată de învățătura creștină privind Iadul – anume că acesta este un loc al chinului veșnic, conștient, unde vrăjmașii lui Dumnezeu sunt pedepsiți permanent – i-a condus nu doar la a-și rostogoli ochii și mințile, ci și la a respinge în totalitate această învățătură. „Cu siguranță", spun ei, „Iadul este o construcție fictivă, folosită pentru a- exploata pe oameni prin frică. Un Dumnezeu al dragostei nu ar permite niciodată existența unui astfel de loc". Trebuie să recunoaștem că există o forță emoțională atașată acestui argument. Nimănui nu-i place ideea de Iad, și cu siguranță niciunui creștin.

În același timp, această doctrină nu este ceva secundar, ca un aspect decorativ al gândirii creștine, ceva care să nu aibă nicio relevanță față de însăși esența credinței. Pe de altă parte, doctrina Iadului nu este nici o chestiune primitivă, deranjantă și non-necesară, pe care noi o credem doar pentru că ni s-a spus că așa trebuie să facem.

În realitate, doctrina și realitatea Iadului conturează gloria Evangheliei mai degrabă în culori mai vii. Ea ne ajută să înțelegem cât de măreț este Dumnezeu cu adevărat, cât de păcătoși și ticăloși suntem noi în realitate, și cât de uimitor este El, pentru că ne dă harul Său, după toate acestea. Mai mult, realitatea Iadului – dacă nu o izgonim din mințile noastre – ne va concentra, mai presus de orice, pe lucrarea de propovăduire a Evangheliei față de cei care sunt în pericolul de a petrece veșnicia acolo.

Având aceste lucruri în minte, iată cinci afirmații biblice cu privire la Iad, care, luate împreună, demonstrează că Iadul este parte integrantă a Evangheliei.

DE CE ESTE IADUL PARTE INTEGRANTĂ A EVANGHELIEI

1. Scriptura ne învață că există un loc real denumit Iad.

Nu voi elabora prea mult asupra acestui punct, pentru că au făcut alții acest lucru foarte clar. Este suficient să spun că nu episcopii din perioada Evului Mediu au inventat doctrina Iadului ca pe o modalitate de a-i speria pe țăranii din acea vreme, ci ei au preluat-o de la apostoli. La rândul lor, apostolii nu au inventat-o pentru a-i speria pe păgâni, ci ei au preluat-o de la Isus. Iar Isus n-a împrumutat-o de la religia zoroastriană pentru a-i speria pe farisei. El era Dumnezeu, așa că El știa că Iadul este real, și aceasta a și afirmat. Dincolo de asta, realitatea Iadului fusese revelată încă din Vechiul Testament.

De aceea, gândindu-ne la cel mai elementar nivel, dacă pretindem că suntem creștini și că noi credem că Biblia este Cuvântul lui Dumnezeu, trebuie să recunoaștem că Biblia ne învață despre realitatea Iadului. Dar trebuie să știm mai mult decât atât.

2. Iadul ne arată cât de ticălos este păcatul nostru în realitate.

Ai auzit vreodată pe cineva argumentând că niciun păcat al omului n-ar putea să merite chinul veșnic în Iad? Este un argument interesant, unul care vorbește foarte mult despre starea inimii omului. De ce vedem că, atunci când oamenii se gândesc la Iad, ei concluzionează întotdeauna că Dumnezeu trebuie să greșească cu ceva, și nu noi? Iată cum această doctrină dezvăluie ce se găsește în inimile noastre: când ne uităm la păcatele noastre, prima tentație este întotdeauna să le minimizăm, apoi să protestăm că ele nu sunt atât de rele, și în final să spunem că Dumnezeu greșește când afirmă că aceste păcate merită să fie pedepsite.

Realitatea Iadului se află înaintea noastră ca o respingere masivă a acelei justificări de sine. Necreștinii vor vedea mereu ororile Iadului ca pe o răutate din partea lui Dumnezeu, în timp ce creștinii vor ști că Dumnezeu este perfect drept și neprihănit; noi trebuie să înțelegem că ororile Iadului sunt de fapt o pedeapsă pe care *noi* o aducem asupra noastră. Am putea dori să minimizăm păcatele noastre, să le scuzăm cumva, sau să încercăm să le argumentăm, reducând la tăcere conștiințele noastre. Dar faptul că Dumnezeu a declarat că noi merităm pedeapsa veșnică pentru acele păcate ar trebui să ne reamintească că ele nu sunt deloc niște lucruri mărunte. Păcatele sunt un rău enorm.

3. Iadul ne arată cât de drept este Dumnezeu cu adevărat, într-un fel de neatacat și de neschimbat.

De-a lungul istoriei, oamenii au fost ispitiți să creadă că Dumnezeu este un judecător corupt, unul care lasă deoparte cerințele dreptății, pentru simplul motiv că îi place de cei acuzați. „Noi suntem toți copiii lui Dumnezeu", sună argumentul. „Cum ar putea Dumnezeu să dea o sentință atât de groaznică unora dintre copiii Lui?" Răspunsul la această întrebare este simplu: Dumnezeu nu este un judecător corupt. El este un judecător absolut drept și neprihănit.

Iar Biblia subliniază acest lucru cu consecvență. Atunci când Dumnezeu Se descoperă lui Moise, El afirmă despre Sine că este plin de compasiune și dragoste, dar El spune în același timp că „nu-l socotește pe cel vinovat drept nevinovat" (Exod 34:7). Psalmistul afirmă că „dreptatea și judecata sunt temelia scaunului Tău de domnie" (Ps. 89:14). Ce afirmație uluitoare! Dacă Dumnezeu continuă să fie Dumnezeu, El nu poate pur și simplu să lase deoparte dreptatea Lui și să ascundă păcatul sub preș. El trebuie să se ocupe de păcat – într-un mod decisiv și punând în aplicare dreptatea Sa în mod precis. Atunci când Dumnezeu judecă în final, nici măcar un păcat nu va primi mai multă pedeapsă decât merită. Și niciun păcat nu va primi mai puțin decât merită.

Biblia ne spune că, în acea zi, când Dumnezeu îi va condamna pe vrăjmașii Săi la Iad, întreg universul va recunoaște și va afirma faptul că ceea ce El a decis este drept și corect într-un mod inatacabil. Isaia 5 subliniază acest aspect cu o claritate incontestabilă: „De aceea își și deschide Locuința morților gura și își lărgește peste măsură gâtlejul, ca să se coboare în ea măreția și bogăția Sionului, cu toată mulțimea lui gălăgioasă și veselă" (Isaia 5:14). Este o imagine groaznică, cu un mormânt care-și cască gura pentru a-i înghiți pe locuitorii Ierusalimului. Și totuși, prin aceasta, Isaia afirmă că „Domnul oștirilor va fi înălțat prin judecată și Dumnezeul cel sfânt va fi sfințit prin dreptate" (Isaia 5:16). În mod asemănător, Romani 9:22 ne arată că, prin chinurile Iadului, Dumnezeu Își va arăta mânia și Își va face cunoscută puterea.

Am putea să nu înțelegem acest lucru pe deplin acum, dar într-o zi, Iadul însuși va proclama gloria lui Dumnezeu. El va mărturisi, chiar prin ororile lui, alături de psalmist, că „dreptatea și judecata sunt temelia scaunului Tău de domnie" (Ps. 89:14).

4. Iadul ne arată cât de groaznică a fost Crucea în realitate și cât de măreț este harul lui Dumnezeu.

Romani 3 ne spune că Dumnezeu L-a dat pe Isus drept jertfă de ispășire, „ca să-Și arate neprihănirea Lui" (Rom. 3:25). El a făcut acest lucru pentru că „lăsase nepedepsite păcatele dinainte, în vremea îndelungii răbdări a lui Dumnezeu" (Rom. 3:35, lit. ESV).

De ce a trebuit ca Isus să moară pe cruce? Pentru că aceasta era singura cale prin care Dumnezeu putea, într-un mod drept, să nu ne trimită pe noi toți în Iad. Isus a trebuit să ia asupra Lui ceea ce noi eram datori, și asta înseamnă că El a trebuit să îndure echivalentul Iadului, atunci când a fost atârnat pe cruce. Aceasta nu înseamnă că Isus a mers în realitate în Iad, ci înseamnă că acele cuie și acei spini au fost doar începutul suferinței lui Isus. Adevărata dimensiune a suferinței Sale a venit atunci când Dumnezeu Și-a revărsat mânia asupra Lui. Atunci când s-a făcut întuneric, ceea ce s-a petrecut nu era că Dumnezeu pur și simplu acoperea în întuneric suferința Fiului Său, așa cum au spus unii. Acela era întunericul blestemului, al mâniei lui Dumnezeu. Era întunericul Iadului, iar în acel moment, Isus îndura deplina Sa furie

– furia mâniei Dumnezeului Atotputernic.

Atunci când înțelegi Crucea din această perspectivă, înțelegi mai bine cât de minunat este harul lui Dumnezeu față de tine, dacă ești creștin. Misiunea răscumpărării pe care Isus a făcut-o a implicat o dedicare în a îndura mânia lui Dumnezeu în locul tău, în a lua asupra Lui Iadul pe care tu îl meriți. Ce manifestare minunată a dragostei și îndurării! Totuși, nu vei putea vedea și nu vei putea înțelege cu claritate această manifestare a dragostei decât atunci când vei înțelege, vei accepta și vei tremura la conștientizarea ororii Iadului.

5. Iadul ne concentrează mințile asupra lucrării de propovăduire a Evangheliei.

Dacă Iadul este real și dacă oamenii sunt cu adevărat în pericol de a-și petrece veșnicia acolo, atunci nu există nimic mai urgent și mai important decât să facem tocmai ceea ce Isus le-a spus ucenicilor Săi să facă, înainte de înălțarea Sa la cer – anume să propovăduiască lumii întregi Vestea Bună a iertării de păcate oferită prin Isus Hristos!

Cred că John Piper a exprimat foarte bine acest lucru într-un interviu acordat The Gospel Coalition: „Este foarte dificil să uiți de Evanghelie atunci când crezi că există Iadul, că după această viață există o suferință fără sfârșit pentru cei care nu au crezut în Evanghelie". Există tot felul de lucruri bune pe care creștinii le pot face – și chiar ar trebui să le facă. Dar dacă Iadul este real, merită să avem proaspăt în minte – nu, este imperativ acest lucru – că singurul lucru pe care creștinii îl pot face și pe care nimeni din întreaga lume nu-l va putea face vreodată, este să le spună oamenilor cum să fie iertați de păcatele lor și cum pot să evite să își petreacă o veșnicie în Iad.

ÎNCHEIERE

Nu avem nicio îndoială asupra faptului că doctrina Iadului este groaznică. Și este așa pentru că realitatea ei este îngrozitoare. Dar acesta nu este un motiv să ne dăm ochii peste cap și să o ignorăm, și cu atât mai puțin să o respingem.

Există unii care gândesc în felul acesta și care cred că, respingând sau cel puțin ignorând această doctrină în predicarea lor, Îl fac pe Dumnezeu să pară mai glorios și mai iubitor. Dar departe de noi asta! Ceea ce fac ei în realitate este să fure în mod voit din gloria Mântuitorului Isus Hristos, ca și cum lucrul de care El ne-ar fi salvat n-ar fi fost... n-ar fi fost atât de rău.

În fapt, natura îngrozitoare a stării de la care noi am fost mântuiți intensifică slava aceleia pentru care am fost mântuiți. Și nu este vorba doar de aceasta, ci în măsura în care noi vom conștientiza mai clar oroarea Iadului, vom privi cu tot mai multă dragoste, cu tot mai multă recunoștință și cu tot mai profundă închinare către Acela care a îndurat acel Iad pentru noi, mântuindu-ne.

DESPRE AUTOR:

Greg Gilbert este păstor senior la Third Avenue Baptist Church din Louisville, Kentucky. Îl puteți găsi pe twitter la @greggilbert.

O PREDICĂ CENTRATĂ ÎN EVANGHELIE STRĂLUCEȘTE DE EVANGHELIE

David King

Se califică „File din poveste" să fie un film clasic? Cu siguranță, dacă luăm în considerare replicile memorabile din el! Una dintre frazele clasice este rostită de Inigo Montoya, care este confundată de exclamația repetată a lui Vizzini: „De neconceput!" În final, Montoya replică: „Continui să folosești acel cuvânt, dar nu cred că are sensul la care te gândești."

Atunci când mă uit la caracteristica atât de repetată referitoare la predicare, anume „centrarea în Evanghelie", parcă îl aud pe Inigo Montoya. Noi continuăm să folosim acea expresie, dar nu cred că ea semnifică ceea ce ne imaginăm noi. Așa că, haideți să discutăm puțin acest aspect.

REFUZURI ÎN LEGĂTURĂ CU PREDICAREA CENTRATĂ ÎN EVANGHELIE

Cred că o listă scurtă de refuzuri ar putea să ne ajute în conturarea limitelor gândirii noastre cu privire la acest termen:

- Ar trebui să refuzăm să acceptăm predicarea ca fiind centrată în Evanghelie doar pentru că mesajul a fost bazat pe Biblie. Există o modalitate de a predica Biblia – chiar verset cu verset, și chiar anumite părți legate de Isus – care nu aduce decât condamnare. Preoții și leviții erau maeștri ai Scripturii, și totuși Isus i-a mustrat pentru că rataseră să vadă mărturia ei cristocentrică (Ioan 5:39-40).

- Ar trebui să refuzăm acceptarea predicării ca fiind centrată în Evanghelie doar pentru că mesajul i-a mângâiat pe oameni cu harul. Harul Evangheliei nu doar mângâie, ci și convinge. El justifică și sfințește. El ne lovește în aspectele indicative și ne crește folosind imperativele: Ești iertat, acum mergi și nu mai păcătui.

- Ar trebui să refuzăm acceptarea predicării ca fiind centrată în Evanghelie doar pentru că mesajul a inclus o referință la moartea și învierea lui Isus pentru păcătoși. Evident că moartea și învierea lui Hristos pentru păcătoși este miezul mesajului Evangheliei (1 Cor. 15:1-4). Totuși, sumarizarea oricât de precisă a acelui mesaj, ca și cum ar fi o piesă pe o listă de verificare sau o notă de subsol obligatorie – cu siguranță că asta nu înseamnă o predicare centrată în Evanghelie.

O ILUSTRAȚIE A CENTRALITĂȚII ÎN EVANGHELIE

Termenul „centrat" este unul dintre vinovații pentru confuzia noastră. Ce înseamnă mai precis „centrat", în relație cu predicarea Veștii Bune a lui Isus? Dați-mi voie să clarific acest lucru folosindu-mă de o ilustrație. Ar trebui să ne dorim ca Evanghelia să fie centrală în predicile noastre în același fel în care soarele este central în sistemul nostru solar. În cadrul acestuia, toate lucrurile se rotesc în jurul soarelui și sunt luminate și încălzite de el. Masa enormă a soarelui creează o atracție gravitațională care menține întregul sistem conectat la el. Lumina și căldura soarelui ating orice obiect care orbitează în jurul acestuia.

Tot așa ar trebui să stea lucrurile și cu Evanghelia din predicile noastre. Mântuitorul nostru, Isus Hristos, este soarele, iar Biblia este sistemul solar. Fiecare pasaj, fiecare învățătură, fiecare temă – toate acestea orbitează în jurul lucrării mântuitoare a lui Isus. Viața, moartea și învierea lui Isus luminează și încălzesc întreaga revelație a lui Dumnezeu, ca și pe oamenii care vin în biserică, inclusiv pe predicator. În măsura în care o predică reflectă aceste realități, ea este o predică centrată în Evanghelie.

Într-o astfel de predică, Evanghelia este precum soarele, făcând ca orice fațetă a predicării să se rotească pe orbita ei și să radieze lumină și căldură asupra tuturor. O predică centrată în Evanghelie este o predică ce strălucește de Evanghelie.

ÎNTREBĂRI PENTRU DIAGNOSTIC

Compararea predicării noastre cu sistemul nostru solar este, după cum vă puteți imagina, foarte utilă, dar trebuie să devenim puțin mai practici. Există oare o cale de a evalua cât de bine ne-am descurcat noi în centrarea unei predici în Evanghelie? În cele ce urmează am pus trei întrebări de tip diagnostic, care ne pot ajuta în evaluarea mesajelor noastre. Evident, aceste întrebări sunt exprimate în contrast cu refuzurile enunțate anterior.

(1) A strălucit Evanghelia precum soarele din textul predicii?

Principalul punct al textului a fost proclamat în lumina Evangheliei. Indiferent dacă a avut de-a face cu creația, legământul, templul, jertfele, sfințenia, judecata, binecuvântarea, blestemul, puritatea, rugăciunea, căsătoria, singurătatea, unitatea, dreptatea, misiunea, Tatăl, Duhul, și orice altceva – principalul punct al textului a fost predicat prezentând o înțelegere clară a felului cum moartea și învierea lui Isus împlinește, regândește, dă sens sau putere acelui lucru. Pe scurt, principalul punct al textului a fost văzut într-o relație clară cu lucrarea mântuitoare a lui Isus. Nicio predică centrată cu adevărat în Evanghelie nu ar putea să fie acceptată într-o sinagogă sau într-o moschee.

(2) A strălucit Evanghelia precum soarele asupra vieții ascultătorului?

Evanghelia a iluminat nu doar esența textului, ci și viața ascultătorului mesajului. Centralitatea în Evanghelie a strălucit atât în interpretarea, cât și în aplicarea textului. Oamenii au fost chemați să trăiască, răspunzând Evangheliei. În lumina harului lui Dumnezeu în Hristos, necredincioșii au fost îndemnați să se pocăiască și să creadă, pentru a fi astfel mântuiți. În lumina harului lui Dumnezeu în Hristos, credincioșii au fost încurajați să se dezbrace de firea lor veche, să fie înnoiți în mințile lor și să se îmbrace cu noua lor identitate. Lumina harului, care transformă viețile, strălucește într-o predică centrată cu adevărat în Evanghelie. Imperativele Evangheliei izvorăsc din indicativele ei, și niciuna dintre cele două nu poate fi neglijată.

(3) A strălucit Evanghelia precum soarele asupra inimii predicatorului?

O menționare onorabilă a Evangheliei este de departe mai bună decât nicio precizare a ei. Totuși, într-o predică centrată cu adevărat în Evanghelie, însăși predicatorul a fost influențat de implicațiile Evangheliei, așa cum rezultă ele din text. El însuși a văzut lumina și a simțit căldura soarelui, și astfel stă înaintea congregației, simțindu-se mai puțin precum Pluto și mai mult precum Mercur. El însuși își găsește încântarea în Hristos. În consecință, predicatorul este zelos în dorința lui ca adunarea să i se alăture în această bucurie. El proclamă Evanghelia nu ca un gropar, ci ca pe cea mai spectaculoasă veste.

DE NECONCEPUT!

Iată cum este predicarea centrată în Evanghelie, în situația cea mai fericită: predicarea prin care Evanghelia strălucește precum soarele din acel text, care strălucește asupra ascultătorilor ei și asupra predicatorului. Singurul lucru de neconceput este ca centralitatea în Evanghelie să fie definită în termeni diferiți de cei amintiți. Așa că, gândește-te la refuzurile enumerate inițial. Apoi treci prin cele trei aspecte de diagnoză. În final învață să predici Evanghelia precum soarele care „răsare la un capăt al cerurilor și își isprăvește drumul la celălalt capăt; nimic nu se ascunde de căldura lui" (Ps. 19:6). O predică centrată în Evanghelie este o predică ce strălucește de Evanghelie.

DESPRE AUTOR:

David King este pastorul Concord Baptist Church din Chattanooga, Tennessee. Îl puteți găsi pe Twitter la @dvdkng.

NOUĂ SEMNE ALE UNEI BISERICI A EVANGHELIEI PROSPERITĂȚII

D.A. Horton

Cum evaluezi o biserică infuzată în evanghelia prosperității?

Primii mei nouă ani de umblare cu Hristos au fost petrecuți într-un astfel de mediu și a fost nevoie de doi ani de reabilitare teologică, care m-au pregătit pentru următorii șase ani de păstorire într-un context urban. Ceea ce a devenit clar pentru mine a fost că cele nouă semne ale unei biserici sănătoase constituie o grilă utilă pentru evaluarea oricărei biserici, inclusiv a celor care promovează evanghelia prosperității.

Și ceea ce descoperim când le folosim este că astfel de biserici sunt cu totul contrare celor nouă semne ale bisericilor sănătoase.

Unele dintre exemplele de mai jos sunt specifice și ar putea să nu descrie în totalitate situația ta. Dar multe sunt universale și sunt propagate de predicatori pe internet, la posturile de radio și la cele de televiziune. Întrucât mișcarea evangheliei prosperității este inter-denominațională, învățăturile exprimate în acest articol nu trebuie asociate cu vreo denominație anume din cadrul creștinismului evanghelic.

1. PREDICAREA EXPOZITIVĂ

În bisericile care promovează evanghelia prosperității, predicarea este departe de cea expozitivă. Dimpotrivă, scopul predicării este să îi motiveze pe cei ce ascultă mesajele să contribuie financiar, și ceea ce trebuie să faci este să contribui pentru a putea primi la rândul tău. Predicatorii exploatează pasajele Scripturii care au de-a face cu dărnicia jertfitoare, cu zeciuielile și darurile de bunăvoie, și fac aceasta săptămână de săptămână. Ei își învață ascultătorii să își activeze credința prin a semăna o „sămânța a credinței", activând astfel legea reciprocității lui Dumnezeu, lucru care îi va duce la propria prosperitate financiară.

Adesea sunt folosite pasaje izolate ale Vechiului Testament și servite drept exemple ale răsplătii abundente a lui Dumnezeu față de dărnicia credincioasă. Un pasaj adesea folosit pentru a manipula ascultătorii să dăruiască mai mult este Maleahi 3:10. Predicatorii prosperității subliniază două elemente din acest pasaj. În primul rând, ei le spun celor ce îi aud că, dacă nu își aduc zeciuielile, practic Îl fură pe Dumnezeu. În al doilea rând, își asigură ascultătorii că Dumnezeu vrea ca ei să Îl testeze dăruind mai mult, astfel încât, în schimb, El să le dăruiască mai mult.

Dar uitați-vă la Maleahi 3:10 în contextul lui adecvat. Israeliții Îl furau pe Dumnezeu prin faptul că nu aduceau suficiente alimente în visteria națională, care să fie apoi folosite pentru hrana preoților Israelului. Astfel, preoții trebuiau să își abandoneze îndatoririle lor și să se ocupe de agricultură pentru a supraviețui (v. Neem. 13:10-13). De aceea, Dumnezeu îndeamnă pe Israel să Îl testeze prin a dărui în ascultare de El. Dacă ei aveau să facă acest lucru, Dumnezeu avea să-i răsplătească la fel cum a făcut în trecut (2 Cron. 31:7-10). Esența acestui întreg pasaj se referă la un episod specific din istoria poporului Israel. A-l prezenta ca pe un mesaj creștin, totuși, implică mai mult decât transferarea ca atare a poruncilor și promisiunilor către creștini. Da, există aplicații mai largi pentru creștini în ceea ce privește dărnicia, dar în primul rând trebuie să observăm diferențele între vechiul legământ și noul legământ, în special în ceea ce privește natura promisiunilor făcute de Dumnezeu poporului Israel și maniera în care ele sunt împlinite pentru creștin în Hristos.

O biserică sănătoasă folosește predicarea pentru a transmite cuvintele lui Dumnezeu către poporul Lui. Ea îl confruntă pe ascultător cu adevărul lui Dumnezeu și conduce la convingere, încurajare, claritate și chemare la acțiune. De asemenea, ea centrează orice text în Evanghelie cu scopul de a-i arăta ascultătorului cât de central și de necesar este Isus Hristos pentru trăirea credinciosului în ascultare de Cuvântul lui Dumnezeu. O biserică sănătoasă îi va informa pe credincioși asupra faptului că rezultatul trăirii sfinte nu va consta în mod necesar în câștig financiar, ci mai degrabă în evlavia care Îl onorează pe Domnul nostru.

2. TEOLOGIA BIBLICĂ

Teologia evangheliei prosperității se întemeiază pe eroarea fundamentală că omul este părtaș unei forme de îndumnezeire alături de Dumnezeu, așa încât cuvintele lui ar purta cu ele aceeași putere creatoare ca și cuvintele lui Dumnezeu. Psalmul 82:6, Proverbele 18:20-21 și Romani 4:17 sunt versete populare folosite pentru a susține această teologie falsă. Adesea se spune că omul este un „dumnezeu" (cu literă mică) și că posedă puterea de a demonstra dumnezeirea lui prin a crea lucruri prin cuvânt, creând și controlând destinul nostru prin acestea și chiar obligând un Dumnezeu frustrat și limitat să acționeze în numele nostru, spre beneficiul nostru.

Dar niciunul dintre aceste pasaje nu susține învățături legate de prosperitate. În Psalmul 82:6, autorul strigă la Dumnezeu în ceea ce privește judecătorii morali care guvernau la acel moment poporul Israel. Dumnezeu le vorbește direct acestor judecători numindu-i „dumnezei" pentru a sublinia faptul că ei judecau națiunea în locul Său. Ei trebuiau să folosească Cuvântul Lui drept standard de judecată. Dar chiar în versetul care urmează, Dumnezeu le amintește că sunt doar niște ființe trecătoare. Aceștia erau simpli oameni care eșuaseră să trăiască și să judece cu dreptate. Acest pasaj nu ridică în niciun fel omul la statutul de semi-zeu și nici nu îi conferă abilitatea de a acționa cu autoritate suverană. Dimpotrivă, singurul Dumnezeu viu și adevărat va judeca acțiunile imorale ale acestor judecători.

Proverbe 18:20-21 statuează un principiu, nu o promisiune, și el subliniază două adevăruri. Primul este că nu vorbele noastre dictează destinul nostru, dar ele arată care este starea inimii noastre. În al doilea rând, există momente când cuvintele noastre ne vor face să îndurăm consecințe. Acest pasaj nu promite să ne dea puterea de a hotărî noi care este lungimea vieții noastre. Nici nu Îl face pe Dumnezeu lipsit de puterea de a ne mântui, chiar dacă noi ne-am blestema pe noi înșine la moarte - după cum spun unii dintre cei ce promovează evanghelia prosperității.

În Romani 4:17, Pavel ne învață că Dumnezeu l-a justificat pe Avraam și l-a declarat tatăl popoarelor, și aceasta în momentul când Avraam încă nu avea copii. Acest pasaj nu are nimic de-a face cu faptul că sfinții ar putea să producă bani, promovări în carieră sau chiar mântuirea celor dragi prin puterea cuvântului. Acest pasaj susține, în fapt, adevărul că Dumnezeu este singurul care poate crea lucruri prin puterea cuvântului.

O biserică sănătoasă își învață membrii în învățătura adevărată, care este înrădăcinată în Scripturi și păstrată în contextul ei. Doctrina sănătoasă este învățătura curată care îi furnizează celui ce o ascultă hrana biblică necesară pentru a crește în maturitate, în asemănare cu Hristos (2 Tim. 3:16-17). Pentru ca o biserică să fie sănătoasă, ea trebuie să predice întreaga Biblie, în contextul întregii Scripturi și să înrădăcineze toate convingerile doctrinare în întreaga Biblie, în loc să scoată pasaje din contextul lor (1 Tim. 1:5; Tit 2:1-10; 2 Ioan 1-6).

3. EVANGHELIA

În multe biserici de acest fel, mesajul „evangheliei" este echivalat cu binecuvântările materiale ale legământului avraamic. Chiar dacă viața perfectă, moartea, îngroparea și învierea lui Hristos sunt proclamate, ca și sublinierea mântuirii exclusive prin Hristos, mulți predicatori ai evangheliei prosperității spun că dovada credinței unei persoane în Evanghelie este că ea primește binecuvântările promise de Dumnezeu lui Avraam (Gen. 12-15).

Am descoperit că această învățătură îi conduce pe oameni către una dintre următoarele două concluzii. Dacă cineva are parte de prosperitate și sănătate, el concluzionează că este mântuit pentru că se bucură de promisiunile lui Avraam. Dar dacă aceste binecuvântări nu se văd în viața credinciosului, concluzia este că el nu a avut suficientă credință. Trăiește în păcat. Iar ceea ce are de făcut este să dăruiască mai mult. Sau poate că nu și-a pus pe deplin credința în Isus Hristos și are nevoie să fie născut din nou pentru a primi binecuvântările lui Avraam.

Prin contrast, bisericile sănătoase proclamă fără ezitare întreg sfatul Evangheliei biblice. Acest lucru include adevărul că am fost creați după chipul lui Dumnezeu (Gen. 1:26-27), că am avut cândva părtășie neîngrădită cu Dumnezeu (Gen. 2:7-25) și totuși, din cauza faptului că primul nostru tată, Adam, a păcătuit, întreaga omenire a fost separată de Dumnezeul cel sfânt și neprihănit, Creatorul nostru, iar separarea este atât fizică (Gen. 3:1-19), cât și spirituală (Rom. 5:12). Întrucât omenirea a fost separată de Dumnezeu din cauza păcatului, pedeapsa pentru ispășirea acestuia stă în curgerea sângelui și în moarte (Lev. 1:3-17). Frumusețea Evangheliei stă în faptul că Isus Hristos, care a existat etern ca Dumnezeu (Ioan 1:1), S-a făcut om (Ioan 1:14), a trăit o viață perfectă în acord cu Legea lui Dumnezeu (Evrei 7:26) și Și-a lăsat sângele să curgă în timp ce a murit în locul păcătoșilor (Marcu 10:45 și 2 Petru 2:24). Isus a fost îngropat în mormânt vreme de trei zile (Matei 27:57-66), iar în a treia zi a înviat (Matei 28:1-8). Acum, El îi cheamă pe toți oamenii se pocăiască de păcatele lor și să-și pună credința în El pentru a putea fi împăcați cu Dumnezeu și pentru a primi viața veșnică (Ioan 3:16).

Evanghelia biblică nu le promite creștinilor că vor fi bogați și prosperi în viața aceasta, ca împlinire a promisiunilor făcute lui Avraam. Dimpotrivă, ei sunt „binecuvântați" în Avraam prin faptul că primesc Duhul (Gal. 3:14) și, în veacul viitor, vor primi nu doar o țară, ci o întreagă nouă creație (Rom. 4:13; Apoc. 21-22).

4. CONVERTIREA

Într-o biserică a evangheliei prosperității, convertirea implică amestecul ciudat a două lucruri: o credință superficială și o mântuire prin fapte. Predicatorii prosperității sunt cunoscuți pentru faptul că susțin ideea că un păcătos este „mântuit" atunci când termină de recitat „rugăciunea păcătosului". După ce are loc această simplă mântuire, noul credincios trebuie să se supună conducerii și învățăturilor bisericii, să își aducă zeciuielile regulat, să dăruiască des și să se străduiască să slujească în mod continuu în lucrarea bisericii. Atâta vreme cât persoana în cauză face aceste lucruri, își păstrează mântuirea. Dar dacă cineva ratează să facă aceste lucruri pentru o vreme, își poate pierde mântuirea. Pentru a-și susține aceste învățături, este bine-cunoscut faptul că păstorii se folosesc de manipularea psihologică și de Scriptură pentru a-i determina pe membrii bisericii să facă diferite acte de slujire în numele lucrării pentru Domnul. Le promit că slujirea lor îi va ajuta să nu „cadă din har" și astfel să nu-și piardă mântuirea.

Anumite persoane care aderă la evanghelia prosperității se epuizează pe sine și devin mânioși pe liderii lor. Unii încep să pună la îndoială metodele lucrării acestora și refuză să se conformeze cerințelor lor. Am văzut păstori care simțeau cum pierdeau controlul asupra acestui tip de persoane și i-am văzut răspunzând prin a pretinde că membrul acela se află în răzvrătire, că provoacă dezbinare sau că se află pe drumul de a-și pierde mântuirea, dacă nu se pocăiește și nu începe să slujească din nou. În astfel de cazuri, textul folosit pentru a arăta care sunt consecințele acțiunii persoanei în cauză și pentru a-i descuraja pe alții să o urmeze este cel din 1 Samuel 15:23. Dar acest verset vorbește despre neascultarea directă a regelui Saul față de porunca lui Dumnezeu, nicidecum despre un credincios autentic care pune la îndoială învățătura sau practicile bisericii.

O biserică sănătoasă va predica, în dragoste, o concepție biblică a convertirii. Noi citim în Biblie că aceasta are loc atunci când Evanghelia biblică este predicată (Rom. 1:16-17; 3:21-26) iar păcătosul se pocăiește de păcatele lui și își pune credința în Isus Hristos (F.A. 3:19; Rom. 3:21-26). Convertirea are loc atunci când Dumnezeu Duhul Sfânt îl face pe omul mort în păcat să devină viu în Hristos (Ioan 3:3-8; Efes. 2:1-10). Convertirea biblică pune accentul pe pocăința și credința în lucrarea lui Hristos, nu doar pe a spune o rugăciune după dictare și a sluji până la epuizare de frica de a nu pierde mântuirea.

5. EVANGHELIZAREA

Bisericile în care se predică evanghelia prosperității susțin adesea că evanghelizarea trebuie legată de manifestarea semnelor și a minunilor. Atunci când aceste două elemente sunt combinate, se spune că păcătoșii se vor pocăi și vor crede în Isus. Am auzit oameni spunând în momentele de rugăciune de dinaintea evenimentelor evanghelistice că păcătoșii nu se vor pocăi dacă nu vor vedea dovezi fizice ale lucrării supranaturale a Duhului Sfânt, așa cum scrie în Marcu 16:15-16.

Întrucât includerea acestui pasaj în manuscrisele originale și în cele mai vechi și mai de încredere este un subiect încă neclar, este neînțelept să ne întemeiem convingerile doctrinare doar pe acest pasaj. Mai mult, susținerea faptului că oamenii trebuie să manifeste semne din acest pasaj pentru a fi eficienți în evanghelizare este un lucru periculos și manipulator.

Evanghelizarea biblică constă în proclamarea Evangheliei și chemarea păcătoșilor la pocăință. Evanghelia nu are nevoie de niciun fel de actualizări, nici de surle și trâmbițe pentru a fi eficientă (1 Cor. 15:1-4). Biblia este clară asupra faptului că Evanghelia predicată are puterea de a-l mântui pe păcătos (Rom. 1:16; 10:17).

6. MEMBRALITATEA ÎN BISERICĂ

Bisericile care proclamă evanghelia prosperității pun adesea semn de egalitate între membralitatea în biserică și participarea regulată la serviciile ei, aducerea zeciuielilor și slujire – cu sau fără un angajament formal. Oamenii sunt adesea condiționați, în ce privește membralitatea în biserică, de împlinirea acestor lucruri suficient de multă vreme. Îmi amintesc de situația unei persoane care participa la serviciile bisericii de peste 20 de ani, se bucura de beneficiile calității de membru, și totuși niciodată nu se alăturase din punct de vedere oficial acesteia. Și nici nu simțea nevoia de a face aceasta, întrucât dăruia financiar și slujea săptămânal. Am văzut oameni în astfel de circumstanțe trăind în păcat deschis și evitând disciplina bisericii.

O biserică sănătoasă prezintă membralitatea drept o binecuvântare și un mandat pentru cel credincios. Binecuvântarea stă în aceea că biserica afirmă credința acestei persoane și îl zidește pe cel credincios în dragoste (Efes. 4:11-16). Mandatul este că Isus le cere creștinilor să se supună autorității Lui prin a se supune autorității bisericii. Nu ești cu adevărat un membru al trupului dacă te poți detașa de el după bunul tău plac.

7. DISCIPLINA BISERICII

Am văzut, ca martor, felul cum se practică disciplina bisericii în adunări care susțin evanghelia prosperității și pot spune că aceasta tinde către una dintre următoarele două extreme. Un prim astfel de caz a constat într-o excomunicare informală, situație în care modalitatea biblică de disciplină bisericească nu a fost respectată (de ex. Matei 18:15-17; 1 Cor. 5:1-13; 2 Cor. 2:6; 2 Tes. 3:6-15). Persoanele despre care s-a spus că trăiau în păcat au fost excluși din părtășia bisericii într-un mod privat, în absența lor, însă despre ele s-a vorbit în public ca și cum n-ar fi trebuit să mai avem legături cu ei, datorită răzvrătirii lor.

Cea de-a doua extremă a constat în ignorarea completă de către conducerea bisericii a păcatului unui alt lider, al unui membru popular din biserică sau al amândurora. Atunci când a fost folosită această abordare, liderii care știau de practica obișnuită de păcat și de lipsa de pocăință a acelor persoane au refuzat cu încăpățânare să recunoască această situație și să se ocupe de ea. În mod trist, am văzut lideri care au prezentat păcatul altor membri în fraze precum: „Dumnezeu iartă și dragostea Lui acoperă o mulțime de păcate" și „Doar Dumnezeu poate să judece". În cazul liderilor care trăiesc în păcate și rămân în lucrare, s-a spus despre ei că „darurile lui Dumnezeu vin independent de pocăință", o distorsionare grosolană textului din Romani 11:29. Predicatorii evangheliei prosperității se folosesc adesea de textul din 1 Cronici 16:22 („Nu vă atingeți de unșii Mei și nu faceți niciun rău prorocilor Mei") ca de un spray care să țină la distanță întrebările din partea membrilor congregațiilor lor. Uneori, bisericile înrădăcinate în evanghelia prosperității au ajuns să fie cunoscute pentru acoperirea păcatului unui lider prin a-l trimite pe acesta într-un concediu prelungit, în loc să aplice cerința din 1 Timotei 5:17-20.

Bisericile sănătoase îndrăgesc dorința lui Dumnezeu după o biserică curată și sfântă. Ajutând poporul lui Dumnezeu să crească în asemănare cu Hristos, întreaga adunare va ajunge să strălucească precum stelele în lume (Efes. 4:11-32; Filip. 2:1-18). Bisericile sănătoase înțeleg faptul că liderii nu sunt exceptați de la a fi ispitiți și nici de la a avea căderi în discernământ și păcat. Așadar, bisericile sănătoase învață și urmează prescripția biblică pentru disciplina bisericii, aplicând-o inclusiv în disciplinarea liderilor (1 Tim. 5:17-20).

8. UCENICIZAREA

În bisericile evangheliei prosperității, ucenicizarea tinde adesea să dea naștere unei co-dependențe față de păstor sau față de un alt lider important al bisericii. Nivelul de bază al ucenicizării este cunoscut drept stadiul „purtătorului de armură". În Scriptură, un purtător de armură era o persoană care ducea armele liderului său și îl proteja în război (1 Sam. 14:6-7; 2 Sam. 18:15). În bisericile evangheliei prosperității, purtătorul de armură a devenit un soi de slujire neoficială. Noii convertiți, care vor să crească în umblarea lor cu Dumnezeu, sunt plasați într-un astfel de grup. Acest grup este instruit să slujească nevoilor emoționale, fizice și spirituale ale păstorului sau liderului bisericii. Păstorul va delega adesea astfel de persoane să se implice în activități care pot cuprinde purtarea Bibliei sale sau chiar plata facturilor lui, totul în numele „lucrării". În cazuri extreme, am fost în situația de a consilia persoane care au avut anterior un rol de purtător de armură și care fuseseră învățați să îi facă masaj păstorului după ce acesta predica și chiar să răspundă unor favoruri sexuale.

Dacă un purtător de armură slujește suficient timp, acesta poate să capete o promovare care este însoțită de un titlu, de posibilitatea de a predica și chiar de ordinare. Cel mai adesea, păstorul face acest lucru pentru a-și împăna statisticile cu privire la lucrarea sa cu fotografii în care mulți dintre acești oameni ordinați – uneori chiar femei – stau alături de păstor și aplaudă în timp ce acesta predică. I-am văzut pe unii păstori cum se laudă cu faptul că au o mulțime de bărbați ordinați care stau sub autoritatea lor de zeci de ani. Rareori acești slujitori ordinați sunt trimiși să planteze biserici noi, să revitalizeze biserici aflate pe moarte sau să se implice în slujire vocațională în străinătate. O spun cu tristețe că am avut o situație când am consiliat pe cineva ce statuse sub autoritatea unui păstor vreme de peste 15 ani ca slujitor ordinat, și care nu fusese niciodată învățat care sunt calificările biblice ale unui prezbiter.

O biserică sănătoasă își ucenicizează membrii pentru a depinde mai mult de Isus, nu de un păstor sau lider de biserică. Credincioșii cresc prin a-și adânci cunoașterea lui Isus (2 Petru 3:18) și, prin puterea Duhului Sfânt, în a-L imita pe Isus (1 Cor. 4:16; 11:1; Efes. 5:1). Ucenicii biblici produc mai mulți ucenici biblici, nicidecum niște dependenți de ei (2 Tim. 2:2; Tit 2:1-8).

9. CONDUCEREA BISERICII

Predicatorii Evangheliei prosperității primesc adesea susținere nelimitată de la membrii lor, pentru că oamenii trăiesc prin intermediul păstorului lor. Dacă popularitatea și contul bancar al păstorului cresc, membrii turmei celebrează acest lucru ca și cum prosperitatea respectivă ar fi a lor înșiși. Unele congregații vor ca păstorul lor să aibă cel mai nou model de mașină, să poarte cele mai scumpe haine și să trăiască într-o casă mare, pentru ca binecuvântările lui Dumnezeu să se reverse apoi și asupra lor. Cândva mi s-a spus că, „dacă păstorul meu trăiește pe picior mare, atunci el deschide calea pentru mine și familia mea ca să trăim la fel".

În multe cazuri se spune despre păstor că este vocea lui Dumnezeu pentru congregație și, de aceea, acesta are o autoritate care nu poate fi chestionată. Structura de conducere într-o astfel de biserică variază între un model de tip CEO și o monarhie. I-am văzut adesea pe alții instalați în slujba de păstori sau prezbiteri nu pe baza calificativelor biblice, ci datorită ocupației pe care o aveau și a apropierii sau prieteniei cu păstorul.

O biserică sănătoasă este caracterizată prin lideri care se califică biblic la slujire. 1 Timotei 3:1-7 și Tit 1:5-9 sunt pasaje care prezintă clar calificările pentru bărbații care trebuie să conducă biserica lui Dumnezeu. Acestea se referă la caracterul acestor bărbați, nu la ocupația lor sau la nivelul prieteniei cu păstorul. Prezbiterii sunt chemați să păstorească turma, să hrănească oile cu învățătura sănătoasă, să conducă în smerenie și să își apere membrii de falșii învățători.

TURMĂ FĂRĂ PĂSTOR

În inima mea există o durere neîncetată pentru oamenii care sunt influențați mai mult sau mai puțin de învățăturile analizate aici. Ei sunt ca niște oi obosite și rătăcite, fără un păstor, pentru care Isus a avut compasiune (Matei 9:36). Aceste suflete prețioase sunt, ca și cele din zilele lui Isus, abuzate, necăjite și hărțuite de către liderii lor. Ele nu cunosc nicio altă cale de a trăi, întrucât liderii lor religioși le-au tratat astfel. Isus a răspuns, cerând ucenicilor să se roage ca Domnul secerișului să ridice lucrători la secerișul Său.

Durerea pe care o am față de oile risipite și rătăcite din zilele noastre mă conduce către două lucruri: să mă rog ca Domnul să trimită lucrători care să caute și să slujească acestor oi risipite, și să mă străduiesc să conduc o biserică sănătoasă pentru a ajunge la oile din orașul meu. Mă rog ca acest articol să fi produs aprinderea unui foc în inima ta, pentru a vedea biserici sănătoase care slujesc în orașele și satele de pe tot cuprinsul pământului.

DESPRE AUTOR:

D.A. Horton slujește ca păstor la Reach Fellowship în Long Beach, California și ca evanghelist at U.Y.W.I. Este căsătorit de 13 ani cu Elicia și au trei copii prețioși.

CE ESTE CONVERTIREA?

Convertirea este o întoarcere la 180° în viața unei persoane. Este întoarcerea întregii persoane de la păcat către Hristos, spre mântuirea sufletului. Este întoarcerea de la închinarea la idoli la închinarea față de Dumnezeul cel adevărat. Este întoarcerea de la justificarea de sine la justificarea lui Hristos. Este întoarcerea de la autoguvernare la stăpânirea lui Dumnezeu.

Convertirea este ceea ce se petrece atunci când Dumnezeu trezește un om care este mort spiritual și îl face capabil să se pocăiască de păcatele sale și să aibă credință în Hristos.

- Atunci când Isus ne cheamă să ne pocăim și să credem, El ne cheamă la convertire. Ea este o schimbare radicală în ceea ce noi credem și facem (Marcu 1:15).
- Atunci când Isus ne cheamă să ne luăm crucea și să Îl urmăm, El ne cheamă la convertire (Luca 9:23).
- Pentru ca noi să ne pocăim, Dumnezeu trebuie să ne dea o viață nouă, inimi noi și credință (Efes. 2:1; Rom. 6:17; Col. 2:13; Ezec. 36:26; Efes. 2:8; 2 Tim. 2:25).

Convertirea *nu* este:

- **Un eveniment unic fără implicații cu privire la felul în care trăim.** Convertirea *are* loc într-un moment unic, dar acesta este un moment al *schimbării radicale*. Viața noastră ar trebui să arate diferit după aceea. Începe o nouă bătălie.

- **O călătorie fără destinație.** Convertirea poate fi precedată de un lung proces, în cazul unor persoane, dar ea întotdeauna va implica o decizie hotărâtă de a se pocăi de păcat și de a-și pune credința în Hristos, lucru care este rezultatul imediat al faptului că Dumnezeu îi dă o viață nouă unui păcătos mort spiritual.

- **Opțională.** Faptele Apostolilor 17:30 spune că Dumnezeu le poruncește tuturor oamenilor de pretutindeni să se pocăiască. Convertirea nu poate fi niciodată forțată, dar este absolut necesară pentru a putea fi mântuiți.

- **O simplă conversație.** Deși creștinii ar trebui să comunice Evanghelia cu smerenie, obiectivul nostru nu constă dintr-o simplă informare sau un simplu schimb plăcut de informații. Noi trebuie să îi chemăm pe *toți oamenii* să se pocăiască de păcatele lor și să își pună credința în Hristos, spre mântuirea sufletelor lor.

- **Repetarea unei rugăciuni după dictare.** Convertirea implică în mod sigur rugăciunea, dar trebuie să fim atenți să nu îi ispitim pe oameni să-și pună credința într-un set anume de cuvinte, ci în Hristos.

(Acest material a fost extras în mare parte din articolul lui Brad Wheeler, intitulat *„Unul dintre cele mai murdare cuvinte din zilele noastre: Convertirea"*).

APARTENENȚA ÎNAINTEA CREDINȚEI REDEFINEȘTE BISERICA

Michael Lawrence

Una dintre marile descoperiri ale lumii moderne constă în aceea că John Donne avut dreptate, pe când Simon Garfunkel a greșit: *nu sunt* o stâncă, *nici* o insulă.

De la ceea ce cred că sunt până la ceea ce gândesc despre viață și univers, credințele mele sunt construite social. Asta înseamnă că nu iau decizii complet independente. Înseamnă pur și simplu că contextul social în care trăiesc determină în mare măsură mulțimea de opțiuni din care îmi aleg ceea ce prefer să cred.

Mai mult, societatea răsplătește anumite alegeri și le penalizează pe altele cu aprobarea sau dezaprobarea ei. Uneori, răsplata este financiară. Dar, mai puternică decât răsplata materială este cea socială, intelectuală și emoțională, răsplata de a fi considerat un membru normal, sănătos, bine integrat al societății. Noi suntem ființe sociale și, de aceea, dorim să fim incluși în grup.

Aceasta înseamnă că, indiferent de meritele obiective ale unei idei, anumite idei par mai plauzibile sau mai atractive decât altele. Este dificil să crezi ceva despre care cam toți cei pe care îi cunoști cred că este o nebunie. Pe de altă parte, este destul de ușor să crezi ceva despre care toți cei pe care îi cunoști cred că este evident și adevărat. Noi nu suntem niște insule într-un curs de apă, ci suntem o școală de pești, și pare logic să ne alăturăm turmei.

BISERICA SPUNE: „NU ESTE UN LUCRU ATÂT DE NEBUNESC PE CÂT CREZI"

Ce se petrece atunci când aplici aceste idei elementare la biserica locală și la lucrarea ei de evanghelizare? Dintr-o dată, conștientizezi că biserica locală este mai mult decât un loc unde se predică sau un local pentru programele evanghelistice. Dintr-o dată vezi că lucrarea evanghelizării nu mai este limitată la experții în domeniu.

Dimpotrivă, întreaga comunitate devine un element crucial în porunca înaintării Evangheliei. Acea comunitate devine alternativa plauzibilă la necredință. Ea devine o subcultură care demonstrează ce înseamnă să Îl iubești și să Îl urmezi pe Isus și, astfel, ce înseamnă să îi iubești și să îi slujești pe ceilalți. Iar acest lucru se petrece atunci când trupul bisericii trăiește viața împreună. De la întâlnirile publice până la studiile biblice în grupuri mici, de la întâlnirile informale la o cină până la evenimentele pur sociale, viața colectivă a bisericii întărește nu doar credințele împărtășite de acea comunitate, ci ea și comunică unei lumi necreștine care ne privește: „Acest lucru nu este atât de nebunesc pe cât ați gândi, și dacă ați face saltul de la necredință la credință, n-ați fi singurii în această situație."

Cu alte cuvinte, biserica devine o structură plauzibilă pentru credință. Are logică?

UN PAS ÎNAINTE: APARTENENȚA ÎNAINTEA CREDINȚEI

În ultimele câteva decenii, totuși, multe biserici au dus această descoperire un pas înainte. Dacă am vedea că o alternativă plauzibilă din exterior poate să ajute pe cineva să treacă de la necredință la credință, n-ar putea fi oare chiar mai bine să privească la aceste lucruri din interior? Dacă vrem să ducem Evanghelia mai convingător la necreștini, n-ar fi mai eficient decât să-i invităm în interior, să-i lăsăm să încerce mesajul ei înainte de a se hotărî să și-l însușească? Dacă comunitatea este cel mai puternic instrument pe care îl avem, atunci hai să-i lăsăm pe oameni în interior, nu să-i ținem ca pe niște observatori exteriori, ci să-i considerăm, cu atenție, niște participanți la viața colectivă, alături de noi.

Care este rezultatul? „Necredincioșii" devin „căutători", în loc să rămână necreștini. Ei devin tovarăși călători pe aceeași cale cu noi, doar că se află într-un alt punct în această călătorie.

Practic, asta înseamnă să-i lăsăm pe necredincioși să se alăture la orice, de la a fi membri în echipa de închinare până la lucrarea de afterschool, de la a fi ușieri până la a coordona lucrarea cu pensionarii. Toți sunt incluși în comunitate, toți aparțin acesteia, indiferent de credință.

Ideea este că, înainte ca ei să își dea seama, nu doar că vor simți ce înseamnă să aparțină comunității, ci vor crede în același timp la ce anume aparțin, pentru că apartenența a făcut credința plauzibilă.

DE CE SĂ NU-I LĂSĂM SĂ APARȚINĂ ÎNAINTE DE A CREDE? – TREI MOTIVE

Aceasta este o idee atractivă. Pare chiar o idee eficientă. Dar este în același timp și o idee greșită. Iată trei motive:

1. Dă naștere confuziilor între credincioși

În primul rând, dă naștere confuziilor între creștini. Eu păstoresc o biserică ce, vreme de ani de zile, a practicat această idee în modalități neoficiale. Rezultatul a fost o mulțime de astfel de oameni (unii sunt membri, alții nu) și toți pretind că sunt credincioși. Problema este că unii sunt zeloși și dedicați, alții par mai interesați să fie distrați, în timp ce alții nu se deranjează să contribuie la viața bisericii cu nimic. Dar, întrucât toți aparțin familiei, toți sunt, nominal vorbind, ucenici ai lui Isus, așa încât trebuie să venim cu alte explicații pentru a face diferențele între unii și alții: „da, el este cu adevărat un om ocupat", „ea are un talent la muzică", „prietenii lor nu mai sunt alături de noi". Și va trebui apoi să venim cu categorii suplimentare, precum „creștini dedicați", „creștini serioși" și „creștini jertfitori" pentru a face distincție între creștinii care fac ca mașinăria să funcționeze, și creștinii din masa cea mare de membri.

Cu siguranță că ar trebui să ne așteptăm la o varietate a maturității spirituale în biserică, și știm că până și credincioșii vor păcătui. Dar ce înseamnă cu adevărat să fii creștin în acest context? Și ce trebuie să facem cu afirmațiile deranjante pe care Isus le-a făcut, precum „oricine face voia Tatălui Meu care este în ceruri, acela Îmi este frate, soră și mamă" (Matei 12:50), sau „Cine nu-și ia crucea lui, și nu vine după Mine, nu este vrednic de Mine" (Matei 10:38)? Isus a vorbit despre ucenicia față de El descriind-o ca pe o despărțire radicală de modul trecut de viață. Dar atunci când începem să încețoșăm în mod deliberat linia de demarcație între ucenicia adevărată și lume, creăm confuzii în mintea creștinilor cu privire la ce înseamnă să fii un ucenic al lui Hristos.

2. Produce confuzii în mintea necreștinilor

În al doilea rând, apartenența înaintea credinței aduce confuzie asupra necreștinilor. La scurtă vreme după ce am ajuns la biserica mea, am primit un telefon anonim la birou, prin care persoana respectivă mă informa că unul dintre liderii noștri „trăia în păcat" în sensul vechi al acelei expresii. Când am investigat, am descoperit că era adevărat.

Într-un sens, nu aceea era cea mai mare problemă. Din nou, și creștinii pot cădea în păcat, și uneori chiar în păcate grave.

Din punct de vedere pastoral, problema reală s-a petrecut atunci când această persoană a fost confruntată. Răspunsul ei era uluitor: „Nu m-am abonat la asta! Dacă aș fi știut ce urmează să se întâmple, nu m-aș fi alăturat niciodată acestei biserici". (Ironic, poți avea o cultură a apartenenței înaintea credinței, și totuși să ai un sistem oficial de membralitate, așa cum aveam noi.)

În esență, pentru această persoană, a fi creștin nu avea de-a face cu ascultarea față de Isus. Iar Evanghelia nu vorbea despre pocăință și credință. Dimpotrivă, avea de-a face cu apartenența la familia noastră, cu a fi acceptat și a avea oportunitatea să își exprime și să-și folosească darurile și interesele. Darea de socoteală și asumarea responsabilității în fața bisericii nu intraseră în ecuație, și nici dedicarea față de Domnul. Acel lider a părăsit biserica chiar înainte ca noi să avem ocazia să vorbim despre aceste lucruri.

Atunci când necreștinilor nu li se spune niciodată că sunt necreștini, ci dimpotrivă, sunt învățați să se gândească la propriile persoane ca la niște „tovarăși călători", „căutători" sau „oameni în diferite stadii", dar aflați toți în aceeași călătorie, este ușor ca aceștia să devină confuzi cu privire la ce înseamnă cu adevărat să fii creștin și ce presupune să crezi în Evanghelie. Dorința de a aparține la o minunată familie de oameni poate, la rândul ei, să determine foarte ușor pe cineva să se aboneze la comunitatea lui Isus, dar acea persoană să nu fi fost niciodată abonată la porunca lui Isus de a se pocăi și de a crede.

3. Redefinește fundamental biserica locală

În al treilea rând, apartenența înaintea credinței redefinește fundamental biserica locală. Biserica locală este o comunitate și, la urma urmei, o comunitate este definită nu prin documentele, clădirile sau programele ei, ci prin oamenii ei – un popor a cărui viață participă în realitățile noii creații, realități ale dragostei și sfințeniei, creând astfel noi structuri ce par atractive.

Aceasta este ceea ce Isus a predicat: „Prin aceasta vor cunoaște toți că sunteți ucenicii Mei, dacă veți avea dragoste unii pentru alții" (Ioan 13:35).

Aceasta este ceea ce Pavel ne-a învățat. „Nu vă lăudați bine. Nu știți că puțin aluat dospește toată plămădeala? Măturați aluatul cel vechi, ca să fiți o plămădeală nouă, cum și sunteți, fără aluat; căci Hristos, Paștele noastre, a fost jertfit" (1 Cor. 5:6-7). Și în altă parte: „Nu vă înjugați la un jug nepotrivit cu cei necredincioși. Căci ce legătură este între neprihănire și fărădelege? Sau cum poate sta împreună lumina cu întunerecul?" (2 Cor. 6:14).

Aceasta este ceea ce Petru a predicat. „Să aveți o purtare bună în mijlocul Neamurilor, pentru ca în ceea ce vă vorbesc de rău ca pe niște făcători de rele, prin faptele voastre bune, pe care le văd, să slăvească pe Dumnezeu în ziua cercetării" (1 Petru 2:12).

Aceasta este ceea ce Ioan a învățat. „Dar cine păzește Cuvântul Lui, în el dragostea lui Dumnezeu a ajuns desăvârșită; prin aceasta știm că suntem în El. Cine zice că rămâne în El, trebuie să trăiască și el cum a trăit Isus" (1 Ioan 2:5-6).

Aceasta este, conform Noului Testament, puterea mărturiei bisericii pentru Hristos. Atunci când lumea privește la biserică, este evident că ea vede păcătoși. Dar asta nu este tot ceea ce ea vede. Ea vede niște păcătoși ale căror vieți sunt radical transformate de Vestea Bună a Evangheliei. Ea vede păcătoși a căror dragoste reciprocă nu poate fi explicată de nimic altceva decât de moartea și învierea lui Isus Hristos. Ea vede păcătoși care nu doar că se iubesc reciproc, ci care Îl iubesc pe Dumnezeu prin Isus Hristos, și ale căror vieți ilustrează acea dragoste în sfințenie și adevăr.

Pentru a ne întoarce unde am început, biserica poate fi o structură atractivă pentru credință doar dacă ea este alcătuită din oameni care au credința.

Toate acestea se schimbă când biserica devine comunitatea acelora care se află doar alături într-o călătorie. Pentru mulți, rezultatul călătoriei este neclar și incert. Pentru alții, călătoria a ajuns la un punct de oprire înainte de a ajunge la destinația finală. Pentru alte persoane, obiectivul mântuirii a fost găsit. Dar comunitatea, în ea însăși, nu mai este o mărturie a adevărului lui Isus Hristos și a Evangheliei Lui. Ea nu poate fi aceasta, dacă aparții înainte de a crede.

Dimpotrivă, comunitatea rămâne o simplă mărturie pentru sine, pentru căldura, deschiderea și spiritul inclusiv ale ei. Dar, în final, ce rămâne atât de unic și convingător în legătură cu asta? Există multe comunități deschise și calde, subculturi, dacă vrei să le denumești așa, în interiorul orașului Portland, unde eu locuiesc. Dar ele nu sunt o mărturie pentru Isus. Doar biserica locală poate face asta. Ba mai mult, biserica poate face acest lucru doar dacă tu crezi mai întâi pentru a aparține.

Pe scurt, filozofia apartenenței înaintea credinței redefinește fundamental biserica, lucru care, pe termen lung, subminează puterea mărturiei bisericii.

O IDEE MAI BUNĂ

Apartenența înaintea credinței este o idee greșită. O idee mai bună este ceea ce Isus a descris în Ioan 13: o comunitate care crede profund Evanghelia, așa încât viața ei este caracterizată de o dragoste reciprocă. O astfel de comunitate, spunea El, îi va provoca pe cei din afară nu doar să recunoască că se află în afara bisericii, ci și să dorească să facă parte din ea.

Imaginea care îmi vine în minte este aceea a unei brutării într-o zi cu vreme rece și ninsoare. Valuri de miros de pâine delicioasă și de ciocolată fierbinte își fac loc ocazional în afara brutăriei. Un copil își apropie nasul de fereastra ei. Acea fereastră este o barieră. Fără ea, căldura și mirosul delicios s-ar dispersa în curând în vântul rece, și nimeni n-ar mai ști că ceva bun se găsește acolo. Dar este o barieră transparentă, care îi permite acelui copil să vadă lucrurile bune din interior și care îl invită să intre. Apoi există o cale de a intra, o ușă îngustă pe care trebuie să pășească. Fără a face aceasta, el poate vedea și poate pofti ce se găsește în interior, dar nu se poate bucura de acele beneficii. Odată ce pășește dincolo de pragul ușii, poate să se înfrupte din ce se găsește în interior.

Atunci când necreștinii au de-a face cu biserica ta, ar trebui să semene cu acei oameni care stau la acea fereastră, fără a se holba nedumeriți ca în fața unui zid de cărămidă. Ei ar trebui să simtă căldura dragostei voastre, pe când îi invitați și îi tratați ca pe niște oameni creați după chipul lui Dumnezeu. Ei ar trebui să vadă profunzimea relațiilor dintre voi, pe măsură ce îi văd pe oamenii din biserică ajutându-se reciproc și trecând dincolo de orice barieră pentru a sluji celorlalți, deși, în aparență, n-ar avea vreun motiv special să facă asta. Ei ar trebui să guste din bogăția Evangheliei, pe când Cuvântul lui Dumnezeu este predicat într-o modalitate care face sens pentru viețile lor. Ei ar trebui să audă sunetele acelei comunități bucuroase, care îi invită, atunci când aud laudele și rugăciunile unui popor care se închină Domnului lor răstignit și înviat.

Așadar, părăsește calea pe care te afli, pentru a putea crea o comunitate care îi invită pe cei din afară. Gândește-te la limbajul pe care îl folosești. Fii intențional în ospitalitatea ta. Fii strategic în transparența ta. Asemenea unei brutării care pompează mirosul delicios al pâinii ei în afară, celebrează public poveștile harului și transformarea care se petrece în mijlocul vostru. Iar apoi, când ai făcut toate acestea, propovăduiește Evanghelia cu claritate și invită-i pe oameni să răspundă la ea cu pocăință și credință. Cheamă-i nu să facă pasul în față, ci să intre pe ușa cea strâmtă, pentru a se putea alătura bisericii, hrănindu-se din bogățiile credinței în Evanghelie.

Dacă biserica este chemată să ilustreze lucrurile bune ale Evangheliei, atunci bariera credinței nu trebuie îndepărtată, pentru că tocmai acea credință împărtășită de membrii bisericii este ceea ce lucrează cu cea mai mare putere prin invitarea oamenilor să se alăture bisericii.

DESPRE AUTOR:

Michael Lawrence este pastor senior la Hinson Baptist Church în Portland, Oregon. Îl puteți găsi pe twitter la @pdxtml.

ȘASE MODALITĂȚI ÎN CARE LE POȚI DA OAMENILOR O FALSĂ SIGURANȚĂ

Mike McKinley

Ca păstor, interacționez cu o mulțime de oameni care se luptă să aibă siguranță în ce privește autenticitatea convertirii lor.

În gândirea lor, păcatul lor se agață îndeaproape de ei, iar eșecurile lor sunt întotdeauna vizibile și la îndemână. În majoritatea situațiilor, eu cred că aceștia sunt frați și surori credincioși, care au nevoie de mângâiere și de reasigurare cu privire la credința lor.

Dar există un alt grup de oameni în multe dintre bisericile noastre, față de care am o cu totul altfel de îngrijorare: cei care au o credință fermă, dar lipsită de temelie, care cred că sunt cu adevărat convertiți, dar nu sunt.

Poate că le cunoști felul de a fi. Ei știu expresiile și cuvintele corecte. Ei stau departe de păcatele scandaloase și publice. Sunt oameni morali. Cu toate acestea, ei nu au roade adevărate, nu aduc dovezi asupra faptului că Duhul lui Dumnezeu, care convertește, s-ar afla la lucru în interiorul lor. Adeseori, în acești oameni se găsește un întreg domeniu netratat al păcatelor secrete.

ȘASE MODALITĂȚI ÎN CARE PĂSTORII POT ALIMENTA FALSA SIGURANȚĂ

Acești oameni sunt greu de evanghelizat, căci este ca și cum ar fi fost inoculați față de Evanghelie. Ei cred că au deja tot ceea ce au nevoie, și astfel nu caută nimic mai mult. Iar dacă există vreun domeniu al unor păcate ascunse, ei au făcut deja pace cu acesta de multă vreme.

Trist este că bisericile noastre sunt cel puțin în parte vrednice de blamat pentru prezența acestor oameni în mijlocul nostru. Dă-mi voie să sugerez șase modalități prin care noi, păstorii, putem să ajutăm, chiar și fără să vrem, la alimentarea falsei siguranțe în oameni ca aceștia.

1. Pleacă de la prezumția că Evanghelia este propovăduită de la sine

Este ușor să presupunem că oamenii din bisericile noastre înțeleg și cred Evanghelia. La urma urmei, ei se află în biserică în fiecare duminică dimineața. Dar realitatea este că multe dintre bisericile noastre au luat ca un lucru de apucat mesajul și felul în care congregația îl înțelege. Ca rezultat, bisericile noastre sunt pline de oameni care ar putea înțelege unele dintre implicațiile Evangheliei (de exemplu, cum să fii un soț mai bun, cum să îți stăpânești mânia) și să trăiască astfel vieți morale, dar fără să își însușească Evanghelia pentru propriile persoane.

Acest lucru este unul aducător de moarte din punct de vedere spiritual, pentru că deși viețile morale ar putea fi dovada credinței cuiva în Evanghelie, în același timp ele pot fi dovada auto-neprihănirii și a fățărniciei. Cu siguranță că este corect să subliniem faptul că acea credință care justifică nu este niciodată singură, ci faptele însoțesc întotdeauna credința adevărată. Dar trebuie mai întâi să subliniem că suntem justificați doar prin credință și să subliniem acest lucru în mod repetat, altfel faptele pe care le vezi nu vor fi faptele justificării mântuitoare. Când Evanghelia nu este propovăduită clar, când calea către cer și calea către Iad nu sunt clar prezentate și delimitate de către predicator, atunci oamenii vor presupune că moralitatea lor sau faptul că participă la serviciile bisericii le oferă temelia siguranței.

Pe scurt, nu predica moralismul. Niciodată. Predică Evanghelia săptămână de săptămână. Apoi, odată ce ai așezat ferm indicativele Evangheliei la locul lor, predică imperativele care trebuie să le urmeze în mod necesar.

2. Oferă-le oamenilor o perspectivă superficială asupra păcatului

Biblia ne învață că păcatul nu este doar ceva ce noi facem, ci el definește cine suntem noi în starea decăzută. Scripturile ne învață că suntem cu toții morți spiritual (Efes. 2:1-2), robi față de păcat (Ioan 8:34), vinovați de încălcarea întregii Legi a lui Dumnezeu (Iacov 2:20) și condamnați să experimentăm mânia dreaptă a lui Dumnezeu (Rom. 1:18). Suntem păcătoși în profunzimea ființei noastre.

Oamenii care au o siguranță falsă adesea înțeleg greșit păcatul. Dacă păcatul este doar o chestiune care ține de comportamentul exterior și observabil, atunci, cu puțin efort și disciplină, ei pot să-și rezolve singuri problemele. Dar dacă îi putem convinge să se confrunte în mod regulat cu învățătura biblică despre păcat, atunci ei vor fi forțați să vadă că au nevoie de nașterea din nou și de o mântuire care vine din afara persoanelor proprii.

3. Tratează ușuratic membralitatea în biserică și disciplina bisericii

Membralitatea într-o congregație locală are scopul de a le da credincioșilor, printre altele, siguranța mântuirii. Este ca un sigiliu colectiv de aprobare cu privire la pretenția cuiva de a fi creștin. Atunci când o congregație examinează mărturia cuiva de credință și felul în care acea persoană trăiește, și apoi botează acea persoană și o primește la Cina Domnului, biserica spune, în fapt, următoarele: „Atâta cât putem spune, și cu puterea și înțelepciunea care ne sunt date de Hristos, ești unul dintre noi". De cealaltă față a monedei, când o biserică excomunică pe cineva, acea biserică își îndepărtează sigiliul aprobării pretenției de credință a cuiva. Congregația îi spune acelui individ că acțiunile lui sau ale ei au subminat credibilitatea pretenției de credință și temelia siguranței acelei persoane.

Dar când o biserică tratează cu ușurătate primirea membrilor, când ea le permite oamenilor care nu participă la biserică să rămână membri, ea alimentează falsa siguranță. Oare cât de mulți oameni vor ajunge în Iad pentru că biserica lor n-a manifestat preocupare cu privire la membralitatea lor și astfel le-a dat o siguranță falsă?

4. Învață-i pe oameni să-și întemeieze siguranța pe niște acțiuni exterioare din trecut

Așa cum am observat deja, Evanghelia cere de la noi un răspuns. Iar bisericile și programele evanghelistice au considerat uneori că este util să pună înaintea oamenilor o metodă prin care aceștia să-și exprime proaspăta lor dedicare față de Hristos. Unii le oferă oamenilor șansa de a repeta după dictare o rugăciune a păcătosului. Alții le oferă șansa de a ieși în fața bisericii sau de a-și scrie numele pe o foaie de hârtie. Câteodată, astfel de acțiuni exterioare pot cu adevărat să fie răspunsul autentic față de lucrarea de convertire făcută de Duhul Sfânt.

În același timp ele pot fi înșelătoare. Este posibil să te rogi o rugăciune, să ieși în față sau să-ți scrii numele pe un cartonaș de răspuns și totuși să rămâi totalmente pierdut în păcatele tale. Așadar, dacă îi încurajăm pe oameni să-și întemeieze siguranța pe anumite acțiuni exterioare care pot fi îndeplinite separat de nașterea din nou, îi punem pe acești oameni într-un pericol spiritual deosebit de mare. Oare cât de mulți oameni umblă chiar acum în această lume fiind complet pierduți, dar care sunt siguri că ei vor merge în cer pentru că s-au rugat cândva o rugăciune, pe vremea când erau copii?

5. Nu face nicio legătură între justificare și sfințire în fața oamenilor din biserica ta

Într-un efort bine motivat de a preamări harul fără plată al lui Dumnezeu, poți ajunge să predici adevărul justificării doar prin credință, doar prin Hristos, fără să faci legăturile necesare cu sfințirea pentru cei ce te aud. Dar învățătura Scripturii este aceea că lucrarea de justificare făcută de Hristos va produce întotdeauna roada neprihănirii în viețile credincioșilor, așa cum am spus mai devreme (pentru un singur exemplu pe această temă, observă logica din pasajul din Rom. 6:1-14).

O deconectare între justificare și sfințire este foarte periculoasă pentru credincioși. Ea subliniază felul în care ei înțeleg nevoia sfințeniei personale și motivația lor pentru a-și exprima dragostea față de Dumnezeu prin ascultarea lor față de El. Dar, pentru cei care au o siguranță falsă, aceasta este de două ori mai periculoasă, pentru că îi încurajează să creadă că este perfect posibil să trăiască în răzvrătire deschisă față de Dumnezeu și totuși să se considere neprihăniți înaintea Lui.

6. Învață-i pe oamenii din biserica ta să ignore avertismentele Bibliei

Scriptura este plină de avertismente înfricoșătoare adresate celor care se alipesc de păcat și/sau părăsesc credința (ex. Matei 5:27-30; Evrei 6:1-6). În eforturile noastre de a predica cu claritate grija suverană a lui Dumnezeu pentru poporul Său, ajungem uneori să subminăm forța acestor avertismente prin a le da oamenilor impresia că ele nu se aplică celor credincioși.

Dar acele avertismente se găsesc în Biblie cu un scop precis. Ele sunt adevărate și sunt unele dintre modalitățile prin care Dumnezeu Își păzește poporul de rătăcire. Un păstor înțelept va accentua gravitatea păcatului și a apostaziei, și îi va chema pe toți cei ce îl ascultă să persevereze în credință.

DESPRE AUTOR:

Mike McKinley este autor creștin și păstorul Sterling Park Baptist Church din Sterling, Virginia.

COMPONENTA COLECTIVĂ A CONVERTIRII

Jonathan Leeman

Dacă doctrina ta privitoare la convertire nu conține elementul colectiv, atunci îi lipsește o piesă esențială din întreg. Un Cap al legământului vine împreună cu un popor al legământului.

ÎN PRIMUL RÂND VERTICALĂ, ÎN AL DOILEA RÂND INSEPARABIL ORIZONTALĂ

Prin asta nu vrem să spunem că ar trebui să punem componenta colectivă pe primul loc. Cineva s-ar putea gândi la expresia bine-cunoscută a lui N.T. Wright despre justificare ca „neavând atât de mult de-a face cu soteriologia pe cât are de-a face cu eclesiologia, nu atât de mult vizând mântuirea pe cât biserica" (*What Saint Paul Really Said*, 119). Acesta este un exemplu clar, potrivit expresiei aproape la fel de cunoscută a lui Douglas Moo, despre cum să trimiți în decor ceea ce Noul Testament vrea să așeze în linia întâi și cum să pui în linia întâi ceea ce Noul Testament așază în decor (citat în D.A. Carson, „*Faith and Faithfulness*").

Nu poate exista vreo reconciliere adevărată între oameni atâta vreme cât păcătoșii, la nivel individual, nu se împacă mai întâi cu Dumnezeu. Componenta orizontală este urmarea necesară a celei verticale. Eclesiologia urmează în mod necesar soteriologia. Prin aceasta vreau să spun că elementul colectiv nu poate să vină mai întâi, pentru că altfel am pierde totul.

Dar el trebuie totuși să vină. Fără îndoială, elementul colectiv trebuie să rămână în structura doctrinei convertirii. Unitatea noastră colectivă în Hristos nu este doar o implicație a convertirii, ci este parte a acesteia. A fi împăcat cu poporul lui Dumnezeu este un aspect *distinct*, dar *inseparabil* de a fi împăcat cu Dumnezeu.

Uneori, acest lucru ajunge să se piardă în sublinierea pe care noi o facem elementelor *mecanice* ale convertirii, ca atunci când discuțiile noastre doctrinare legate de convertire nu trec dincolo de relația dintre suveranitatea divină și responsabilitatea omului, sau dintre necesitatea pocăinței și cea a credinței. Cu toate acestea, o înțelegere completă a convertirii ar trebui să includă în același timp atât lucrurile *de care* noi ne separăm cât și lucrurile *de care* noi ne alipim. A fi convertit implică să treci de la moarte la viață, din domeniul întunericului în domeniul luminii. Și implică să treci de la o viață individuală la viața de apartenență la un popor, de la a fi o oaie rătăcită la a aparține unei turme, de la a fi dezmembrat, la a fi membru într-un trup.

Observați afirmațiile paralele ale lui Petru:

> „Pe voi, care odinioară nu erați un popor, dar acum sunteți poporul lui Dumnezeu; pe voi, care nu căpătaserăți îndurare, dar acum ați căpătat îndurare" (1 Petru 2:10).

Primirea îndurării (împăcarea pe verticală) este simultană cu a deveni parte dintr-un popor (împăcarea pe orizontală). Dumnezeu are îndurare față de noi prin faptul că ne iartă păcatele, iar consecința necesară a acestui fapt constă din includerea noastră în poporul Său.

NATURA COLECTIVĂ A LEGĂMINTELOR

Fără îndoială, elementul colectiv al convertirii noastre poate fi observat atunci când ne uităm chiar și la structurarea Bibliei în legăminte. Este adevărat că toate legămintele Vechiului Testament își găsesc împlinirea în Sămânța (la singular) lui Avraam. Isus este noul Israel. Totuși, este la fel de adevărat că oricine este unit cu

Hristos prin noul legământ devine în același timp parte a Israelului lui Dumnezeu și sămânța (la plural) lui Avraam (Gal. 3:29; 6:16).

Cu alte cuvinte, un Cap al legământului aduce cu El, prin definiție, un popor al legământului (vezi Rom. 5:12). Așadar, a aparține noului legământ înseamnă să aparții și unui popor.

Deloc surprinzător, promisiunile Vechiului Testament cu privire la noul legământ sunt adresate unui popor: „niciunul nu va mai învăța pe aproapele, sau pe fratele său, zicând: ,Cunoaște pe Domnul!' Ci toți Mă vor cunoaște, de la cel mai mic până la cel mai mare, zice Domnul; căci le voi ierta nelegiuirea, și nu-Mi voi mai aduce aminte de păcatul lor" (Ier. 31:34). Noul legământ promite iertarea (pe verticală) și o comunitate a fraților (pe orizontală).

VERTICAL ȘI ORIZONTAL ÎN EFESENI 2

Întreg subiectul ne este prezentat într-un fel minunat în Efeseni 2. Versetele 1 până la 10 explică iertarea și reconcilierea noastră pe verticală cu Dumnezeu: „prin har ați fost mântuiți". Versetele 11 până la 20 ne prezintă apoi componenta orizontală: „Căci El este pacea noastră, care din doi a făcut unul, și a surpat zidul de la mijloc care-i despărțea" (Efes. 2:14).

Observați că acțiunea versetului 14 este prezentată la timpul trecut. Hristos a făcut *deja* una din iudeu și grec. Nu există imperative în acest verset. Pavel nu le poruncește cititorilor lui să caute unitatea. Dimpotrivă, el vorbește despre o realitate prezentă. Cei credincioși *sunt* așa datorită a ceea ce Dumnezeu *a făcut*, iar Dumnezeu a înfăptuit acel lucru exact în același loc unde El a realizat reconcilierea pe verticală – la crucea lui Hristos (observați de asemenea relația dintre indicativ și imperativ în Efeseni 4:1-6).

În virtutea noului legământ al lui Hristos, unitatea colectivă aparține componentei indicative a convertirii. A fi convertit înseamnă să fii făcut membru în trupul lui Hristos. Noua noastră identitate conține un element eclesial. Hristos ne-a făcut persoane eclesiale.

Iată o modalitate ușoară prin care poți înțelege acest lucru. Atunci când mama și tata merg la orfelinat să adopte un fiu, ei îl aduc acasă și îl plasează la masa familiei, alături de ceilalți copii, care îi sunt acum frați și surori. A fi fiu nu este același lucru cu a fi frate. Calitatea de fiu vine mai întâi. Cu toate acestea, calitatea de frate este implicația necesară a celei de fiu. Asta înseamnă că putem spune că, iată, convertirea te obligă să faci parte dintr-o fotografie de familie.

APLICAȚIA PERSONALĂ: ALĂTURĂ-TE UNEI BISERICI!

Care este aplicația pe care să o facem în viețile noastre? Simplu: alătură-te unei biserici! Ai fost făcut neprihănit, așa că fii neprihănit. Ai fost făcut membru al trupului Său, așa că alătură-te unui trup real. Ai fost făcut una, așa că fii una cu un grup real de creștini.

APLICAȚIA COLECTIVĂ: ÎNȚELEGE CORECT ASPECTELE MECANICE ALE CONVERTIRII!

Ce semnificație are acest lucru pentru bisericile noastre? Înseamnă că, în doctrina noastră, înțelegerea corectă a aspectelor mecanice ale mântuirii, menționate mai sus, este extrem de importantă. Avem nevoie de convingeri puternice cu privire la suveranitatea lui Dumnezeu și responsabilitatea omului, cu privire la pocăință și credință. Dezechilibrele în aceste învățături vor conduce la o biserică dezechilibrată și greșită. Ceea ce vei pune în oala convertirii va deveni supa bisericii.

Dacă doctrina pe care o ai în ce privește convertirea este lipsită de o concepție puternică privitoare la *suveranitatea lui Dumnezeu*, predicarea și evanghelizarea pe care le vei practica vor risca să devină manipulatoare și vor căuta să placă omului. Abordarea pe care o vei avea cu privire la conducerea bisericii va deveni, foarte probabil, pragmatică. Vei risca să te epuizezi pe tine și congregația ta cu un program copleșitor. Practicile voastre cu privire la membralitate vor fi bazate pe drepturi sau beneficii, asemenea unui club. Practicile dării de socoteală și a disciplinei bisericii cel mai probabil vor dispărea. Însăși sfințenia va fi pusă sub semnul întrebării. Și lista continuă.

Dacă doctrinei convertirii îi va lipsi o concepție puternică asupra *responsabilității omului*, cel mai probabil vei ajunge să îți administrezi mediocru darurile, ca și darurile celorlalți membri ai bisericii. Cel mai probabil vei fi ispitit la lenevie în ce privește evanghelizarea și chiar în pregătirea predicilor. Vei comunica tot mai puțină dragoste și compasiune față de cei răniți. Ai putea fi perceput de ceilalți ca un om sever sau aspru. Ai putea suferi de pe urma unei vieți slabe de rugăciune și astfel să te lipsești de toate binecuvântările care altfel ar putea fi ale tale. Vei pune însăși dragostea sub semnul întrebării. Și lista continuă.

Dacă doctrina convertirii este vitregită de o concepție puternică asupra *pocăinței*, vei fi grabnic în oferirea siguranței mântuirii și lent în a le cere oamenilor să socotească prețul uceniciei față de Hristos. Cel mai probabil vei tolera lumescul și dezbinările din biserică, iar membrii bisericii tale ar putea să tolereze aceste lucruri, pentru că mulți dintre ei vor rămâne superficiali în credință. Nominalismul va fi de asemenea mult mai comun, pentru că harul va fi perceput ca fiind ieftin. În general, biserica va găsi plăcere în a cânta despre Hristos ca Mântuitor, dar nu atât de mult despre Hristos ca Domn și, de aceea, nu va arăta foarte diferită de lume.

Dacă doctrinei convertirii pe care o predici îi lipsește o concepție puternică privitoare la *credință*, vei avea o biserică plină de legaliști anxioși, auto-neprihăniți și care vor dori să placă omului. Cu cât acești membri auto-disciplinați vor avea o părere mai bună despre ei, cu atât mai mult membrii mai puțin disciplinați se vor ascunde în tăcere în păcatele lor tainice și vor învăța constant cum să îi condamne pe alții și pe sine. Transparența va fi rară, iar ipocrizia foarte răspândită. Cei din exterior și fiii rătăcitori nu vor simți căldura și compasiunea harului adevărat. Preferințele culturale vor fi confundate cu Legea lui Dumnezeu. Bisericii îi va plăcea să cânte despre poruncile lui Hristos, Împăratul, dar nu la fel de mult despre Mielul cel însângerat, un Miel junghiat pentru ei.

Evident, exagerez aceste descrieri. Lucrurile nu se petrec exact în această secvență. Dar ideea de bază în toate aceste exemple scoate în evidență legătura strânsă între convertire și biserică. Dacă convertirea implică în mod necesar un element colectiv sau, mai concret, dacă convertirile individuale produc în mod necesar un popor unit, atunci orice lucru pe care îl vei așeza ca definitoriu în doctrina convertirii pe care o vei predica va afecta în mod dramatic felul de biserică pe care îl vei obține.

Vrei o biserică sănătoasă? Atunci străduiește-te să înțelegi corect doctrina convertirii, predicând congregației tale toate fațetele ei biblice. Mai mult, asigură-te că structurile și programele bisericii tale sunt în consonanță cu această doctrină puternică și cu multele ei fațete.

DESPRE AUTOR:

Jonathan Leeman este directorul editorial al 9Marks și prezbiter la Cheverly Baptist Church din Cheverly, Maryland. Îl puteți găsi pe twitter la @JonathanDLeeman.

CE ESTE EVANGHELIZAREA?

Evanghelizarea înseamnă să spui altora Vestea Bună a ceea ce a făcut Isus Hristos pentru a-i mântui pe păcătoși. Pentru a face acest lucru, trebuie să le spui oamenilor că:

- Dumnezeu este sfânt (1 Ioan 1:5). El este Creatorul tuturor lucrurilor (Gen. 1:1).

- Toți oamenii sunt păcătoși, și ei merită mânia dreaptă și veșnică a lui Dumnezeu (Rom. 3:10-19, Marcu 9:48, Apoc. 14:11).

- Isus Hristos, care este pe deplin Dumnezeu și Om, a trăit o viață fără păcat, a murit pe cruce pentru a purta mânia lui Dumnezeu în locul tuturor celor ce vor crede în El și a înviat din morți pentru a da viață veșnică celor ai Lui (Ioan 1:1; 1 Tim. 2:5; Evrei 7:26; Rom. 3:21-26; 2 Cor. 5:21; 1 Cor. 15:20-22).

- Singura cale de a fi mântuit de la pedeapsa veșnică și de a fi împăcat cu Dumnezeu constă din pocăința față de păcat și credința în Isus Hristos, spre mântuire (Marcu 1:15; F.A. 20:21).

Evanghelizarea înseamnă să le spui altora acest mesaj elementar.

PROBLEMA PROGRAMELOR EVANGHELISTICE

Mack Stiles

Nu-ţi trebuie mare efort pentru a-i convinge pe mulţi creştini că evanghelizarea în comunitate este ceea ce trebuie să facem. Nu este nici măcar dificil să găseşti oameni care să se alăture într-o lucrare evanghelistică.

Dar, în mod uzual, atunci când ne gândim la evanghelizarea în comunitate, ne gândim la programe evanghelistice, ceea ce nu este tocmai acelaşi lucru. Prin „program" mă refer la acel eveniment mare şi ocazional la care este invitat un vorbitor foarte cunoscut sau care are un subiect incitant. La un anume moment în decursul evenimentului, se face o prezentare a Evangheliei. Sau poate că programul este conceput în aşa fel încât să îi ţintească pe eventualii căutători, cum ar fi un proiect de slujire socială sau un program de sport, acestea fiind concepute cu speranţa că ar putea deschide o uşă pentru o conversaţie spirituală.

Dumnezeu poate folosi programele. Cunosc oameni care au venit la credinţă în timpul unor evenimente evanghelistice. Ca să nu existe dubii, eu adesea promovez şi vorbesc la programe evanghelistice. Dar eu nu cred că programele sunt cea mai eficientă şi nici măcar principala cale prin care noi ar trebui să facem evanghelizare.

Aşadar, atunci când priveşti rece la programe, lucrurile pur şi simplu nu se aliniază. De exemplu, există un efect economic invers al acestora: cu cât sunt cheltuiţi mai mulţi bani pe programe, cu atât mai puţină este roada evanghelizării. Aşadar, de exemplu, atunci când oamenii sub vârsta de 21 de ani (când majoritatea vin la credinţă) sunt întrebaţi cum au ajuns să fie născuţi din nou, doar 1% au spus că acest lucru s-a petrecut prin intermediul emisiunilor TV sau a altor programe media, în timp ce 43% o spus că au venit la credinţă printr-un prieten sau un membru de familie. Gândeşte-te doar la comparaţia costului dintre o ceaşcă de cafea şi cel pentru producerea unei emisiuni TV. Sau gândeşte-te la efect: mamele îi conduc pe mai mulţi oameni la Isus decât o fac programele.

Deşi poate părea ciudat, se pare că programele evanghelistice fac alte lucruri mai bine decât evanghelizarea: ei produc o comunitate printre creştini, care ia parte la acestea, îi încurajează pe credincioşi să fie curajoşi pentru Hristos şi pot să facă bisericile capabile să pătrundă în noi zone de lucrare.

Totuşi, noi dăm impresia că avem o sete nestăvilită după programe care să facă evanghelizare. De ce? Programele sunt ca zahărul. Ele sunt gustoase, chiar creează dependenţă. Totuşi, acestea pot să fure de la noi dorinţa după mâncarea mai sănătoasă. Chiar dacă zahărul furnizează un plus rapid de energie, în timp el te face să fii molcom, iar o dietă constantă cu zahăr te va ucide.

O dietă strictă formată din programe evanghelistice va produce o evanghelizare subnutrită. Întocmai cum consumul de zahăr poate să ne facă să ne simţim ca şi cum am mâncat, când de fapt nu am mâncat, programele pot adesea să ne facă să ne simţim ca şi cum am făcut evanghelizare, când, în realitate, nu am făcut asta. De aceea, ar trebui să avem un sentiment sănătos de îngrijorare faţă de programe. Ar trebui să le folosim strategic, dar cu moderaţie, amintindu-ne că Dumnezeu nu a trimis un eveniment în lume, ci L-a trimis pe Fiul Său.

Ce ar trebui să facem? Noi vrem să facem evanghelizare în comunităţile noastre. Tânjim să îi vedem pe prietenii noştri alături de noi, atunci când ne mărturisim credința. Dar, în același timp, vedem limitările, chiar pericolele legate de programe. Există oare alternative?

Aș vrea să construiesc un argument în favoarea unui lucru complet diferit, ceva care este atât comun cât și personal: o cultură a evanghelizării centrată pe biserica locală.

BISERICA ȘI EVANGHELIZAREA

Isus a spus: „Prin aceasta vor cunoaște toți că sunteți ucenicii Mei, dacă veți avea dragoste unii pentru alții" (Ioan 13:35). Un pic mai târziu, în aceeași scenă, fiind alături de ucenicii Lui, El s-a rugat ca ei să fie uniți: „Și mă rog nu numai pentru ei, ci și pentru cei ce vor crede în Mine prin cuvântul lor. Mă rog ca toți să fie una, cum Tu, Tată, ești în Mine, și Eu în Tine; ca, și ei să fie una în noi, pentru ca lumea să creadă că Tu M-ai trimis" (Ioan 17:20-21). Înțelegeți lucrul acesta: Isus spune că dragostea pe care o avem unul pentru celălalt în biserică este o modalitate de confirmare a faptului că suntem convertiți cu adevărat. Iar atunci când suntem uniți în Trup, noi arătăm înaintea lumii că Isus este Fiul lui Dumnezeu. Dragostea confirmă ucenicia noastră. Unitatea confirmă dumnezeirea lui Hristos. Ce mărturie puternică!

Există multe pasaje care caracterizează și conturează eforturile noastre evanghelistice, dar aceste versete constituie fundamentul biblic care ne arată că biserica este chemată să fie o cultură a evanghelizării.

Aceasta înseamnă că biserica locală este Evanghelia vizibilă.

Dacă ar fi să ilustrăm Evanghelia în dragostea noastră reciprocă, acest lucru trebuie să aibă loc într-o congregație locală, în care oamenii au ajuns să se unească într-un legământ al dragostei, pentru a fi o biserică. Nu avem de-a face cu o dragoste abstractă, ci cu o dragoste reală, pentru oameni reali, aflați într-o lume reală. N-aș putea să vă spun cât de des am auzit din partea necredincioșilor faptul că biserica li se părea stranie, dar ceea ce i-a atras în părtășie a fost dragostea manifestată între membrii ei.

Dar Evanghelia nu este ilustrată doar prin dragostea noastră. Te-ai gândit vreodată la cât de multe învățături biblice a așezat Dumnezeu în această țesătură a bisericii și care, dacă ar fi împlinite corect, ar sluji drept propovăduiri ale Evangheliei?

În dorința noastră de a promova o cultură sănătoasă a evanghelizării, noi nu recreăm biserica pentru asta. Dimpotrivă, permitem lucrurilor pe care Dumnezeu le-a zidit deja în cadrul bisericii să propovăduiască Evanghelia. Isus nu a uitat de Evanghelie atunci când El Și-a zidit biserica.

De exemplu, botezul simbolizează moartea, îngroparea și învierea lui Isus. El arată felul în care moartea Lui este moartea noastră și viața Lui viața noastră. Cina Domnului proclamă moartea lui Hristos până când El se va întoarce și ne îndeamnă să ne mărturisim păcatele și să experimentăm din nou iertarea. Atunci când ne rugăm, ne rugăm adevărurile lui Dumnezeu. Atunci când cântăm, cântăm lucrurile mărețe pe care Dumnezeu le-a făcut pentru noi, prin Evanghelie. Atunci când dăruim financiar, dăruim pentru înaintarea mesajului Evangheliei. Și, desigur, predicarea Cuvântului înalță Evanghelia.

În fapt, predicarea Cuvântului este ceea ce formează biserica, acesta fiind punctul de plecare. Apoi, odată formată, biserica primește responsabilitatea de a face ucenici, care sunt trimiși apoi să predice Evanghelia pentru a forma noi biserici. Acest ciclu s-a petrecut începând din momentul în care Isus s-a înălțat la cer, și va continua până când El se va întoarce.

O cultură a evanghelizării este rădăcina, nu acoperișul. Într-o cultură a evanghelizării, oamenii înțeleg că principala îndatorire a bisericii este să fie biserică. Putem vedea că practicile bisericii sunt o mărturie în și prin ele însele și cu siguranță că biserica susține și se roagă pentru oportunități evanghelistice, dar rolul ei nu este să deruleze programe. Biserica ar trebui să dezvolte o cultură a evanghelizării. Membrii sunt trimiși din biserică pentru a face evanghelizare. Știu că acest lucru poate părea un pic ciudat, dar el este cu adevărat important. Dacă nu înțelegi corect acest lucru, poți să subminezi biserica – și să fii mânios, dar greșit, pe conducerea bisericii.

Astfel, într-o cultură sănătoasă a evanghelizării, se înțelege faptul că există o prioritate diferită acordată bisericii față de cea acordată individului. Noi avem nevoie de biserici care să trăiască Evanghelia în felul în care Biblia descrie acest lucru, și avem deopotrivă nevoie de creștini prietenoși cu cei necredincioși, nu invers. Aceasta înseamnă că un anume lucru pe care tu ar trebui să îl faci în evanghelizarea personală ar putea să nu fie cel mai bun lucru pe care biserica să îl facă, în calitate de comunitate de credincioși.

Într-o cultură a evanghelizării, obiectivul tuturor credincioșilor este să mărturisească, să se roage și să fructifice oportunitățile evanghelistice – nu doar păstorul și prezbiterii. Responsabilitatea noastră este să fim martori credincioși – împreună.

Cred că, dacă membrii ar petrece jumătate din timpul pe care l-au petrecut cu programe, folosindu-l în discuții evanghelistice prietenoase cu vecinii, colegii de muncă sau colegii studenți, ar vedea un răspuns mai bun față de Evanghelie și ar ajunge chiar cu Evanghelia la mai multe persoane. Dacă te gândești bine, nu există niciun fel în care ai putea să înghesui vreodată în clădirea bisericii tale pe toți necreștinii cu care se află în contact membrii bisericii tale – indiferent cât de mare ar fi clădirea.

Adevărul este că majoritatea oamenilor ajung la credință prin influența membrilor de familie, a grupurilor de studiu biblic sau a conversațiilor cu un prieten, după serviciul de închinare al bisericii: creștinii vorbesc în mod intenționat despre Evanghelie.

DESPRE AUTOR:

Mack Stiles trăiește în Dubai alături de soția sa Leeann. El slujește ca prezbiter la Redeemer Church of Dubai și Secretar General al mișcării IFES (para-bisericească) din Emiratele Arabe Unite.

Nota editorului: Acest articol este o prescurtare ușor adaptată a cărții lui Mack din seria Zidind Biserici Sănă-toase, intitulată *Evanghelizarea: Întreaga Biserică Vorbește despre Isus*.

PATRU PRACTICI ALE UNEI BISERICI DEDICATĂ MARII TRIMITERI

Mark Dever

Marea Trimitere nu cheamă bisericile să acționeze precum ministerul vehiculelor motorizate. Ea nu le cheamă să acționeze nici ca niște birouri de informații. Dar mai este ceva: Marea Trimitere nu cheamă bisericile să se comporte ca niște echipe profesioniste de sport.

Celor care fac parte din echipa bisericii mele le place uneori să glumească pe seama faptului că nu știu multe lucruri din sport, ceea ce poate fi tolerat. Dar ceea ce eu știu este că obiectivul oricărei echipe sportive este să câștige campionatul. Acea echipă va încerca să angajeze cei mai buni jucători, să dezvolte cele mai bune dotări pentru antrenament și să-și optimizeze personalul echipei antrenorului așa încât să câștige cel mai mare trofeu al ligii în care joacă. Evident, o echipă este bucuroasă că există și alte echipe. Fără ele, n-ar exista liga. Dar obiectivul ei principal este să le învingă pe celelalte echipe. Acum, în ceea ce privește bisericile, mă îndoiesc că există foarte multe care să se gândească în mod explicit la ele în acești termeni: „Trebuie să le surclasăm pe celelalte biserici!" Dar dați-mi voie să ridic o serie de întrebări de tip diagnostic, care să ne testeze mentalitatea că echipa noastră este cea mai bună:

- Îi lași cu bucurie pe cei mai buni jucători ai tăi să meargă la alte biserici?
- Te bucuri dacă, după ce te-ai rugat pentru trezire, aceasta vine la biserica de peste stradă? (Îi mulțumesc lui Andy Johnson pentru această întrebare excelentă!)
- Te rogi în mod regulat pentru biserica de peste drum ca și pentru celelalte biserici din orașul tău?
- Dăruiești o sumă oarecare din bugetul tău pentru revitalizarea bisericilor mai vechi sau pentru plantarea de noi biserici în orașul tău, în țară sau chiar peste hotare?

Bisericile evanghelice au fost marcate mult prea adesea de un grotesc spirit de competiție între ele. Dar o biserică dedicată Marii Trimiteri nu intră în competiție cu alte biserici ce predică Evanghelia, pentru că ea știe că orice biserică de acest fel joacă în aceeași echipă.

O BISERICĂ DEDICATĂ MARII TRIMITERI ESTE O BISERICĂ CE PLANTEAZĂ ALTE BISERICI

Iată aici o idee mai largă: o biserică dedicată Marii Trimiteri este o biserică ce evanghelizează și face ucenici, dar este și o biserică ce plantează și revitalizează alte biserici. Ea dorește să vadă Împărăția lui Dumnezeu crescând prin lucrarea ei, dar vrea și să vadă Împărăția extinzându-se dincolo de propriii pereți, prin intermediul altor biserici.

Așadar, o biserică dedicată Marii Trimiteri este interesată în facilitarea unei mulțimi de activități evanghelistice care să aibă loc plecând de la ea, pentru a-i atrage pe cei dinafară la biserică. Dar ea este în același timp interesată și să vadă eforturile sale culminând cu plantarea sau susținerea altor biserici locale. O astfel de biserică nu poate rămâne mulțumită cu propria sănătate, ci ea dorește să vadă alte congregații sănătoase, credincioase în Biblie și care predică Evanghelia.

O astfel de biserică încurajează alte biserici evanghelice și proiecte de plantare de biserică, chiar dacă acestea se petrec la doar câteva clădiri distanță. Și ea se roagă pentru ele pe nume. Este dornică să trimită membri buni care să le ajute pe acele biserici. În același timp, ea se străduiește să planteze și să crească alte biserici în alte părți ale lumii.

O biserică dedicată Marii Trimiteri se străduiește și se roagă să crească bărbați calificați pentru a fi prezbiteri și apoi, cu altruism, îi trimite în toată lumea.

Ea se străduiește să-și alinieze bugetul la aceste priorități ale Marii Trimiteri. Parte din bani sunt păstrați pentru lucrarea din propria localitate, dar alți bani sunt dedicați ajutării altor lucrări, atât în zona apropiată, cât și în depărtare.

Ea se străduiește să revigoreze congregațiile aflate pe moarte, oriunde acest lucru este posibil.

Ea se implică prin tot felul de modalități publice și private să cultive printre proprii membri această mentalitate de echipă alături de alte biserici centrate în Evanghelie.

Membrii și liderii sunt la fel de fericiți când aud de o nouă biserică ce predică Evanghelia după cum sunt bucuroși când aud de o nouă cantină care se deschide într-o zonă afectată de sărăcie.

Așadar, ce anume face o biserică dedicată Marii Trimiteri? Aș vrea să vă ofer patru pași strategici.

1. DEZVOLTĂ O CULTURĂ A UCENICIZĂRII

În primul rând, o biserică dedicată Marii Trimiteri va dezvolta printre membrii ei o cultură a ucenicizării. Aceasta îl ajută pe fiecare membru să își asume responsabilitatea de a-i ajuta pe ceilalți credincioși să crească în credință. Păstorii îi echipează pe sfinți pentru lucrarea de slujire, spune Pavel (Efes. 4:11-12), ceea ce înseamnă că lucrarea de slujire le aparține tuturor sfinților. Spunând adevărul în dragoste, întregul Trup crește zidindu-se, fiecare parte făcându-și lucrarea (Efes. 4:15-16; vezi și 1 Cor. 12, 14).

Ucenicia constă din umblarea mea cu Isus. *Ucenicizarea* constă din a ajuta pe altcineva să Îl urmeze pe Isus (de ex. 2 Tim. 2:2). Iar într-o biserică dedicată Marii Trimiteri, bărbații mai maturi în credință îi ucenicizează pe cei mai tineri, iar femeile mai tinere caută sfaturile celor mai mature. De exemplu, dacă ești o femeie necăsătorită, ai putea să te oferi să ajuți o mamă casnică din biserica ta la spălatul rufelor, în schimbul oportunității de a-i pune o mulțime de întrebări! Dacă ești un prezbiter laic ce predă lecții adulților de la școala duminicală, ar fi bine să te asiguri că ți-ai recrutat un învățător junior. Iar obiectivul tău, într-un sens, este să îl antrenezi și să îi transferi slujba de învățător. Apoi tu poți merge să începi altă clasă și să aduci alături de tine un alt învățător junior.

O biserică dedicată Marii Trimiteri are sensibilitatea geografică implicită în porunca lui Isus de a „merge". De aceea, pentru cei care rămân, „a merge" poate foarte bine să însemne să locuiești mai aproape de biserică sau de grupurile de membri din ea. În acest fel, este ușor să le slujești altora de-a lungul săptămânii. Unde locuiești? Ajuți oare la dezvoltarea unei culturi a ucenicizării în biserica ta prin faptul că ai ales să închiriezi un apartament sau să-ți cumperi o casă mai aproape de biserică?

O biserică dedicată Marii Trimiteri ar trebui să se simtă deranjată, chiar provocată, de ideea existenței unui creștin nominal. Dacă ți-ai face apariția ca un astfel de oaspete într-o asemenea biserică și într-o zi de duminică, și asta doar ca parte a activităților tale religioase obișnuite, se prea poate să nu-ți placă foarte mult acel loc. Ai fi binevenit, dar membrii bisericii nu doresc să fie ceea ce tu intenționezi să fii. Ei vor să-și predea în totalitate viețile umblării cu Isus și sprijinirii reciproce în această umblare cu Isus. O astfel de dedicare și o astfel de activitate sunt parte din însăși cultura acelei biserici: întrebări intenționate, conversații cu scop, rugăciune și reamintirea constantă a Evangheliei.

Dacă vrei să afli mai multe informații în acest sens, aruncă o privire peste cartea lui Robert Coleman, *The Master Plan of Evangelism*, a lui Colin Marshall și Tony Payne, *The Trellis and the Vine* sau a mea, *Discipling (Ucenicizarea. Cum să îi ajutăm pe alții să Îl urmeze pe Isus.)*

2. DEZVOLTĂ O CULTURĂ A EVANGHELIZĂRII

În al doilea rând, o biserică dedicată Marii Trimiteri va dezvolta și hrăni o cultură a evanghelizării. Pe de-o parte, membrii cunosc faptul că Evanghelia va fi predicată la fiecare dintre adunările săptămânale ale bisericii. Astfel, ei sunt încântați să își invite prietenii necreștini. Evanghelia radiază prin fiecare cântare, rugăciune și predică. Ești convins de faptul că orice necreștin pe care îl aduci la biserica ta va auzi Evanghelia? Dacă nu, ce poți face pentru asta?

Pe de altă parte, o biserică dedicată Marii Trimiteri se străduiește să-și învețe membrii cum să evanghelizeze, pentru că ea știe că ei, împreună, se vor întâlni cu mai mulți necreștini de-a lungul săptămânii decât vor fi capabili să aducă în clădirea bisericii. Așadar, „succesul" în evanghelizare nu constă doar din a-i aduce pe prietenii tăi necreștini la biserică așa încât ei să audă Evanghelia. Succesul constă din a împărtăși Evanghelia vecinilor și prietenilor tăi necredincioși.

De aceea, biserica se străduiește să-și echipeze membrii pentru lucrarea de evanghelizare, așa încât ei să știe cum să le mărturisească altora Evanghelia. Biserica mea fa-ce acest lucru prin școala duminicală pentru adulți, în care predăm lecții dedicate evanghelizării. Eu încerc să fiu la rândul meu model de cum să le vorbim celor necreștini atunci când predic, mai ales prin felul în care mă adresez în mod explicit acestora. Noi încercăm să-i echipăm pe membrii noștri prin a le oferi instrumente evanghelistice precum „Two Ways to Live", „Christianity Explored" sau „Christianity Explained". Le dăruim o mulțime de exemplare ale cărții lui Greg Gilbert, *Who Is Jesus?*, așa încât membrii bisericii să le dăruiască prietenilor lor necreștini. De asemenea, prezentăm oportunitățile noastre evanghelistice în decursul întâlnirii de duminică seara. Atunci când îi auzim pe alți membri vorbindu-ne despre oportunitățile evanghelice și când ne rugăm pentru acestea, cu toții suntem încurajați în propriile încercări de a răspândi Vestea Bună.

Ce înseamnă Marea Trimitere pentru tine? Ea înseamnă că Isus te-a chemat să fii un făcător de ucenici. El te cheamă atât la evanghelizarea necredincioșilor cât și la ucenicizarea celor care au crezut. Ar trebui să faci acest lucru personal – acasă, la serviciu, printre vecinii tăi, printre prietenii tăi. Ar trebui să faci acest lucru în și prin biserica ta.

De aceea, folosește-i pe ceilalți membri ca să te ajute. Invită un prezbiter la o masă și cere-i sfatul. Împărtășește oportunitățile tale și roagă-te cu grupul tău mic. Mergi și evanghelizează-ți prietenii.

Dacă vrei să cunoști mai multe pe această temă, caută orice carte scrisă de Mack Stiles, dar în special cartea *Evanghelizarea: Întreaga Biserică Vorbește despre Isus* sau cartea mea, *The Gospel and Personal Evangelism*.

3. STRĂDUIEȘTE-TE SĂ MERGI CU EVANGHELIA LA POPOARELE NEATINSE DE EA, PRIN MISIUNE

O biserică dedicată Marii Trimiteri, în al treilea rând, se va strădui să ajungă cu Evanghelia la popoarele neatinse de ea, prin lucrarea de misiune. Care este diferența dintre misiune și evanghelizare, pe de-o parte, și lucrarea de plantare de biserici acasă, pe de altă parte? În realitate, misiunea este doar ceea ce noi numim evanghelizare și plantare de biserici, atunci când acestea trec dincolo de barierele etnice, culturale și, de regulă, naționale.

Isus ne-a poruncit să mergem în toată lumea și să facem ucenici din toate popoarele. N-am vorbit prea mult pe acest subiect, pentru că există atât de multe alte cărți care tratează foarte bine această idee. Dar este greu să știi cum ar putea o biserică să citească această poruncă și să nu se dedice lucrării de ducere a Evangheliei la acele popoare care n-au auzit-o niciodată până acum.

Nicio congregație nu poate să-și propună să se afle peste tot pe planetă. De aceea, eu cred că bisericile sunt înțelepte să își concentreze eforturile lor misionare asupra câtorva locuri. De exemplu, biserica mea se concentrează pe câteva țări din așa numita fereastră 10/40, care constă din acea regiune din emisfera estică, aflată între paralelele de 10 respectiv 40 grade la Nord de Ecuator. Aceasta este regiunea lumii unde există cele mai mici procentaje de creștini raportate la totalul populației.

Dacă ești un membru în biserica noastră și îți exprimi interesul de a te implica în misiune, vom fi capabili să punem mai mult din resursele noastre în folosul tău dacă vei merge în unele dintre acele locații în care deja investim. Pur și simplu suntem incapabili să sponsorizăm sute de oameni care să meargă în sute de locuri diferite. Spunând aceasta, noi preferăm să susținem mai puțini misionari cu mai mulți bani, decât să trimitem câțiva bănuți unei mulțimi de misionari. Acest lucru îi face capabili pe misionarii pe care îi susținem să petreacă mai puțin timp strângându-și suportul financiar și mai mult pentru lucrarea de plantare de biserici. În plus, acest lucru ne ajută să avem o relație apropiată cu ei și să le oferim posibilitatea de a putea da socoteală mai bine.

Biserica noastră lucrează direct cu misionarii, dar noi lucrăm și prin organizații de misiune, precum International Mission Board din cadrul Southern Baptist Convention. De asemenea, lucrăm cu grupuri deosebite, precum Access Partners, care ajută la plasarea de oameni de afaceri în puncte strategice din lume, în vocațiile lor de afaceri, așa încât ei să îi ajute pe misionarii implicați în teren pe termen lung.

Ce rol ar trebui să ai, la nivel individual, în ajutarea bisericii tale să ajungă cu Evanghelia la aceste popoare? Cu siguranță că ar trebui să te rogi pentru misionarii bisericii tale. Asigură-te că îi cunoști atunci când vin în concediu. Poate că ar trebui să te uiți la calendarul călătoriilor de misiune pe termen scurt, care ți-ar putea permite să îi ajuți pe lucrătorii care sunt implicați pe termen lung. Citește biografii ale misionarilor. Poate că te poți gândi chiar să te implici tu însuți.

Dar mai există un ultim lucru pe care tu și biserica ta îl puteți face pentru a ajunge cu Evanghelia la acești oameni: caută-i în propriul oraș pe oamenii veniți din astfel de țări. Biserica mea se străduiește mult să ajungă cu Evanghelia la studenții internaționali. Ce grupuri de străini trăiesc în orașul tău? Dacă ajungi la ei cu Evanghelia chiar acolo, în orașul tău, există o șansă destul de bună ca Evanghelia să ajungă înapoi în locul de unde ei au venit.

Pentru mai multe informații pe acest subiect, aruncă o privire la cartea lui John Piper, *Let the Nations Be Glad*.

4. LUCREAZĂ LA ÎNTĂRIREA ALTOR BISERICI

În mod obișnuit, bisericile au o alocare bugetară dedicată misiunii. Dar cred că merită să adăugați o linie bugetară cu titlul „Încurajarea bisericilor sănătoase". Străduința de a întări alte biserici este a patra practică a bisericilor dedicate Marii Trimiteri.

Propria mea biserică folosește această linie bugetară pentru a susține anumite lucruri, precum programul nostru de practică pastorală. Noi plătim 12 bărbați pe an care să vină să facă practică alături de noi, majoritatea ajungând apoi să păstorească sau să slujească în alte biserici.

De asemenea, folosim această linie pentru a susține lucrarea de la 9Marks, o lucrare dedicată zidirii bisericilor sănătoase.

Noi structurăm în mod intenționat personalul nostru așa încât bărbații să fie instruiți și apoi trimiși. Asistenții pastorali slujesc la noi pentru 2 până la 3 ani, după care este de așteptat să meargă în altă parte. Păstorii asistenți slujesc vreme de 3 până la 5 ani, după care pleacă. Este de așteptat ca doar eu și păstorii asociați (împreună cu păstorii nesalarizați sau prezbiterii) să rămânem în biserica noastră pe termen lung. Pe toți ceilalți îi echipăm să meargă mai departe.

Biserica noastră sponsorizează conferințe de weekend, în cadrul cărora păstori din întreaga lume ni se alătură în întâlnirile programate regulat, ca și pentru a-i auzi pe anumiți vorbitori și pentru a petrece un timp de întrebări și răspunsuri. De asemenea, eu particip săptămânal la convorbiri telefonice cu alte câteva rețele de păstori din întreaga lume, pentru aceleași scopuri. Fiecare dintre aceste conversații îmi oferă oportunitatea de a mă ruga și de a lucra pentru zidirea bisericilor sănătoase din întreaga lume.

Mare parte a lucrării pe care noi o facem, și care vizează întărirea altor biserici prin plantarea și revitalizarea acestora, se petrece în regiunea noastră. Totuși, facem plantare și revitalizare și în jurul lumii. De exemplu, l-am trimis pe un frate, John, la o biserică din Dubai, din Emiratele Arabe Unite, pe vremea când acea biserică era în căutarea unui păstor, în urmă cu aproape 10 ani. Dumnezeu l-a folosit pe John în modalități minunate pentru a revitaliza acea biserică internațională. Unul dintre prezbiterii cheie ai acelei biserici, care a ajutat la aducerea lui John acolo, a fost Mack, un vechi prieten al meu. Odată ce John și Mack au adus biserica într-o situație sănătoasă, Mack și un alt frate, Dave, au părăsit acea biserică pentru a planta o altă biserică la o depărtare de aproape 30 de minute. Noi am trimis apoi un fost asistent pastoral și un fost practicant pentru a-i ajuta pe Mack și Dave la acea nouă lucrare. Simultan, am trimis un alt fost practicant pastoral să planteze o biserică într-un alt oraș din Emirate.

Acum avem trei biserici sănătoase plantate și care funcționează în această țară musulmană. Nimic din aceste lucruri n-a fost parte dintr-un plan colosal conceput de noi. În fapt, nici oportunitatea de revitalizare și nici cele două oportunități de plantare n-au fost inițiate de noi. Noi am fost doar acolo pentru a ne ruga, pentru a ajuta și pentru a trimite suport financiar și uman unde am putut. A propos, o parte a membrilor noștri și-au relocat slujbele în Emiratele Arabe Unite pentru a ajuta în acest fel lucrarea din aceste biserici. Biserica noastră nu câștigă în niciun fel special altfel decât prin a fi părtași la o bucurie deosebită când vedem Împărăția lui Dumnezeu extinzându-se în această țară îndepărtată.

Totuși, o mulțime a acestor exemple s-au concentrat pe ceea ce eu, ca păstor, am făcut. Dar, presupunând că ești un membru obișnuit al bisericii, întrebarea este: Ce poți face tu pentru a ajuta la întărirea altor biserici, fie în zona ta, fie în jurul lumii? Evident, poți să te rogi pentru alte lucrări. Poți să te rogi și cu familia ta pentru ele. Poți să le susții financiar.

Ar mai trebui să ai grijă atunci când critici alte biserici. Da, există lucruri în care practicile bisericilor sau doctrinele secundare pot să fie diferite de cele ale altora. Și da, avem motive să nu fim de acord cu acele lucruri. Nu-ți cer să arunci pe fereastră aceste diferențe. Dar ține minte faptul că acele aspecte secundare în privința cărora biserica ta poate fi în dezacord cu alte biserici nu sunt niciodată la fel de importante pe cât este Evanghelia pe care o împărtășim cu toții. Așa că păzește-te împotriva unui spirit critic și caută modalități de a te bucura de parteneriate în Evanghelie.

DESPRE AUTOR:

Mark Dever este păstor senior la Capitol Hill Baptist Church în Washington DC și președintele 9Marks. Îl puteți găsi pe Twitter la @MarkDever.

Nota editorului: Acest articol este un fragment din cartea lui Mark Dever, intitulată *Understanding the Great Commission*, din seria *Church Basics* (B&H, Aprilie 2016). Reprodus cu permisiunea B&H.

NU ESTE OARE IDEEA DE MEMBRALITATE ÎN BISERICĂ UN CONCEPT AMERICAN MODERN?

Imposibil.

1. Romanii din perioada antică înțelegeau că fiecare cetățean trebuie să fie membru al societății lor în același fel în care mâinile, ochii, picioarele și așa mai departe sunt toate membre ale trupului nostru.

2. Noul Testament susține că toți creștinii sunt mădulare (membre) unul pentru celălalt, pentru că noi suntem toți membre ale trupului lui Hristos (Rom. 12:5).

3. Biserica Noului Testament a fost compusă din oameni care se alăturaseră în mod public bisericii locale, așa încât Pavel a putut vorbi despre faptul că, de exemplu în cazul bisericii din Corint, aceasta ar putea să știe cine este „în interiorul" și cine este „în afara" acesteia (1 Cor. 5:12-13).

4. Biserica din Corint l-a exclus pe un păcătos care nu dorea să se pocăiască prin „voința majorității" (2 Cor. 2:6, lit. ESV), ceea ce presupune un grup de oameni clar definit, care aveau cu toții, ca grup, dreptul de a acționa ca o biserică.

5. Chiar și ideea de a exclude pe cineva din biserică din cauza unui păcat față de care nu există pocăință (v. Matei 18:15-20, 1 Cor. 5:1-13 și 2 Cor. 2:6) presupune existența unui grup clar, bine definit, la care persoana respectivă să fi aparținut anterior excluderii. Dacă n-ar exista calitatea oficială de membru în Noul Testament, atunci învățăturile Domnului Isus și ale lui Pavel cu privire la disciplina bisericii ar fi lipsite de sens. Dacă o persoană nu aparține oficial bisericii, cum ar putea fi exclusă din biserică?

ESTE BIBLIC CONCEPTUL DE MEMBRALITATE ÎN BISERICĂ?

Matt Chandler

„*Mireasa lui Hristos nu poate fi adulteră. Ea este chemată să fie curată și necoruptă. Ea cunoaște o singură casă. Ea își păzește patul cu modestie și sfințenie. Ea păzește toate lucrurile spre gloria lui Dumnezeu. Ea îi veghează fiii pe care i-a născut pentru Împărăție. Oricine este separat de Biserică și se alătură unei curve, este separat de promisiunile făcute Bisericii. Acela care abandonează Biserica lui Hristos va căpăta pedeapsa din partea lui Hristos. Un astfel de om este un păgân, un străin, un vrăjmaș. Niciun om nu-L poate avea pe Dumnezeu de Tată, dacă nu are Biserica de mamă*" – Ciprian, Tratat despre unitatea Bisericii, *p. 6.*

Aveam 28 de ani când am devenit păstorul Highland Village First Baptist Church (acum purtând numele *The Village Church*). Avusesem parte de un început dificil în experiența mea timpurie cu biserica și, în acea vreme, nu trecusem de faza „dezamăgirii" în legătură cu biserica locală.

Cu toată onestitatea, pot spune că nu eram sigur la acea vreme că ideea de membru în biserică era o chestiune biblică. În ciuda acestui lucru, Duhul Sfânt îmi făcea foarte clar faptul că aveam să păstoresc această biserică mică din suburbiile Dallas-ului.

Highland Village First Baptist Church era o biserică de tipul „seeker-sensitive", după modelul Willow Creek, și nu exista un proces oficial de acceptare a participanților ca membri, deși biserica lucra în mod activ la creionarea unui astfel de proces și dorea opinia și participarea din partea noului lor păstor. Eu aveam o înțelegere solidă asupra caracterului universal al bisericii, dar nu eram atât de bine versat – ba chiar, așa cum am spus, eram întrucâtva sceptic – cu privire la biserica locală. Am început să creștem destul de rapid cu noi membri, cei mai mulți tineri și adeseori oameni în jurul vârstei de 20 de ani, care nu aveau în mod uzual cunoștință cu privire la ce înseamnă biserica sau chiar veneau din niște contexte grele în relație cu bisericile lor. Lor le plăcea The Village pentru că eram „diferiți". Acest lucru mi s-a părut dintotdeauna ciudat, pentru că nu făceam nimic altceva decât să predicăm și să cântăm.

În conversațiile cu acești bărbați și femei, am început să aud lucruri precum „*Biserica este coruptă. Totul are de-a face cu banii și cu egoul păstorului*", sau „*Eu Îl iubesc pe Isus, problema pe care o am este legată de biserică*".

Remarca favorită pentru mine era următoarea: „*Când organizezi biserica, ea își pierde din putere*". Chiar dacă, ocazional, exista ceva ce rezona în mine cu aceste comentarii – și eu aveam probleme legate de autoritate și dedicare, ca mai toți din generația mea – am descoperit că aceste comentarii erau totuși aducătoare de confuzie, întrucât erau făcute chiar de oamenii care luau parte la serviciile bisericii unde eram păstor.

DOUĂ ÎNTREBĂRI DIN EVREI 13:17

Având deja conflicte legate de alte doctrine, pe care le vedeam cu mult mai importante, m-am întrebat dacă nu cumva ar fi fost necesar ca această temă, a membralității în biserică, să fie lăsată deoparte pentru ceva vreme. La momentul acela mă pregăteam să predic din cartea Evrei și „se întâmpla" să ne aflăm la capitolul 13, când mi-a sărit în ochi versetul 17: „Ascultați de mai marii voștri, și fiți-le supuși, căci ei priveghează asupra sufletelor voastre, ca unii care au să dea socoteală de ele; pentru ca să poată face lucrul acesta cu bucurie, nu suspinând, căci așa ceva nu v-ar fi de niciun folos."

M-am gândit imediat la două întrebări. Prima era aceasta: „Dacă nu există nicio cerință biblică de a aparține unei biserici locale, atunci de ce lideri ar trebui să asculte un creștin și cui să se supună?" A doua, o întrebare mult mai personală, suna astfel: „Pentru cine o să dau eu socoteală, ca păstor?"

Aceste două întrebări au declanșat cercetarea mea după o înțelegere biblică a bisericii locale, și ele au plecat de la ideea de autoritate și supunere.

În ceea ce privește prima întrebare, Scripturile le poruncesc în mod clar creștinilor să se supună grupului de prezbiteri și să-i cinstească (Evrei 13:17, 1 Tim. 5:17). Dacă nu există o înțelegere legată de calitatea de membru în biserica locală, atunci cui să ne supunem și de cine să ascultăm? Se referă acest text la titlul de „prezbiter" din orice biserică? Ar trebui ca un creștin să se supună și să asculte de acei ciudați din Westboro Baptist? Dacă vrei să asculți de Scriptură, ar trebui cumva să pichetezi înmormântările soldaților, așa cum pare să sugereze păstorul bisericii Westboro?

Legat de a doua întrebare, Scripturile poruncesc în mod clar unui grup de prezbiteri să se îngrijească de anumiți oameni (1 Petru 5:1-5; v. și F.A. 20:29-30). Ca păstor, voi fi eu tras la răspundere pentru toți creștinii din zona metropolitană Dallas? Există multe biserici în Dallas care au diferențe semnificative din punct de vedere teologic și filozofic, dacă este să le comparăm cu biserica noastră. Voi da eu socoteală pentru ceea ce liderii acestora vor predica în grupurile lor mici, pentru felul în care își vor cheltui banii și pentru preocuparea lor concretă în ce privește misiunea globală?

CUM STAU LUCRURILE CU DISCIPLINA BISERICII?

După ce am luat în considerare chestiunile autorității și supunerii, cea de-a doua problemă care și-a făcut loc în studiul meu pe tema bisericii locale a fost învățătura biblică legată de disciplina bisericii.

Se poate observa această practică în mai multe locuri din Scriptură, dar niciun text nu este mai clar ca 1 Corinteni 5:1-12. În acest pasaj, Pavel confruntă biserica din Corint pentru că aproba comportamentul unui bărbat care trăia în imoralitate sexuală, lipsit de pocăință. Corintenii celebrau acest lucru ca și cum ar fi fost parte din harul lui Dumnezeu, dar Pavel îi avertizează că acest tip de răutate n-ar trebui să-i facă să se laude, ci mai degrabă să îl deplângă. El îi denumește aroganți și le spune să-l îndepărteze pe acel bărbat spre distrugerea firii pământești, cu nădejdea mântuirii sufletului lui. În versetele 11-12, Pavel vorbește deschis despre această problemă: „Ci v-am scris să n-aveți niciun fel de legături cu vreunul care, măcar că își zice ,frate', totuși este curvar, sau lacom de bani, sau închinător la idoli, sau defăimător, sau bețiv, sau hrăpăreț; cu un astfel de om nu trebuie nici să mâncați. În adevăr, ce am eu să îi judec pe cei de afară? Nu este datoria voastră să-i judecați pe cei dinăuntru?"

Experiența mea tristă arată că foarte puține biserici mai practică disciplina, însă aceasta este o temă pentru un alt articol. Întrebarea mea legată de acest text este simplă: cum ai putea să „dai afară" pe cineva, dacă acea persoană nu este mai întâi acceptată ca membru? Dacă nu există niciun angajament față de comunitatea locală a credinței, atunci cum să dai pe cineva afară din acea comunitate? Disciplina bisericii nu va putea funcționa dacă nu există aplicat conceptul de membru în biserica locală.

MULȚIMI DE ALTE DOVEZI ÎN SPRIJINUL IDEII DE MEMBRALITATE

Există și alte dovezi din Scriptură care susțin ideea membralității în biserica locală.

În Faptele Apostolilor 2:37-47, vedem că există o înregistrare numerică a acelora care L-au mărturisit pe Hristos și care au fost umpluți de Duhul Sfânt (v. 41), ca și o acceptare a faptului că Biserica urmărea creșterea (v. 47).

În Faptele Apostolilor 6:1-6 vedem cum au loc alegeri pentru a rezolva o problemă specifică și o acuzație adusă prezbiterilor.

În Romani 16:1-16, vedem ceea ce pare să fie conștientizarea ce este și cine este membru în biserică.

În 1 Timotei 5:3-16, vedem o învățătură clară legată de felul în care trebuie tratate văduvele în biserică, iar în versetele 9-13 citim următoarele:

„O văduvă, ca să fie înscrisă în lista văduvelor, trebuie să n-aibă mai puțin de șaizeci de ani, să nu fi avut decât un singur bărbat; să fie cunoscută pentru faptele ei bune; să fi crescut copii, să fi fost primitoare de oaspeți, să fi spălat picioarele sfinților, să fi ajutat pe cei nenorociți, să fi dat ajutor la orice faptă bună. Dar pe văduvele tinere să nu le primești: pentru că atunci când le desparte pofta de Hristos, vor să se mărite din nou, și se fac vinovate de faptul că își calcă credința dintâi. Totodată, se deprind să umble fără nici o treabă din casă în casă; și nu numai că sunt leneșe, dar sunt și limbute și iscoditoare, și vorbesc ce nu trebuie vorbit."

Iată în acest text criteriile ce trebuie folosite pentru cine poate și cine nu poate să beneficieze de programul de îngrijire a văduvelor din Efes. Biserica locală din Efes este organizată, și lucrează după un plan.

Am putea să continuăm cu acest subiect, punând întrebări despre felul în care putem să fim ascultători de poruncile lui Dumnezeu din 1 Corinteni 12 și Romani 12, dacă nu am fi conectați la o comunitate locală a credinței, legată printr-un angajament. Totuși, ca să analizăm în detaliu toate pasajele posibile necesită mai mult spațiu decât am în acest articol.

PLANUL LUI DUMNEZEU ESTE SĂ APARȚINEM BISERICILOR LOCALE

Când începi să vezi aceste pasaje, devine clar că planul lui Dumnezeu pentru Biserica Sa este ca noi, credincioșii, să aparținem unei comunități locale a credinței. Acest lucru este spre protejarea și maturizarea noastră, ca și spre binele altora.

Dacă tratezi biserica locală ca pe un fel de bufet eclesiologic, vei diminua în mod sever posibilitatea maturizării tale. Da, creșterea în evlavie poate să mă rănească. De exemplu, atunci când interacționezi cu alții în biserica locală, încetineala mea în zel este scoasă la iveală, la fel ca lipsa mea de răbdare; încetineala în rugăciune și faptul că sunt ezitant în a mă apropia de cei mai neînsemnați (Rom. 12:11-16). Totuși, această interacțiune îmi oferă în același timp oportunitatea de a fi confruntat de către frații mei, cu dragoste, de cei care se află în tranșee alături de mine, biserica locală fiind în același timp un loc sigur pentru mărturisire și pocăință. Dar când biserica este locul la care participi fără să te alături, asemenea unui bufet eclesiologic, ai putea să te întrebi pe bună dreptate dacă nu cumva ești predispus să o părăsești oridecâteori inima ta începe să fie scoasă la iveală prin Duhul Sfânt, și când începe să aibă loc lucrarea reală în inimă.

Care este ideea de bază? Calitatea de membru în biserica locală este o chestiune de ascultare biblică, nu de preferință personală.

DESPRE AUTOR:

Matt Chandler este păstorul principal al The Village Church din Dallas, Texas.

Nota editorului: „Seeker-sensitive" este un termen generic atribuit acelor biserici care își planifică și organizează serviciile de închinare și activitățile bisericii pentru ca vizitatorii să se poată acomoda cât mai bine în auditoriul acestora, fără a fi confruntați sau deranjați în ce privește situația lor spirituală.

DE LA PARTICIPANȚI LA MEMBRI

Thabiti Anyabwile

Una dintre provocările practice pe care noi, păstorii, le avem de înfruntat, ține de felul în care îl încurajăm pe participantul la serviciile bisericii să devină un membru activ al ei. Cum ar trebui să îi ajutăm pe acești oameni să înțeleagă necesitatea și bucuria apartenenței la o adunare locală de credincioși?

ȘASE SUGESTII PENTRU A DETERMINA PARTICIPANȚII SĂ DEVINĂ MEMBRI

Iată șase sugestii. Primele patru au ca obiectiv dezvoltarea unui mediu în care calitatea de membru să fie prețuită și înțeleasă bine. Ultimele două implică grija pentru acele persoane care au nevoie să facă tranziția de la simpla participare la statutul de membru activ.

1. Cunoaște-i pe membrii actuali.

Înainte de a-i putea convinge în mod eficient pe oameni să treacă din postura de simpli participanți la serviciile bisericii la cea de membri ai ei, trebuie să-i cunoaștem pe membrii actuali. Altfel, ideea de „membru" rămâne amorfă chiar și pentru păstorul care o promovează.

Imaginează-ți că inviți un vizitator la o cină cu tine și familia ta într-o sâmbătă seara. Vizitatorul sosește, așteptându-se să-ți întâlnească soția și copiii, dar tu faci un tur al casei alături de acel invitat, punând întrebări fiecăruia din familie cu privire la numele lor și întrebând dacă toți aceștia, care există deja în casă, sunt vizitatori sau pur și simplu locuiesc acolo. Așa-numita „prezentare" a familiei tale anulează complet pretenția de a fi o familie.

În mod asemănător, când vorbim despre a aparține unei biserici locale, trebuie să avem în minte ideea de apartenență la o familie specifică – oameni reali, cunoscuți și iubiți. Ceea ce facem este să invităm un participant să devină parte din această familie vie. Invitația noastră are pe ea fețe și nume. Suntem astfel mult mai în măsură să introducem un invitat în familie.

2. Manifestă apreciere autentică față de membrii actuali.

Ca să fiu deschis, eu am ratat această oportunitate atunci când am devenit păstor senior la First Baptist Church din Grand Cayman. Ajunsesem acolo plin de zel și gata să pun mâna pe plug. Am privit înainte către a-i iubi și sluji pe oameni, dar am ratat să recunosc suficient că oamenii din acea biserică fuseseră acolo cu mult înainte de sosirea mea. Ei deja Îl slujeau pe Domnul într-o mulțime de lucrări. Ei nu aveau nevoie doar de felul de dragoste pe care eu doream să o manifest față de ei, ci aveau nevoie de acel fel de dragoste care își încetinește accelerația pentru a vedea slujirea lor, acel fel de dragoste care arată recunoștință și apreciere autentică pentru harul lui Dumnezeu care era deja la lucru în ei.

În locul acestei aprecieri, congregația m-a auzit mult prea des oferind sugestii de îmbunătățire și idei noi de lucrare. Acest lucru le-a sugerat credincioșilor o lipsă de mulțumire și de apreciere. I-am rănit pe unii și i-am împiedicat pe alții. Unii au manifestat mult har față de mine, presupunând că le vreau doar binele. Și asta și voiam. Totuși, calea mai bună de a exprima aceste intenții ar fi trebuit să fie aceea în care să arăt apreciere și recunoștință pentru orice lucru pozitiv pe care l-am văzut.

Îmi doresc acum să fi folosit primii doi sau patru ani ai lucrării mele pentru a încuraja, specific și autentic, pentru a le oferi mulțumiri și aprecieri multor oameni minunați și multor acte de slujire din biserică. Aveam profesori de școală duminicală care au slujit vreme de 20 de ani fără întrerupere; persoane care au purtat de grijă, în tăcere, mamelor singure și sărace; lideri care au trecut prin furtuni dificile de-a lungul anilor de conducere a bisericii; supraviețuitori ai cancerului care s-au luptat cu boala, manifestând credință reală; soți și soții care au rămas credincioși partenerilor lor de viață necredincioși, uneori chiar când aceștia erau lipsiți de bunătate față de ei; membri care au dăruit cu bucurie și cu mult sacrificiu, și mulți alții care au trăit vieți cristocentrice.

Dacă aș fi fost atent să cunosc congregația și să observ credința lor în acțiune, aș fi beneficiat de ani la rândul de ilustrații pentru predici, oportunități de a scrie bilete de încurajare și de a-L lăuda pe Dumnezeu pentru lucrarea Lui. Dacă aș fi folosit acele ilustrații, aș fi scris acele notițe și aș fi acordat acea laudă publică și personală, aș fi manifestat un ton de încurajare, har și recunoștință. Acest lucru i-ar fi zidit pe membrii actuali și ar fi făcut calitatea de membru să fie atractivă pentru simplul participant la slujbele bisericii. Oamenii vor să aparțină acelor grupuri care îi încurajează și zidesc. Bisericile și păstorii ar trebui să fie cei mai buni oameni în a face aceste lucruri.

3. Prezintă o viziune biblică a trăirii creștine sănătoase.

Un lucru pe care îl putem presupune în legătură cu acel creștin ce participă regulat la serviciile bisericii, dar nu se alătură ei, este că perspectiva lui asupra vieții creștine este greșită într-un anume punct.

Putem presupune acest lucru? Putem, întrucât Scripturile spun că biserica locală este planul lui Dumnezeu pentru ucenicizarea și maturizarea noastră spirituală (Efes. 4:11-16; cf. Matei 28:18-20). Întrucât suntem ființe sociale, avem nevoie de comunitate.

Dumnezeu se ocupă de acest lucru și ni-l oferă prin biserica locală, unde ne putem bucura alături de cei ce se bucură și putem plânge alături de cei ce plâng, arătând preocupare egală unul față de altul (1 Cor. 12:12-27).

Din motive care țin de introspecția pastorală, cel ce participă la serviciile bisericii nu a acceptat pe deplin o perspectivă asupra vieții creștine având în centru biserica. Responsabilitatea noastră, a păstorilor, este să predicăm și să aducem învățătură într-o modalitate care să creioneze o perspectivă biblică asupra bisericii locale, făcând ca biserica locală să fie frumoasă și de dorit pentru poporul lui Dumnezeu.

Avem nevoie să-l ajutăm pe cel ce participă la serviciile bisericii – și pe membrii actuali – să înțeleagă ce înseamnă să fie parte din biserică și de ce a te situa în afara bisericii este un lucru nesănătos. Dacă nu facem asta, îi lăsăm pe acești oameni să se lupte cu ideile lor incomplete legate de biserică. Ba chiar mai rău, am putea să îi facem să se gândească și să își imagineze că singurul „beneficiu" al calității de membru este disciplina bisericii, iar acest lucru este neplăcut.

Am putea răspunde la această nevoie prin a predica o serie de mesaje tematice despre biserică sau părtășia spirituală. De asemenea, putem să parcurgem încetul cu încetul epistole precum Efeseni sau 1 Timotei, unde Biblia creionează imagini convingătoare ale vieții de biserică. Mai putem ca, în decursul predicării expozitive din alte cărți ale Bibliei, să facem aplicații în ce privește calitatea de membru, oriunde ne permite textul, așa încât membrii și participanții să vadă de-a lungul Bibliei necesitatea apartenenței și beneficiile comunității. În toate acestea, noi dorim să oferim o perspectivă înaltă și atractivă asupra bisericii locale, în toată gloria ei, dar și în aspectele ei ce încă au nevoie de corecție.

4. Întărește frontierele bisericii.

Una dintre implicațiile predicării legate de aspectele membralității ar trebui să fie întărirea frontierelor dintre biserică și lume, în sensul de a restricționa anumite activități ale bisericii la membrii acesteia.

De-a lungul Scripturii, comunitatea legământului lui Dumnezeu este separată de lume. El le dă membrilor acestei comunități anumite activități, precum circumcizia sau Paștele, lucruri care, dincolo de celelalte scopuri ale lor, îi separau pe aceștia de lume. Granița între Israel și lume trebuia să fie una clară, iar apartenența la comunitatea legământului trebuia să creioneze în mod clar viața celui ce aparținea poporului lui Dumnezeu. Era un lucru groaznic să fii „fără drept de cetățenie în Israel, străin de legămintele făgăduinței, fără nădejde și fără Dumnezeu în lume" (Efes. 2:12).

Până și organizațiile și firmele din lumea seculară își au reguli pentru cine le aparține și cine nu. De Crăciun, unul dintre prezbiterii din biserica mea a participat la o petrecere a firmei unde este angajat, la un restaurant din localitate. El a observat o masă unde angajații firmei consumau ceva băuturi. Din când în când, unul dintre aceștia avea să întindă mâna pe fereastră și să îi dea o cană unui alt om, care stătea afară. Mai târziu, el a descoperit că acel bărbat de afară nu avea permisiunea să intre în restaurant din cauza unor tulburări pe care le cauzase anterior. Colegul meu prezbiter a râs cu glas tare, recunoscând că până și oamenii din lume au standarde cu privire la cine aparține și cine nu aparține acelor comunități sau organizații, și că doar acelora care sunt membri le sunt rezervate anumite beneficii.

În același fel, pentru ca simplii participanți să conștientizeze importanța calității de membru, și pentru ca cei ce nu au credința să vadă că sunt „separați de Hristos", granițele dintre biserică și lume trebuie să fie întărite. În acest scop, păstorii și congregațiile trebuie să identifice acele activități și oportunități care sunt restricționate membrilor bisericii. Ar putea cei care nu sunt membri ai bisericii să predea la școala duminicală? Se pot alătura aceștia corului bisericii? Pot să se alăture grupurilor mici sau pot să călătorească alături de alți membri ai bisericii în călătorii de misiune? Vei putea invita creștinii care nu sunt membri în nicio biserică locală să participe la Cina Domnului?

Atunci când hotărâți care sunt privilegiile și responsabilitățile care aparțin doar membrilor bisericii, acest lucru ajută la a demonstra de ce a fi membru contează și ce anume pierd oamenii care stau în afara calității de membru în biserica locală.

5. Fă lucrarea personală de a răspunde obiecțiilor și de a-i încuraja pe oameni să se alăture bisericii.

După ce am lucrat vreme de câțiva ani pentru a crea un mediu în care calitatea de membru este prețuită și are sens, putem face o lucrare personală mult mai eficientă în ceea ce îi privește pe cei ce doar participă. În fapt, sperăm ca, după ce am crescut în apreciere față de biserica locală, congregația însăși să facă majoritatea acestei lucrări la nivel personal.

Această lucrare personală implică cel puțin două lucruri:

- Dezvoltarea unei modalități de a-i identifica și cunoaște pe cei ce sunt doar participanți.
- Oferirea de răspunsuri față de obiecțiile celui ce participă, dar nu dorește să fie membru al bisericii.

Când am lucrat într-o organizație care definea politici publice, foloseam un instrument simplu denumit „harta mutărilor". O astfel de hartă era ca un tabel în care pe coloană erau trecuți formatorii de opinie și pe linie poziția lor actuală asupra unei anumite idei. Într-o formă simplă, noi etichetam luările lor de poziție de la „ferm împotrivitor" la „neutru", apoi la „ferm susținător". Pe măsură ce lucram cu acești formatori de opinie, aveam să observăm felul cum ei treceau de la o convingere la alta.

Indiferent dacă păstorii folosesc o astfel de hartă pe hârtie sau în mintea lor, ei au nevoie găsească o modalitate de a descoperi dacă cei ce doar participă la slujbele bisericii sunt „ferm împotrivitori" ideii de a deveni membri, dacă „nu s-au gândit niciodată" la asta sau dacă „își plănuiesc să se alăture bisericii săptămâna viitoare". Din fericire, predicarea și comunitatea creștină vor împlini această lucrare personală în multe cazuri, în special printre cei ce sunt participanți și care sunt deja motivați să se alăture bisericii. Totuși, este nevoie de mai multă grijă printre acei participanți care au întrebări și ezitări.

Acesta este domeniul unde porunca de a arăta ospitalitate îi ajută pe oameni să se dedice bisericii locale (Rom. 12:13; 1 Petru 4:9). Deschiderea caselor noastre tinde să producă inimi deschise – sau cel puțin guri deschise! Putem trece de la conversațiile de după serviciile de închinare ale bisericii la discuții mult mai directe, în jurul unei mese. Dacă suntem răbdători și atenți în aceste conversații, putem păstori un simplu participant ajutându-l să treacă peste dureri, dezamăgiri, întrebări și temeri legate de ideea de apartenență la biserică. Scopul nu este de a câștiga o discuție legată de calitatea de membru, ci de a arăta dragoste practică față de persoana aceea, în cuvânt și faptă, până când Domnul îi va da lumină.

6. Încurajează-l pe participant să se alăture unei alte biserici locale, dacă nu dorește să se alăture bisericii tale.

În final, trebuie să ne amintim că Domnul are și alți păstori și congregații credincioase. Și trebuie să ne bucurăm de acest fapt. Noi nu ne aflăm în competiție cu acele biserici, ci dorim să fim parteneri cu ei în Evanghelie.

Din când în când, putem fi în situația de a încuraja un participant ale cărui obiecții de a se alătura bisericii noastre par să fie insurmontabile. Poate că el are un dezacord față de noi în privința vreunei doctrine sau practici importante. Poate că persoana respectivă locuiește mai aproape de o altă congregație credincioasă și se poate implica mai mult acolo. În astfel de cazuri, atunci când ajutăm astfel de oameni să treacă de la statutul de vizitatori la cel de membri, acest lucru poate presupune să-i ajutăm să se alăture unei biserici locale, chiar dacă nu bisericii noastre.

Acest lucru poate fi stresant pentru unii – în special pentru cei care au dezvoltat un atașament față de biserică, dar nu i s-au alăturat niciodată ca membri. Astfel de situații necesită răbdare și delicatețe pastorală. Totuși, noi vrem să facem acest lucru spre binele acelei persoane, dorind ceea ce știm că Dumnezeu cere de la acea persoană – calitatea de membru activ – un lucru de departe mai bun. Noi încercăm să propovăduim Evanghelia, nu bisericile noastre. Noi încercăm să creștem creștini, nu să creștem numărul membrilor. Uneori, asta înseamnă să-i ajutăm pe oameni să se alăture unei alte biserici, în timp ce noi continuăm să păstorim turma pe care Dumnezeu a pus-o în grija noastră (1 Petru 5:1-4).

ÎNCHEIERE

Este ispititor pentru păstori să se simtă deranjați de acei credincioși care participă la serviciile bisericii, dar nu par să aibă intenția de a se alătura vreodată. Putem fi frustrați atunci când lucrurile care ni se par elementare sunt neglijate de alții. Trebuie să ne păzim inimile împotriva nerăbdării și a auto-neprihănirii. Chiar dacă ne dedicăm majoritatea timpului în slujirea membrilor noștri, pentru că pentru ei vom da socoteală într-un fel special, vizitatorii din biserica noastră au nevoie la rândul lor de slujirea noastră. Atunci când îi ajutăm să treacă de la stadiul de vizitatori la cel de membri, avem oportunitatea de a-i iubi. Într-un sens real, asta presupune slujirea.

DESPRE AUTOR:

Thabiti Anyabwile este unul dintre păstorii Anacostia River Church din Southeast DC. Îl puteți găsi pe Twitter la adresa @ThabitiAnyabwil.

CE ESTE DISCIPLINA BISERICII?

- Disciplina bisericii este acțiunea acesteia de a confrunta păcatul cuiva și de a chema persoana respectivă să se pocăiască, iar dacă ea nu se pocăiește, acțiunea va culmina cu excluderea pretinsului creștin din calitatea de membru al bisericii și interzicerea participării lui la Cina Domnului datorită păcatului lui serios, față de care nu există pocăință.

- Într-un sens mai larg, disciplina este tot ceea ce biserica face pentru a-i ajuta pe membrii ei să umble în sfințenie și să se lupte cu păcatul. Predicarea, învățătura, rugăciunea, închinarea colectivă, relațiile de dare de socoteală și supravegherea evlavioasă de către păstori și prezbiteri sunt toate forme de disciplină a bisericii.

- Uneori, oamenii fac distincție între aceste două tipuri de disciplină, denumindu-le „disciplină corectivă" respectiv „disciplină formativă".

- *Disciplina corectivă*: Noul Testament poruncește și ilustrează disciplina corectivă în pasaje precum Matei 18:15-17, 1 Corinteni 5:1-13, 2 Corinteni 2:6 și 2 Tesaloniceni 3:6-15.

- *Disciplina formativă*: Noul Testament vorbește despre disciplina formativă în nenumărate pasaje, unde suntem îndemnați să căutăm sfințenia și să ne zidim unul pe altul în credință, precum în Efeseni 4:11-32 și Filipeni 2:1-18. În fapt, am putea considera că epistolele Noului Testament ne prezintă exemple de disciplină formativă, întrucât apostolii au scris bisericilor pentru a le ajuta să-și formeze clar credința și pentru a le îndemna cum să trăiască.

(Parte din acest material a fost adaptat din cartea *What is a Healthy Church*, de Mark Dever, p. 101.)

CÂND AR TREBUI CA O BISERICĂ SĂ PRACTICE DISCIPLINA?

Răspunsul la această întrebare depinde de situația în care vorbim despre ceea ce Jay Adams denumește disciplina formală sau informală a bisericii. Disciplina *informală* presupune confruntarea privată, în timp ce disciplina *formală*, oficială, a bisericii, un proces la care ia parte întreaga biserică.

1. Disciplina informală. Orice păcat, serios sau nu, ar putea genera o mustrare privată între doi frați sau două surori în credință. Nu vrem să spunem că ar trebui să aducem mustrare la fiecare păcat pe care îl comite un membru din biserică. Prin asta vrem să spunem că orice păcat, mic sau mare, poate să ajungă să se manifeste în domeniul acelei vieți creștine în care doi credincioși se *pot* ridica în dragoste unul pe altul, într-o circumstanță privată, cu prudență.

2. Disciplina formală. O modalitate de a prezenta sumar datele biblice legate de aceasta constă din a spune că disciplina formală, oficială, a bisericii este necesară în cazul păcatelor vizibile, grave și față de care nu există pocăință.

În primul rând, un păcat trebuie să aibă o manifestare *exterioară*. Trebuie să fie ceva care poate fi văzut cu ochii sau auzit cu urechile. Bisericile nu trebui să ridice imediat cartonașul roșu al excomunicării de fiecare dată când suspectează lăcomie sau mândrie în inima cuiva. Nu înseamnă prin asta că păcatele inimii nu ar fi grave, ci că Domnul este Cel care cunoaște ceea ce noi nu putem vedea în inimile altora, și că problemele reale ale inimii vor ieși în final la suprafață, într-un fel sau altul (1 Sam. 16:7; Matei 7:17; Marcu 7:21).

În al doilea rând, păcatul trebuie să fie *grav*. Vânătoarea după fiecare păcat mărunt probabil că va produce paranoia în viața unui biserici și va împinge congregația către legalism. Într-o biserică trebuie să existe în mod clar acel spațiu oferit dragostei care „acoperă o mulțime de păcate" (1 Petru 4:8). Nu orice păcat ar trebui urmărit spre a fi disciplinat. Din fericire, Dumnezeu nu procedează în felul acesta cu noi.

În final, disciplina formală a bisericii constituie modalitatea potrivită de acțiune când față de acest păcat nu se manifestă *pocăință* din partea persoanei care l-a săvârșit. Persoana implicată într-un păcat grav a fost până la acest moment confruntată privat folosind poruncile lui Dumnezeu din Scriptură, dar ea refuză să se lase acel păcat. După toate aparențele, persoana respectivă prețuiește păcatul mai mult decât pe Isus. Singura excepție este când păcatul este atât de serios, încât necesită acțiune imediată și pune sub semnul întrebării validitatea pretenției de credință în Hristos a acelei persoane (v. 1 Cor. 5 ca exemplu de acest fel).

(Acest articol a fost extras dintr-un material mai larg scris de Jonathan Leeman și intitulat, *„A Church Discipline Primer"*)

DE CE AR TREBUI CA BISERICILE SĂ ÎI EXCOMUNICE PE MEMBRII VECHI, CARE NU MAI PARTICIPĂ LA VIAȚA ACESTORA

Alex Duke

Cu câțiva ani în urmă, am auzit de o biserică ce a devenit preocupată de calitatea de membru în adunarea locală. După ani de atitudine nepăsătoare, numărul celor ce făceau parte din biserică devenise dificil de înțeles și chiar nesincer de mare. Registrul lor „oficial" de membri avea mai mult decât dublul numărului mediu al celor care participau la biserică, și îi includea, fără îndoială, pe cei care muriseră, pe cei care abandonaseră credința și pe cei bine intenționați, dar pe care nu-i vedeai niciodată la adunare. Această discrepanță duce identitatea bisericii în obscuritate.

Așadar, ei au venit cu această idee: haideți să ștergem complet registrul de membri și, de-a lungul timpului, să îi lăsăm pe cei care participă încă să-și înnoiască dedicarea și să se re-alăture bisericii.

Această abordare, credeau ei, va ucide doi uriași cu o singură piatră netedă: în primul rând, îi va oferi bisericii abilitatea de a ajunge la toate persoanele de pe listă și, cu nădejde, să îi reanime pe unii dintre cei care doreau să se adune cu Dumnezeu și cu poporul Lui. În al doilea rând, aveau în final să identifice sufletele pe care erau chemați să le vegheze, acele persoane pentru care într-o zi aveau să dea socoteală.

Așadar, pe parcursul a câtorva luni, ei i-au căutat pe toți membrii din registru și le-au spus de o dată viitoare când toți cei care doreau, puteau să-și rededice propriile persoane față de biserică, în ce privește supravegherea spirituală.

Pentru mulți, aceasta a fost o acțiune care părea de la început un eșec și la care n-aveau de gând să ia aminte, căci nu și-ar fi închipuit vreodată să se oprească din a participa la viața bisericii. Pentru alții, Dumnezeu a folosit corespondența liderilor cu ei pentru a-i scoate din apatie și pentru a-i aduce înapoi în biserică.

Dar pentru alții, scrisorile s-au întors la expeditor (sau au fost ignorate), mesajele pe e-mail au fost respinse (sau ignorate), iar insistențele pentru reunire au ajuns la niște urechi surde, dacă și atât.

Astfel, după ceva timp, legământul lor cu această biserică a fost șters printr-o apăsare de tastă.

VESTEA BUNĂ

Chiar dacă a fost o idee plină de intenții bune, eu cred că ceea ce s-a petrecut la biserica descrisă mai sus este o practică pastorală greșită. Acest lucru răstoarnă cu totul pilda oii rătăcite a Domnului Isus, din Matei 18: „Dacă un om are o sută de oi, și se rătăcește una dintre ele, nu lasă el pe cele nouăzeci și nouă pe munți, și se duce să caute pe cea rătăcită?"

Este bine să avem un registru de membri cât mai precis. Dar este cel mai bine să-i căutăm acești membri, care nu mai participă, cu un scop specific: îi putem șterge din registrul nostru dacă participă la o altă biserică ce predică Evanghelia; îi restaurăm dacă sunt bucuroși să se întoarcă, sau îi excomunicăm dacă nu doresc să participe la niciun fel de biserică și sau suntem incapabili să-i găsim.

În fapt, aș vrea să exprim mai clar scopurile de mai sus: faptul că îi căutăm pe membrii vechi care nu mai participă (nu mă refer la cei care sunt relativ *inconsecvenți* în participare, ci la cei care au fost complet absenți luni sau chiar ani de zile) și că îi excomunicăm pe cei pe care nu-i putem găsi – acest lucru este un semn al unei biserici sănătoase. Evident, o astfel de căutare poate fi făcută greșit și cu mână de fier. Dar acest abuz ar trebui să ne facă atenți și grijulii, nu să ne convingă că alternativa mai bună este să nu facem nimic.

Din nou, căutarea celor care nu mai participă – presupunând că este abordată cu toată răbdarea necesară, cu toată claritatea și smerenia – este un semn al unei biserici sănătoase și, mai mult, este în întregime în acord cu învățătura Bibliei cu privire la ce anume este o biserică, ce este un păstor și ce este dragostea biblică. Chiar dacă cel ce nu participă nu are nicio idee cu privire la faptul că este căutat sau că ar putea să intervină disciplina, în esență, actul bisericii măcar îi avertizează mod adecvat pe cei care *sunt* prezenți cu privire la pericolul de a încerca să-și trăiască viața creștină în afara unei biserici locale.

PRECEDENTUL BIBLIC

După ce am introdus suficient această situație, dați-mi voie să vă ofer motivațiile biblice.

Textul 1: Matei 18:10-35.

Este crucial să înțelegem contextul învățăturii elementare a Domnului Isus pe tema disciplinei bisericii, din Matei 18:15-20. Așa cum spunea un păstor, „în Biblie, disciplina bisericii este o operațiune de salvare".

Ceea ce precedă această secțiune de învățătură este pilda oii rătăcite. Isus dorește să ne pună în sandalele unui păstor care are o sută de oi, pentru a ilustra dragostea căutătoare a lui Dumnezeu pentru poporul Său. Și totuși, pilda ridică o întrebare: Ce facem dacă o oaie încăpățânată refuză cu obstinație să se întoarcă?

Răspunsul la această chestiune survine în următoarea porțiune de învățătură: o căutăm și, dacă persistă în îndepărtarea ei de turmă, atunci o lăsăm deoparte, tratând-o ca pe un păgân și ca pe un vameș. Cu alte cuvinte, relația noastră cu oaia care fuge de turmă se schimbă în esența ei.

Excomunicarea cuiva care s-a oprit complet din a participa la viața bisericii este, în fapt, expresia ideii că îi dăm acelei persoane ceea ce ea ne cere. Înseamnă să dăm drumul frânghiei pe care ea încearcă din răsputeri să o smulgă din mâinile noastre. Noi nu o putem forța să rămână legată de turmă, dacă nu vrea. În același timp, refuzăm să îi permitem să ne forțeze să afirmăm despre ea că este un „creștin bun", când, cu o conștiință curată, nu credem că mai putem face acest lucru.

Pentru cei care citesc cu atenție, acest lucru ridică o altă întrebare: Și dacă oaia se întoarce? Domnul Isus pare să răspundă acelei întrebări cu altă pildă, de data aceasta pilda având legătură cu slujitorul neiertător (18:21-35). Ideea de aici este simplă: să-i iertăm pe cei care au păcătuit împotriva noastră. De ce? Pentru că am fost noi înșine iertați de Dumnezeul împotriva căruia am păcătuit, o ofensă cu mult mai severă decât orice am îndurat noi din partea celorlalte oi.

Cu alte cuvinte, păstorii – nu, cu alte cuvinte, *bisericile* – o iartă imediat, cu bucurie și pe deplin pe acea oaie care se întoarce și se pocăiește, pentru că știm că noi înșine am fost rătăciți și, dacă Dumnezeu nu ne-ar fi căutat, am fi rătăcit constant și tot mai departe de El. Oglindind atitudinea lui David din Psalmul 23, un autor de imnuri ne descrie pe noi, cei mulți, în felul următor:

„Pervers și nebun adesea,
Am rătăcit mereu,
Dar Tu m-ai căutat în dragostea Ta,
Pe umerii Tăi m-ai pus cu blândețe,
Și m-ai adus acasă bucuros."

- „The King of Love My Shepherd Is" (Henry Williams Baker, 1868).

Pe scurt, Matei 18 ne învață atât temelia cât și traiectoria disciplinei bisericii: îi căutăm pe membrii rătăciți ai bisericii pentru că Dumnezeu Își caută oile pierdute, chiar dacă este doar una dintr-o sută. Trist este că acest lucru va conduce ocazional la excludere, pentru că unele oi rătăcite intenționează să rămână în acea stare. Noi le vom da ceea ce ne cer și le vom lăsa să plece, dar vom insista asupra lor, vorbindu-le cu onestitate.

Totuși, din fericire, oile pierdute au o cale de a se întoarce, iar atunci când fac acest lucru, noi le vom ierta imediat și complet pentru că, în Hristos, Dumnezeu ne-a iertat imediat și complet.

Textul 2: Evrei 10:23-25[1]

Iată versetele despre care discutăm:

„Să ținem fără șovăire la mărturisirea nădejdii noastre, căci credincios este Cel ce a făcut făgăduința. Să veghem unii asupra altora, ca să ne îndemnăm la dragoste și la fapte bune. Să nu părăsim adunarea noastră, cum au unii obicei; ci să ne îndemnăm unii pe alții, și cu atât mai mult, cu cât vedeți că ziua se apropie."

În aceste două versete, autorul Epistolei către Evrei ne prezintă două porunci. Prima se găsește în versetul 23: să ne păstrăm mărturisirea nădejdii noastre, o mărturisire pe care o elucidează pentru noi prin a ne reitera ceea ce Hristos a făcut pentru noi, în calitate de Mare Preot. Această poruncă este înrădăcinată în credincioșia lui Dumnezeu (v. 23).

Cea de-a doua poruncă – să ne îndemnăm unul pe altul la dragoste și fapte bune – este acompaniată, din fericire, de o aplicație imediată. Cum facem acest lucru? Simplu: continuăm să ne întâlnim. De ce? Pentru că nu putem încuraja pe cineva pe care nu-l vedem niciodată. Din nou, autorul înrădăcinează această poruncă și aplicația ei într-o promisiune: ne adunăm și ne încurajăm să continuăm în credință pentru că vedem ziua judecății cum se apropie, când Dumnezeul nostru credincios, care Își ține promisiunile, se va întoarce și ne va aduna ca să fim alături de El pentru vecie.

Chiar dacă a scris aceste rânduri în urmă cu aproape două milenii, autorul Epistolei către Evrei pare să fie familiarizat cu situația din lumea noastră modernă. Ați observat? „Să nu părăsim adunarea noastră, *cum au unii obicei*".

Este adevărat că unii creștini au obiceiul de a neglija adunarea împreună cu frații și surorile lor. Făcând asta, ei ratează încurajarea – nu pot fi îndemnați la dragoste și fapte bune. Dar asta nu e totul: ei refuză lucrarea lui Dumnezeu în viața lor creștină, încrederea în mărturisirea nădejdii lor se epuizează, memoria Dumnezeului care Își împlinește promisiunile se disipă, iar viziunea lor odată clară asupra Zilei Domnului, care se apropie, se întunecă.

Pentru că vorbim de acest lucru, ați observat cât de sever este acest avertisment – ziua judecății? Explicați-mi, atunci, cum este posibil ca excluderea cuiva din calitatea de membru al bisericii să fie un act prea sever. Imaginați-vă că un „membru al bisericii", care de fapt nu participă la viața acesteia, ajunge în ziua judecății și i se spune că îl așteaptă judecata veșnică. În acel moment, cât de iubitoare ar putea să pară acea biserică ce nu a făcut nimic sau care doar i-a șters numele dintr-un computer, fără a face vreun alt lucru? Nu va fi el pe bună dreptate mânios pe acea biserică atunci când va striga: „De ce nu m-ați avertizat?"

În fapt, imaginile noastre mărunte, în două dimensiuni, ale excluderii de acum pot fi cel mai iubitor lucru pe care îl putem face, pentru că ele îi avertizează pe oameni de realitatea posibil permanentă a excluderii viitoare.

Aceste versete din Evrei ne ajută să-i căutăm pe membrii care nu participă, având Bibliile noastre deschise la un capitol și un verset, mai degrabă decât la o listă de sugestii bine intenționate și gândite. Putem să îi îndreptăm pe aceștia nu doar către încălcarea unei porunci biblice, ci și către beneficiile rânduite de Dumnezeu pe care ei le ratează.

Textul 3: Evrei 13:17 (F.A. 20:28)

Pe când se apropia de finalul corespondenței sale, autorul Epistolei către Evrei și-a îndemnat destinatarii în felul următor:

„Ascultați de mai marii voștri, și fiți-le supuși, căci ei priveghează asupra sufletelor voastre, ca unii care au să dea socoteală de ele; pentru ca să poată face lucrul acesta cu bucurie, nu suspinând, căci așa ceva nu v-ar fi de niciun folos."

În versetul 7, cu doar câteva versete mai devreme, acești lideri erau descriși ca aceia care „v-au vestit Cuvântul lui Dumnezeu". Acolo, ni se spune să imităm credința acestor lideri și să luăm aminte la exemplul vieții lor de credință.

Implicația acestor versete stă în faptul că liderii bisericii (păstorii, prezbiterii etc.) sunt chemați să trăiască înaintea congregațiilor lor într-un așa fel încât rezultatele vieților lor să fie luate în considerare și imitate. Orice prezbiter care trăiește într-un turn de fildeș, punându-se deasupra și stând departe de oamenii pe care ar trebui să îi slujească, trăiește în afara chemării sale. Tunând porunci și îndemnuri din norul pe care stă, acest așa-zis prezbiter nu conștientizează că oamenii lui nici măcar nu-l aud. El vorbește doar pentru sine.

Acest lucru este instructiv pentru noi. Un membru al bisericii care are de-a face cu păstorii lui doar când a făcut ceva greșit – să zicem, doar atunci când nu mai participă la biserică vreme de un an – poate aduce o obiecție rezonabilă, chiar dacă nu lipsită de eroare, dacă ar întreba: „Ei bine, unde ați fost când s-au întâmplat lucrurile care m-au determinat să părăsesc adunarea?" Este în același timp mai ușor și mai eficient să păstorești pe cineva în timp ce se îndreaptă către ușa de ieșire decât pe cineva care a plecat deja.

Chiar dacă este important, haideți să nu discutăm porunca de a asculta de liderii noștri, ci să ne focalizăm mai degrabă pe motivul pentru care ni se spune să facem asta. Noi suntem chemați să ascultăm de liderii noștri – din nou, plecând de la premisa că aceștia ne slujesc cu bucurie, nu suspinând, că sunt calificați și se află printre cei pe care îi slujesc – pentru că, într-o zi, ei vor da socoteală *pentru noi*.

Aceasta este o chemare unică pentru prezbiteri. În ziua de apoi, ei vor da socoteală pentru fiecare membru care le-a fost pus în grijă, în calitate de slujitori ai Marelui Păstor. A spune în ce va consta în mod specific această judecată ar fi prea mult pentru noi, căci pur și simplu nu știm. Dar cel puțin, dacă ești prezbiter într-o biserică unde registrul de membri n-are nimic de-a face cu realitatea, atunci ar trebui să te întrebi ce înseamnă asta pentru tine. Dacă conduci o congregație care, prin botez și/sau membralitate, le-a dat asigurări sutelor sau chiar miilor de oameni de faptul că își vor petrece veșnicia cu Isus când vor muri, dar n-ai absolut nicio idee unde se află aceștia, atunci ar trebui să te întrebi ce va însemna această judecată pentru tine – și probabil să începi să-ți faci griji.

Cuvintele adresate de Pavel prezbiterilor din Efes îmi vin proaspăt în minte: „Luați seama dar la voi înșivă și la toată turma peste care v-a pus Duhul Sfânt episcopi, ca să păstoriți Biserica Domnului, pe care a câștigat-o cu însuși sângele Său" (F.A. 20:28).

Nu există niciodată un moment când un prezbiter poate spune despre un membru al bisericii: „o, el nu se mai află în răspunderea mea". De ce? Pentru că Domnul nostru îi însărcinează pe prezbiteri cu atenția și grija *tuturor* celor care sunt parte din turmă – fie că aceștia sunt prezenți, fie că nu, fie că vor să li se acorde grijă, fie că nu.

Biserica – și prin asta mă refer la fiecare membru al bisericii locale – ar trebui să fie prețioasă înaintea liderilor ei pentru că este prețioasă înaintea lui Dumnezeu. Nu ar trebui să fim surprinși de acest lucru. La urma urmei, priviți la prețul cu care a fost răscumpărată.

CÂȚIVA PAȘI PRACTICI

Situația biblică este clară: îi căutăm pe membrii absenți din biserici cel puțin pentru trei motive:

- Dumnezeu caută oile rătăcite.
- Ni se spune să nu abandonăm adunarea alături de frații și surorile noastre. Aceasta nu este o poruncă opțională.
- Prezbiterii noștri vor da socoteală înaintea lui Dumnezeu pentru fiecare persoană care a fost pusă sub grija lor. Nu există excepții de la această regulă.

Dar cui îi pasă de ceea ce spune Biblia, dacă nu există nimic în viața unei biserici care să facă plauzibilă o astfel de acțiune? Într-un efort de a repara acest lucru, am făcut o listă a câtorva pași posibili, după cum urmează.

1. În legământul bisericii tale, adaugă o frază sau două care să menționeze ce se întâmplă când membrii bisericii o părăsesc.

Biserica unde am fost anterior membru folosea această frază: „Când ne vom muta din acest loc, imediat ce va fi posibil, ne vom alătura unei alte biserici unde vom trăi în spiritul acestui legământ și după principiile Cuvântului lui Dumnezeu". Pe scurt, destul de general, și totuși la obiect – acesta trebuie să fie obiectivul.

Evident, cuvintele din legământul bisericii tale nu contează, dacă doar se așază praful pe el. Așa că, folosiți-l: în lecțiile legate de calitatea de membru, când luați Cina Domnului, înainte de a începe întâlnirile membrilor bisericii, și periodic, în aplicațiile din predicile voastre.

2. Vorbiți-le membrilor bisericii despre autoritatea și responsabilitatea pe care Dumnezeu a pus-o în mâinile lor.

Disciplina bisericii începe și se sfârșește cu membrii individuali care își exersează autoritatea și responsabilitatea care le sunt date de Dumnezeu. Din fericire, procesul se oprește în general după pasul 1, când membrul A îl confruntă cu blândețe pe membrul B, iar membrul B răspunde cu pocăință și mulțumire.

Dar, în acele situații nefericite, când membrul care păcătuiește rămâne nepocăit, este important să observăm că implicarea întregii biserici devine din nou necesară. O dietă constantă de învățătură pe această temă îi va ajuta pe oameni să vadă că, asemenea unui prezbiter, nu există niciun motiv care să le dea dreptul să spună vreodată despre un membru de biserică că nu mai contează pentru ei. Recuperarea unui membru absent este un proiect al congregației, nu doar al celor care sunt plătiți sau aleși să se ocupe de asta.

3. Nu fiți „teritoriali".

Am auzit adesea spunându-se că excomunicarea membrilor care nu mai participă este abuzivă spiritual, fiind dovada unui păgânism teritorial și a unei pofte după control. Acest lucru poate fi valabil în anumite cazuri, dar nu în mod necesar în toate.

În fapt, o acuzație ca aceasta pur și simplu nu poate fi formulată la adresa acelor biserici și a acelor păstori care sunt cunoscuți pentru inima lor largă.[2] Așadar, trimiteți regulat membrii să ajute alte biserici. Deschideți-vă amvonul. Plantați biserici fără să le puneți numele vostru îndrăgit sau amprenta voastră eclesiologică. Rugați-vă public pentru alte biserici. Nu fiți niște izolaționiști. Construiți prietenii dincolo de liniile de demarcație rasiale sau chiar de afinități denominaționale.

4. Uitați de bunele intenții, și depindeți de procese și standarde biblice.

Așa cum spunea Don Carson, „nimeni nu zboară către sfințenie". În mod asemănător, nicio biserică nu aleargă cu toată puterea către sănătatea ei spirituală. Iată de ce avem nevoie de conducere și procese care să reflecte și să pună în aplicare învățătura biblică.

Lecțiile de membralitate, listele de membri, o durată clară a absenței înainte ca membrul absent să fie căutat – niciunul dintre aceste lucruri nu se găsește în Biblie. Totuși, ele sunt încercări de a extrage înțelepciune din Biblie și de a o pune în practică în niște procese prudențiale.

Nu contează cât de mult îți pasă de acest lucru în străfundul inimii tale, dacă nu există niciun fel de practici care să aplice aceste convingeri. În lucrarea pastorală, ele vor fi *întotdeauna* ceva mai presante decât „du-te la membrul X și caută-l, căci nu l-am mai văzut de șase luni".

Este clar că probleme că acestea nu sunt urgente, dar nu înseamnă că ele nu sunt importante. Așadar, gândiți-vă la statutele și la cele mai bune practici care să vă ajute în acest sens. Modificați-le pentru a se potrivi contextului vostru, și puneți-vă încrederea în Domnul, ca El să binecuvânteze pregătirile voastre.

5. Vorbiți-i adunării pe tema autorității bisericii.

Biserica și membrii ei au o autoritate reală, dată de Dumnezeu, ceea ce înseamnă că trebuie să o folosească cu seriozitate și atenție. Pasaje precum Matei 18:15-20 și 1 Corinteni 5 sunt clare: deciziile pe care le luăm atunci când ne adunăm au însemnătate.

Dar nu trebuie să uităm niciodată acest lucru: autoritatea noastră, chiar dacă este derivată de la Domnul, nu este totuna cu autoritatea Lui. Dacă ratăm acest lucru, facem greșeala Bisericii Romano-Catolice. Atunci când vorbim despre autoritatea bisericii, trebuie să accentuăm faptul că ea este reală, dar în același timp o autoritate derivată, limitată și expusă erorii.

Poate că acel membru pe care nu-l poți găsi și de care n-ai mai auzit, s-a mutat în ultima clipă și, așa cum toți facem, a uitat să spună despre mutarea lui. Poate că slujește cu bucurie într-o altă biserică din țară. Presupun că aceste situații vor forma o minoritate, dar ele există totuși, motiv pentru care trebuie să ne învățăm constant pe noi înșine și pe cei din congregațiile noastre că a excomunica pentru lipsa de participare nu este o declarație că membrul X a fost complet îndepărtat de Domnul. Este pur și simplu o declarație că, în ciuda celor mai bune eforturi făcute de noi, nu știm unde se află acel membru și, de aceea, trebuie să ne retragem confirmarea calității de membru, pe care i-am dat-o cândva.

ÎNCHEIERE

Eu n-am întâlnit niciodată un credincios matur și care să crească în credință, dar să nu participe regulat la viața unei biserici ce predică Evanghelia.

Pe de altă parte, am întâlnit o mulțime de pretinși creștini, care niciodată nu vin la biserică, sau dacă vin, o fac cu totul rar. Viețile lor sunt un experiment al vieții spirituale de subzistență. Ei nu trăiesc într-o imoralitate fățișă, dar încrederea lor în propria mărturie a credinței se clatină zi de zi, pe măsură ce ultima dată când s-au aflat regulat în biserică și sub predicarea Cuvântului este tot mai îndepărtată în calendar. Cel mai probabil acești oameni n-ar admite acest lucru, dar ei devin incapabili să creadă până și în ei înșiși.

Presupun că ar fi trebuit să spun ceva mai devreme, dar am fost membru al acelei biserici pe care am menționat-o la început. La mulți ani după aceea, rămân profund recunoscător pentru ea, pentru că Dumnezeu m-a mântuit acolo și m-a ucenicizat sub lucrarea ei credincioasă.

Și totuși, mă lupt să nu mă simt frustrat. Pe măsură ce scriu aceste rânduri, îmi apar în minte atât de multe fețe, fețe de prieteni care au mers la acea biserică alături de mine. Am mers la grupul de tineret împreună, la taberele de vară împreună, la grupurile de dare de socoteală împreună. Eram tineri, ciudați și prostuți, dar încercam în același timp să fim serioși, să ne vedem de lucrul nostru și să fim creștini autentici.

Apoi și-au făcut apariția anii de colegiu, iar viețile noastre meandrate s-au despărțit. Unii s-au stabilit aici, alții acolo, alții n-au plecat nicăieri. Evident, ei s-au alăturat unei biserici, apoi alteia, și apoi alteia. Dar, după o vreme, dedicarea lor neregulată s-a transformat în lipsă de dedicare, iar aceasta s-a transformat în letargie, iar letargia a devenit paralizie. În final, paralizia lor a început să semene cu moartea – acea licărire a seriozității care a pierit datorită absenței vegherii. Îmi doresc să le fi spus mai multe despre acest lucru de-a lungul anilor.

Cândva, numele acestor prieteni se afla pe o listă unde scria că ei își vor petrece veșnicia cu Isus. După mai bine de 10 ani, acest fapt poate să pară un incident, separat de orice dovadă care să susțină acea afirmație, un lucru de care te poți detașa folosindu-te de un simplu argument tehnic sau de expirarea prevederilor din statut.

Dar ceva e greșit. Prezența acelei liste avea un scop – fiecare nume era rezultatul unei hotărâri serioase asupra faptului că Isus este cu adevărat Hristosul, Fiul Dumnezeului celui viu, Domnul și Mântuitorul lor, motiv pentru care fiecare decizie era urmată de botezul în Numele Dumnezeului Triunic: Tatăl, Fiul și Duhul Sfânt.

Nu știu dacă vreunul dintre acești tineri a primit vreo scrisoare sau vreun e-mail, și, dacă au primit așa ceva, nu știu dacă le-au ignorat. Dar știu ce s-a întâmplat după aceea: legământul lor a fost șters cu o simplă apăsare de tastă.

O, cât de mult îmi doresc ca cineva să îi fi avertizat cu privire la ce simboliza acea ștergere.

DESPRE AUTOR:

Alex Duke este directorul editorial al 9Marks. El locuiește în Louisville, Kentucky, alături de soția sa, Melanie. Îl puteți găsi pe Twitter la adresa @evanalexduke.

Note bibliografice

[1] Asupra expresiei „adunarea noastră laolaltă", v. cartea lui Sam Allberry, *Why Bother With Church?* sau discuția lui Mark Dever, *Reasons to Join a Church*, disponibilă la Ligonier Ministries.

[2] Totuși, sper că îi va convinge pe cei care n-au nicio dorință să nu fie convinși.

UN GHID AL DISCIPLINEI BISERICII PAS CU PAS

Geoff Chang

Disciplina bisericii are rost când înțelegi ce este biserica. Dacă biserica este o clădire, atunci disciplina ar putea să se refere la o gestiune mai bună a clădirii. Dacă biserica ar fi o instituție, atunci disciplina ei ar putea însemna restructurarea organizației. Dacă biserica ar fi pur și simplu un spectacol săptămânal, atunci disciplina putea implica o mai bună planificare a acelui eveniment.

Chiar dacă aceste lucruri pot să-și facă loc în viața bisericii într-o proporție sau alta, Biblia ne arată clar că biserica este, în esența ei, un popor, o congregație marcată prin dedicarea membrilor ei față de Hristos și unul față de altul. De aceea, când vorbim despre disciplina bisericii, aceasta implică grija spirituală față de *oameni*. Ea este procesul prin care membrii bisericii se păzesc unul pe celălalt de amăgirea păcatului și promovează astfel adevărul Evangheliei.

Disciplina bisericii are loc în mare parte informal, atunci când creștinii își spun reciproc adevărul în dragoste și când se îndreaptă reciproc către Evanghelie. Cu toate acestea, în această lume decăzută vor exista momente când disciplina informală nu va fi suficientă.

Vor exista momente când cei care aparțin bisericii refuză să se pocăiască și când vor continua pe calea păcatului. Acestea sunt situațiile pentru care Isus Hristos ne-a oferit învățătură cu privire la disciplina bisericii:

> „Dacă fratele tău a păcătuit împotriva ta, du-te și mustră-l între tine și el singur. Dacă te ascultă, ai câștigat pe fratele tău. Dar, dacă nu te ascultă, mai ia cu tine unul sau doi inși, pentru ca orice vorbă să fie sprijinită pe mărturia a doi sau trei martori. Dacă nu vrea să asculte de ei, spune-l Bisericii; și, dacă nu vrea să asculte nici de Biserică, să fie pentru tine ca un păgân și ca un vameș" (Matei 18:15-17)

Fiecare etapă a acestui proces constituie o modalitate de exprimare a domniei iubitoare și înțelepte a lui Hristos asupra Bisericii Sale, motiv pentru care fiecare etapă trebuie parcursă cu grijă și atenție.

ETAPA 1: POARTĂ O CONVERSAȚIE PRIVATĂ.

Totul începe cu o confruntare privată (Matei 18:15). Așa cum am menționat mai devreme, această confruntare are loc de regulă în viața normală a bisericii, în contexte variate. Membrul care cunoaște de existența unui păcat săvârșit de un frate sau soră, față de care nu există pocăință, merge înaintea aceluia care a păcătuit și, cu dragoste și grijă, îl cheamă la pocăință. Isus le poruncește ucenicilor Lui ca, în loc să alimenteze bârfa și dezbinarea, să își vorbească mai înainte în privat: „între tine și el singur". În harul lui Dumnezeu, foarte adesea acesta este mijlocul prin care Dumnezeu lucrează pocăința mijlocul poporului Său.

Dar ce se întâmplă dacă cel confruntat inițial respinge mustrarea? Ce ar trebui să se întâmple dacă trecem dincolo de această informare? Detaliile vor fi diferite de la o biserică la alta și de la o circumstanță la alta, dar iată mai jos 5 etape care ar trebui parcurse de către liderii bisericii în procesul disciplinei:

ETAPA 2: IA ALĂTURI DE TINE UNUL SAU DOI MARTORI (MATEI 18:16).

Următoarea etapă lărgește cercul celor implicați, chiar dacă nu implică biserica în întregimea ei. Isus Își învață membrii bisericii să ia unul sau doi martori alături de ei pentru a-l confrunta pe cel prins în păcat. Dacă prezbiterii au fost deja informați, ar putea fi potrivit ca unul dintre prezbiteri să meargă alături de acel membru al bisericii, cel care formulează acuzația. Merită de asemenea să se ia în considerare situația când ar putea exista un alt membru al bisericii – poate un prieten, o persoană de încredere – care are mai multă putere de influență în viața celui ce trebuie confruntat. Ideal ar fi ca acest pas să aibă loc în cadrul unei întâlniri personale, dar în anumite situații poate fi suficientă o conversație telefonică, un mesaj transmis pe e-mail sau printr-un alt fel de corespondență scrisă.

Cei care sunt implicați în această etapă ar trebui să evalueze răspunsul celui prins în păcat și să stabilească dacă există dovezi ale pocăinței autentice, de durată. Evident, scopul nu este perfecțiunea, ci mai degrabă să constatăm că avem de-a face cu o inimă zdrobită din cauza păcatului și care se alipește de Hristos, lucru dovedit prin smerenie și printr-o dorință de a asculta de sfatul înțelept al fraților. În multe cazuri, această etapă poate să dureze câteva săptămâni sau chiar luni de zile. Adesea, în această etapă, Dumnezeu aduce pocăința și reconcilierea. Totuși, în anumite cazuri, va deveni evident pentru cei implicați că nu există pocăință autentică și, în ascultare față de porunca și învățăturile lui Hristos, biserica trebuie să meargă la etapa următoare.

ETAPA 3: IMPLICĂ LIDERII SAU PREZBITERII, INFORMÂNDU-I DESPRE SITUAȚIE.

Undeva în jurul etapei a doua, poate mai înainte, poate după, creștinul ar trebui să ia în considerare implicarea câtorva prezbiteri sau a altor lideri ai bisericii, cum ar fi un lider de grup mic. Acest lucru poate începe printr-o conversație dar, în esență, trebuie ca prezbiterii să aibă o modalitate oficială de a fi informați cu privire la acuzațiile care se aduc față de cel ce se pretinde că a păcătuit. De exemplu, prezbiterii pot solicita ca acuzațiile să fie făcute în scris sau pot invita persoana care formulează acuzațiile să se întâlnească cu unul sau doi dintre ei. În Matei 18 nu se vorbește despre implicarea prezbiterilor, dar El le-a dat acestora responsabilitate asupra bisericii în alte pasaje, așa că pare logic ca prezbiterii să fie implicați la un moment dat în procesul de disciplină a bisericii. În situații mai dificile, prezbiterii vor fi implicați mai degrabă de timpuriu în procesul de disciplinare.

În acest sens, liderii bisericii au responsabilitatea de a analiza natura acuzațiilor aduse. Este păcatul concret și suficient de grav pentru a implica următoarele etape ale disciplinei bisericii? Există circumstanțe atenuante care trebuie cunoscute? Există membri ai bisericii care ar putea să îi vorbească cu mai mare eficiență celui care este prins în păcat? Cum să ne îngrijim de cei care au suferit de pe urma păcatului? Liderii bisericii trebuie să se gândească la aceste lucruri și la alte aspecte importante și, după rugăciune, trebuie să îi păstorească pe cei implicați parcurgând următoarele etape.

ETAPA 4: ACORDAȚI ATENȚIE ADECVATĂ CELUI CARE ESTE PRINS ÎN PĂCAT.

Înainte ca problema să ajungă înaintea bisericii, prezbiterii vor dori să discute oficial cu cel acuzat despre păcatul lui. Acest lucru este deosebit de important mai ales în cazurile în care nu a existat un contact cu prezbiterii, ca în acelea când comunicarea a fost refuzată și majoritatea informației ajunsă la prezbiteri este din surse secundare. Obiectivul acestui contact este de a explica acuzațiile și ca prezbiterii să-și exprime dragostea și preocuparea pentru cel ce pare să fie împietrit în păcat. Dacă persoana rămâne în nepocăință, atunci este necesar ca ea să fie notificată despre momentul când situația va fi adusă înaintea congregației. Având în vedere nevoia de claritate și precizie în comunicare, este recomandabil ca primul contact să ia forma unei comunicări scrise, urmat de un apel telefonic sau de o întâlnire în persoană.

Dacă niciunul dintre prezbiteri nu s-a întâlnit cu persoana ce trebuie confruntată, ar trebui să arate clar că doresc să aibă această șansă ca să îi audă părerea și explicațiile. Dacă întâlnirea cu toți prezbiterii poate părea intimidantă, aceștia pot să se ofere să participe într-un grup mai mic. Obiectivul acestei etape este acela de a-i oferi acelui membru șansa de a se întâlni personal cu liderii pentru a se asigura că toți înțeleg foarte bine situația.

După această etapă, este clar că nu mai există nicio umbră de îndoială și, dacă încă nu există pocăință, atunci prezbiterii ar trebui să treacă la etapa următoare.

ETAPA 5: SPUNEȚI-L BISERICII (MATEI 18:17).

În acest moment, Domnul Isus îi poruncește persoanei care a observat inițial păcatul să „îl spună bisericii". Chiar dacă termenul

„biserică" a fost interpretat în multe feluri, Isus pare să înțeleagă aici biserica drept o adunare de ucenici în Numele Lui (Matei 18:20, v. 1 Cor. 5:4). Biserica este o congregație. În cadrul acestei etape, prezbiterii vor comunica adunării ce anume se întâmplă.

Având în vedere natura sensibilă a problemei, pare logic ca prezbiterii să prezinte această situație cu ocazia unei adunări generale a membrilor, nu în decursul unui program normal de slujire. Ei trebuie să se gândească atent ce și cum să comunice în legătură cu situația respectivă. Ei vor dori să comunice informații suficiente, așa încât congregația să înțeleagă ce s-a întâmplat și să conștientizeze nevoia disciplinei. Totuși, ei nu ar trebui să transmită atât de multe informații încât să facă pocăința mai dificilă datorită transmiterii în public a acelor informații, datorită rușinii experimentată de membrii familiei sau pentru a nu face ca oile mai slabe să se poticnească.

Având în vedere nevoia de grijă și precizie, în general este înțelept ca prezbiterii să pregătească o scrisoare care să fie citită înaintea congregației la acea adunare generală, mai degrabă decât să explice situația pe moment, pentru a nu risca să intre în prea multe detalii sau să ofere prea puține. În anumite cazuri, prezbiterii ar putea să dorească să-l implice pe membrul care a adus inițial acuzațiile, așa încât acesta să alcătuiască acea scrisoare. După ce prezbiterii citesc scrisoarea, aceștia ar trebui să permită ridicarea de întrebări din partea congregației, și să se ofere să participe în discuții private, dacă există solicitări pentru mai multe informații. În cazurile mai dificile, prezbiterii ar putea lua în considerare organizarea unei întâlniri în cadrul căreia cei care au întrebări sau nelămuriri să poată să le discute.

După ce a fost informată cu privire la situație, congregația ar trebui să fie chemată să se roage. Membrii care au o relație personală cu cel care a fost prins în păcat ar trebui să fie încurajați să se apropie de acesta, rugându-se în prealabil. Prezbiterii îi vor oferi suficient timp congregației pentru a participa în procesul de confruntare.

Această perioadă poate să dureze până la următoarea adunare generală, dar poate fi prelungită, după caz. Cu toate acestea, în anumite situații, biserica poate fi nevoită să acționeze mai rapid, poate chiar pe loc, dacă se consideră convinsă în ce privește lista de pocăință din partea celui confruntat (1 Cor. 5:1-5).

ETAPA 6: EXCLUDEȚI-L PE CEL NEPOCĂIT DINTRE MEMBRII BISERICII (MATEI 18:17).

După ce au fost parcurse toate etapele anterioare, dacă persoana respectivă continuă împietrită în nepocăință, refuzând să asculte până și de biserică, atunci prezbiterii ar trebui să anunțe congregația cu privire la situație, și să vină oficial înaintea acesteia cu propunerea de excludere a acelei persoane din calitatea de membru al bisericii. Dacă votul trece, biserica trebuie să înțeleagă că ea nu mai poate să confirme pretenția de credință a acelei persoane. Membrii bisericii nu trebuie să o mai trateze ca pe o persoană care aparține bisericii, ci ca pe una care aparține lumii, ca pe un „păgân sau vameș".

După îndepărtarea acelei persoane din calitatea de membru, prezbiterii trebuie să învețe congregația cum să interacționeze cu acel individ. Fiind o persoană sub disciplină, obiectivul nu este să elimine complet orice fel de relație cu acea persoană. Dimpotrivă, membrii ar trebui să îl trateze asemenea cuiva care are nevoie de Evanghelie, dar care este amăgit. În acest sens, interacțiunile sunt mult mai complexe decât în cazul relațiilor cu prietenii necredincioși, care știu că sunt necreștini. Orice interacțiune ar trebui să cheme acea persoană la pocăință și să-i reamintească de nădejdea Evangheliei. Membrii ar trebui să îl încurajeze să participe la slujbele bisericii și să stea sub predicarea Cuvântului. Totuși, ei trebuie să evite în același timp să îl trateze ca și cum nimic n-ar fi schimbat.

După adunarea generală a bisericii, prezbiterii trebuie să îi trimită o comunicare scrisă acelei persoane, informând-o de actul disciplinei și exprimându-și dragostea față de ea și dorința ca acea persoană să manifeste pocăință așa încât să fie restaurată. De asemenea, trebuie să continue să discute cu congregația în diferite circumstanțe, precum școala duminicală, grupurile mici de studiu etc., pentru a vedea dacă există vreo întrebare nesoluționată sau vreo preocupare față de acel caz. Disciplina bisericii poate fi un eveniment destul de dificil în viața unei biserici, și totuși ea poate fi folosită în același timp de Dumnezeu pentru a produce maturitate spirituală și creștere. Prezbiterii ar trebui să păstorească biserica în mod înțelept atât pe parcursul procesului de disciplină, cât și după acesta.

CONCLUZIE

Disciplina bisericii ar fi un lucru ușor dacă biserica n-ar fi formată din oameni. Totuși, Isus nu a venit în această lume pentru clădiri, instituții sau evenimente. Isus a venit pentru a crea un popor pentru Sine, un popor format din păcătoși ca mine și ca tine.

Tocmai această realitate este ceea ce face ca disciplina bisericii să fie un dar minunat al lui Dumnezeu. Biserica este o adunare a celor care au primit nădejdea mântuirii lui Hristos prin pocăința și credința în El, și care se ajută reciproc perseverând în acea nădejde. Ignorarea disciplinei bisericii înseamnă să ratăm să ne iubim unul pe altul în acel fel. Așadar, atunci când ne străduim să ascultăm de învățăturile lui Hristos care țintesc la curăția bisericii, noi ne agățăm de nădejdea Evangheliei pentru noi înșine și pentru cei din jurul nostru.

DESPRE AUTOR:

Geoff Chang este păstor asociat la Hinson Baptist Church în Portland, Oregon.

Nota autorului: pentru o analiză detaliată legată de aceste chestiuni, vă recomand să consultați cartea lui Jonathan Leeman, intitulată *Disciplina bisericii. Biserica protejează Numele lui Isus.*

ÎN PRINCIPIU, CUM FUNCȚIONEAZĂ UCENICIZAREA?

Ucenicizarea funcționează în mod esențial prin **învățare** și **imitare**. Ucenicizarea funcționează cel mai bine prin **dragoste**. Atunci când noi îi învățăm cu dragoste pe credincioșii mai tineri pe calea sfințeniei și trăim vieți evlavioase, ei cresc în asemănarea cu Hristos imitând viața și învățătura noastră (v. 1 Tim. 4:16).

Învățare: Biblia îi cheamă pe păstori și pe părinți să le dea învățătură celor care se află sub autoritatea în lor (Prov.; Gal. 6:6; Efes. 6:4; 1 Tes. 4:8; 1 Tim. 1:18, 6:3; 2 Tim. 2:25; 4:2). De asemenea, ea îi cheamă pe toți credincioșii să se învețe unul pe altul (Rom. 15:14).

Imitare: Creștinii sunt chemați să fie în primul rând cei care Îl imită pe Dumnezeu, apoi să se imite unul pe altul. Noi creștem în harul lui Dumnezeu prin ascultare și imitare. Gândiți-vă la următoarele pasaje:

- „Călcați pe urmele mele, întrucât și eu calc pe urmele lui Hristos" (1 Cor. 11:1);

- „Aduceți-vă aminte de mai marii voștri, care v-au vestit Cuvântul lui Dumnezeu; uitați-vă cu băgare de seamă la sfârșitul felului lor de viețuire, și urmați-le credința!" (Evrei 13:7);

- „Ce ați învățat, ce ați primit și auzit de la mine, și ce ați văzut în mine, faceți. Și Dumnezeul păcii va fi cu voi" (Filip. 4:9);

- „Tu, însă, ai urmărit de aproape învățătura mea, purtarea mea, hotărârea mea, credința mea, îndelunga mea răbdare, dragostea mea, răbdarea mea" (2 Tim. 3:10);

- „Preaiubitule, nu urma răul, ci binele. Cine face binele, este din Dumnezeu: cine face răul, n-a văzut pe Dumnezeu" (3 Ioan 11).

Dragoste: oamenii îți vor imita viața chiar și atunci când tu nu îi iubești. Cu toate acestea, un lider care conduce cu dragoste prezintă cea mai frumoasă imagine a lui Hristos, iar oamenii te vor urma cel mai bine atunci când îi vei iubi.

Prietenie: Într-un sens, ucenicizarea este pur și simplu o prietenie, dar o prietenie care îndreaptă privirile către Hristos. Ce fac prietenii? Ei se imită unul pe altul. În ucenicizare, noi ne împrietenim cu alții pentru a crește în asemănare cu Hristos și pentru a-i ajuta pe ceilalți să crească în asemănarea Lui.

Cum să fii un ucenic? (i) Ascultă și privește la felul în care creștinii mai maturi muncesc, se odihnesc, își cresc o familie, tratează situațiile conflictuale, își evanghelizează vecinii, perseverează în încercări, slujesc în biserică sau se luptă cu păcatul. (ii) Imită-i!

SLUJIREA FEMEILOR ACOLO UNDE NU EXISTĂ „LUCRARE CU FEMEILE"

Carrie Russell

Pe măsură ce oamenii au vizitat biserica noastră, mulți m-au întrebat, fiind soția păstorului - „Conduci lucrarea cu femeile?" sau „Conduci studiul biblic cu surorile?" De-a lungul timpului, am ajuns tot mai încrezătoare în abilitatea mea de a răspunde în felul următor: „Nu, de fapt nu *conduc* nimic!"

Pe de altă parte, sunt ferm dedicată ucenicizării femeilor și doresc să le vorbesc din Cuvântul lui Dumnezeu. Cu toate acestea, eu și soțul meu am simțit că nevoia cea mai mare în acești ani timpurii ai „replantării" bisericii noastre este ca eu să mă concentrez pe tranziția familiei noastre și pe a iubi și sluji biserica noastră fără a-mi asuma responsabilitatea de a conduce o lucrare oficială cu femeile în biserică.

Acest lucru ridică o întrebare: este totuși un lucru necesar să existe în biserica locală o lucrare oficială cu femeile pentru a le putea griji eficient?

În situația noastră, prezbiterii au condus congregația, convingând-o să prioritizeze întâlnirea noastră de duminică dimineața ca fiind mai importantă decât orice alte evenimente planificate. În diminețile de duminică, asemenea bărbaților, femeile participă la întâlnirea de închinare publică și rugăciune, și primesc învățătură din Cuvântul lui Dumnezeu.

Când vorbim despre programele bisericii, noi folosim adesea termenii „vița și aracul". Ne petrecem oare timp și alocăm resurse construirii unui arac – programe, evenimente, comitete etc. - când de fapt nu prea există viță care să urce pe arac. Sau suntem dedicați cumva dezvoltării trupului având ca scop să vedem mai multă roadă în Evanghelie, roadă care se multipli-că? Noi dorim să avem o viță care este atât de vie și înfloritoare, încât să ne gândim apoi cu multă înțelepciune la acele elemente de suport care să o ajute cel mai bine. Această perspectivă ne va fi utilă atunci când ne uităm la ce ar trebui să fie „lucrarea cu femeile".

PROGRAME SAU OAMENI?

Ar trebui ca toate bisericile să înceapă un studiu biblic oficial cu femeile doar pentru că asta fac toate bisericile „bune"? Evident că nu. Își vor îndrepta privirile femeile în altă parte pentru că noi n-avem în biserica noastră o întâlnire specială cu ele? Poate. Dar dacă cineva este dispus să părăsească o biserică doar pentru că nu există un eveniment izolat așezat în calendar, atunci probabil că biserica noastră n-ar fi satisfăcut în niciun caz pretențiile unor astfel de persoane.

Acest lucru este trist, pentru că nenumărați oameni au comentat apreciativ despre comunitatea bogată spiritual care crește în biserica noastră și care a adus beneficii numeroase în viețile multora, în special în viețile femeilor. Așadar, cum dezvoltăm noi – și cum ai putea să dezvolți tu – acest fel de cultură sănătoasă a bisericii fără a avea un calendar plin de evenimente oficiale pentru femei?

Iată câteva lucruri care îmi vin în minte.

1. Biblia este suficientă.

Noi am organizat doar câteva evenimente de-a lungul ultimilor ani, chiar dacă am ales să nu avem o lucrare oficială cu femeile, un studiu biblic regulat cu femeile sau vreo tabără pentru femei. Și totuși, femeile din biserica noastră n-au fost nicidecum neglijate. Cum vine asta, vei întreba?

Prin predicarea și învățătura Cuvântului lui Dumnezeu

Dacă noi credem că Dumnezeu ne-a dat tot ceea ce avem nevoie pentru viață și evlavie (2 Petru 1:3) și că Scriptura, Cuvântul Lui, este folositoare pentru învățătură, încurajare, mustrare și pregătire în neprihănire (2 Tim. 3:16), atunci trebuie să avem încredere în faptul că acest Cuvânt al lui Dumnezeu este suficient pentru a le învăța și crește spiritual pe femeile din biserică. Cu alte cuvinte, *întreg Cuvântul lui Dumnezeu* a fost scris pentru bărbați și femei, ceea ce înseamnă că predica din fiecare săptămână este un cuvânt al harului adresat direct fiecărei femei din congregație. Haideți să nu ne astupăm urechile față de adevărurile bogate pe care Dumnezeu le pregătește pentru noi duminică de duminică!

Prin ucenicizare

„Și ce-ai auzit de la mine, în fața multor martori, încredințează la oameni de încredere, care să fie în stare să învețe și pe alții" (2 Tim. 2:2).

„Spune că femeile... să învețe pe alții ce este bine, ca să învețe pe femeile mai tinere să-și iubească bărbații și copiii" (Tit 2:3–4).

Ca femei care iubesc și cunosc Cuvântul lui Dumnezeu, noi suntem chemate să dăm mai departe aceste lucruri altor femei. Avem privilegiul de a sta alături de o soră în Hristos și de a o ajuta să crească în umblarea ei spirituală. În mod asemănător, trebuie ca, în smerenie, să fim gata să învățăm de la alții și să recunoaștem când avem nevoie să fim ucenicizate. Relațiile de ucenicizare au un impact cu mult mai profund decât orice eveniment pe care l-am organiza la biserică. Cine este persoana cu care ai putea să te întâlnești de-a lungul acestei săptămâni pentru a studia Scriptura, pentru a vă ruga împreună și pentru a vă împărtăși una alteia bucuriile și luptele?

Prin ospitalitate

„Astfel, în dragostea noastră fierbinte pentru voi, eram gata să vă dăm nu numai Evanghelia lui Dumnezeu, dar chiar și viața noastră, atât de scumpi ne ajunseserăți" (1 Tes. 2:8).

Una dintre cele mai minunate modalități prin care biserica noastră a văzut cum Dumnezeu le-a crescut pe femeile noastre și biserica, în întregimea ei, constă din practicarea ospitalității. Pe măsură ce femeile și-au deschis casele și una față de cealaltă, am crescut cu toții în unitatea noastră, ca trup al lui Hristos. Aceste momente aparent mărunte ale vieților noastre trăite împreună, în jurul unei mese sau în parc, ne-au ajutat pe toate să Îl onorăm pe Dumnezeu în trăirea noastră zilnică și ne-au provocat să fim niște femei care cresc în har.

2. Crede ce este mai bine despre biserica ta.

Uneori mă făceam vinovată de faptul că gândeam în felul următor: „Cine se gândește la mine? Ce s-a făcut și ce se face pentru a împlini nevoile mele și ale celorlalte femei din jurul meu?" În loc să cazi în această capcană, gândește-te la următoarele lucruri:

Gândește-te la ceea ce se face deja

Păstorii bisericii tale se gândesc mult la felul în care ar trebui să îngrijească și să îți păstorească sufletul. Ei doresc să vadă femei care înfloresc în Hristos. Slăvește-L pe Dumnezeu pentru lucrarea care se face și roagă-te ca Domnul să binecuvânteze femeile din biserică prin intermediul ei.

Cu alte cuvinte, nu cădea în capcana mitului care spune că programele ar trebui să fie „doar pentru femei" pentru a fi o încurajare pentru ele. Dacă biserica ta are slujbe duminica sau miercurea seara, ori un studiu biblic pentru toți membrii bisericii, te încurajez să îți faci o prioritate din a participa la aceste întâlniri comune ale bisericii. Dacă dorești aplicații mai specifice în viața ta, ca femeie, te încurajez să strângi în jurul tău câteva surori, la inițiativa ta, pentru a discuta predica de duminică sau pentru a vă ruga pe marginea unui pasaj biblic pe care l-ați citit recent.

Dacă vezi o nevoie, împlinește-o

În loc să insiști pe modalitățile în care îți imaginezi tu că biserica ar putea să se îmbunătățească, gândește-te la faptul că tu însăți ai putea fi răspunsul la rugăciunile altor femei pentru părtășie, dare de socoteală și încurajare. Vei găsi un ocean nesfârșit de nevoi chiar și în cele mai sănătoase biserici.

Gândește-te, de exemplu, la diferitele perioade ale vieții reprezentate în adunarea locală. Există o mulțime de mame tinere? În biserica noastră, multe mame tinere nu reușesc să ajungă la studiul biblic de miercuri seara, pentru că trebuie să-și ducă copiii devreme la culcare. Pentru a împlini această nevoie, o femeie din biserică s-a oferit să conducă un grup de studiu biblic cu ele, la o oră convenabilă, și acest lucru a fost un prilej de mare încurajare pentru ele.

Sau dă-mi voie să-ți povestesc despre Sarah, dulcea noastră soră de 78 de ani. Unele surori mai în vârstă din biserica noastră nu puteau să ajungă la slujbele de seara sau la grupurile mici de studiu. De aceea, Sarah s-a oferit să adune aceste femei împreună pentru a discuta predica și pentru a se ruga. Ce sfânt credincios care, la vârsta de 78 de ani, s-a gândit la modalități prin care ar putea să-i conducă pe alții în dragostea și încurajarea Cuvântului lui Dumnezeu!

Există și alte exemple: dorința mea de a le cunoaște pe femeile din biserica noastră și de a facilita relații de ucenicizare între ele a condus la organizarea unor mese de părtășie trimestriale, care sunt organizate prin rotație la fiecare dintre noi. De atunci, am văzut cel puțin 10 femei adunându-se pentru a se bucura de părtășie și pentru a discuta întrebări trimise anterior de gazdă. Acesta este un timp de părtășie dulce între generații.

Există și alte exemple de femei care au găzduit mese de părtășie, au început un club de lectură, au pus la cale o petrecere de Crăciun sau i-au vizitat pe membrii mai bătrâni ai bisericii.

Gândește-te cum ar putea Dumnezeu să îți ceară să investești în binele spiritual la surorilor tale în Hristos.

3. Crede cu tărie că Dumnezeu este credincios.

Trebuie să credem că Dumnezeu este credincios în a duce la îndeplinire lucrarea bună pe care El a început-o în noi (Filip. 1:6).

Evenimentele și programele nu sunt rele în ele însele. Totuși, când depindem de ele pentru a face toată lucrarea de ucenicizare și de construire de relații între noi, trebuie să ne așteptăm ca, într-un moment sau altul, să eșuăm.

În schimb, dacă dorim să vedem creștere evanghelică în viețile femeilor, ar trebui să fim mai puțin concentrați pe calendarul nostru de evenimente și mai mult preocupați ca orice femeie din bisericile noastre să înțeleagă că întreg Cuvântul lui Dumnezeu îi este adresat. Ar trebui să fim preocupați ca ele să creadă Cuvântul lui Dumnezeu și, ca răspuns, să vedem că își investesc profund viețile în relație cu alte surori.

În blândețea lui Dumnezeu, „vița" noastră crește - iar noi ne gândim la modalități înțelepte de a ridica anumite elemente de suport pentru a susține nevoile femeilor din congregația noastră. Privind înapoi, în ultimii doi ani, să ne bucurăm de credincioșia lui Dumnezeu manifestată în creșterea și zidirea spirituală a femeilor din congregația noastră.

DESPRE AUTOR:

Carrie Russell locuiește în Charlotte, North Carolina alături de soțul ei, Dave, și de cei patru copii ai lor. Ea este membră în Oakhurst Baptist Church, unde Dave slujește ca păstor.

UCENICIZAREA ESTE NORMALITATEA ÎN CREȘTINISM

Erik Raymond

Care este slujba ta, creștine? Dacă Dumnezeu ți-ar fi dat o fișă de post pentru viața creștină, ce ar pune El pe acea fișă?

În miezul responsabilității creștinului se găsește lucrarea de ucenicizare. Citim acest lucru clar în cuvintele Domnului nostru, rostite înaintea înălțării Lui:

„Isus S-a apropiat de ei, a vorbit cu ei, și le-a zis: ,Toată puterea Mi-a fost dată în cer și pe pământ. Duceți-vă și faceți ucenici din toate neamurile, botezându-i în Numele Tatălui și al Fiului și al Sfântului Duh. Și învățați-i să păzească tot ce v-am poruncit. Și iată că Eu sunt cu voi în toate zilele, până la sfârșitul veacului'" (Matei 28:18–20)

Ce înseamnă să faci ucenici? Un ucenic este cineva care învață de la Domnul Isus și care Îl urmează. Când facem ucenici, ne străduim să facem tot ce putem ca să îi vedem pe cei ce nu Îl urmau pe Hristos venind la El (convertire), apoi îi învățăm să Îl urmeze pe Isus cu credincioșie în orice domeniu al vieților lor (maturizare).

Mulți creștini aud acest lucru și îl închid într-un sertar al idealismului. Evident, zic ei, ne-ar plăcea să ucenicizăm pe cineva, dar în realitate nu putem face acest lucru. Ei își imaginează că ucenicizarea este peste puterile lor. Este oare acest lucru adevărat? Este ucenicizarea ceva ce doar păstorii, prezbiterii sau credincioșii „maturi" pot face? Sau este ea o lucrare accesibilă tuturor?

Iată esența ideii mele: ucenicizarea este parte din normalitatea creștină. Ea ține de esența creștinismului. Este ca atunci când ai învățat să socotești și să citești alfabetul. Tot așa, cu greu poți găsi vreo parte a vieții creștine care să nu implice ucenicizare. Întrucât creștinismul este o credință comunitară, el presupune ucenicizare.

Pot exista multe paradigme care să-ți vină în minte atunci când auzi termenul *ucenicizare*. Unii oameni insistă pe citirea unei cărți, pe o întâlnire la o cafea, o masă luată împreună, o întâlnire la sala de gimnastică și așa mai departe. Toate acestea pot ajuta lucrarea de ucenicizare, dar ele nu sunt o condiție necesară sau esența indispensabilă a ei. Isus nu ne-a dat niciodată un program al ucenicizării, dar ne-a dat exemplul Lui și o poruncă largă, care atinge multe aspecte când o împlinim. Drept rezultat, avem o mare libertate și o mare povară atunci când vorbim de ucenicizare.

Cum trebuie să arate asta? Când Isus să ne poruncește să facem ucenici, El intenționează ca noi să ne trăim viețile în ascultare față de El, în prezența altor oameni, credincioși și necredincioși. Această trăire intenționată caută să le arate altora valoarea și puterea lui Hristos. Pe scurt, noi îi lăsăm pe oameni să se apropie de noi pentru a vedea felul în care ne trăim credința creștină.

Dați-mi voie să vă dau câteva exemple:

Ucenicizarea are loc atunci când un credincios vrea să se căsătorească, dar pur și simplu nu știe ce anume trebuie să facă. El cere ajutorul unui alt frate, care să îl călăuzească. Acest frate îl scoate la un prânz și discută anumite principii biblice și practice. Apoi se angajează să se roage pentru el, să fie disponibil când se ridică alte întrebări și să se întâlnească ocazional pentru a discuta despre progresul pe care fratele lui l-a făcut.

Ucenicizarea are loc acolo unde o mamă cu doi copilași înapoiază un lucru pe care l-a împrumutat de la o soră din biserică. În decursul discuției, ele ating diverse subiecte, iar tânăra mamă își exprimă sentimentele de oboseală și eșec în a se ridica la înălțimea standardelor percepute de ea cu privire la calitatea de mamă. Cealaltă femeie o ascultă, îi aduce aminte de Scriptură, se roagă cu ea, apoi continuă să stea alături de ea, încurajând-o în Evanghelie.

Ucenicizarea are loc atunci când un tată arată cu degetul către o domnișoară îmbrăcată sumar și le spune băieților lui adolescenți că ceea ce ei văd nu este frumusețe. El le explică ce este frumusețea adevărată și cum aceasta izvorăște din caracterul și voia lui Dumnezeu. El continuă să le spună, să le arate și să accentueze ce este adevărata frumusețe, care Îi place lui Dumnezeu (1 Petru 3:3-4).

Ucenicizarea are loc când un frate îl observă pe un alt frate alergând disperat la locul lui de muncă, neglijându-și familia și lucrarea. El se apropie de acest frate, amintindu-i de comoara adevărată și durabilă și de perspectiva corectă asupra muncii.

Ucenicizarea are loc când o mamă merge în parc cu copiii ei. La un moment dat, copiii devin nestăpâniți iar ea își disciplinează copiii cu răbdare și dragoste, dar cu credincioșie. Există multe priviri îndreptate asupra ei. Atât femeile credincioase cât și cele necredincioase sunt intrigate. Încep conversațiile și, în curând, roada Duhului le îndreaptă tuturor atenția către valoarea neprețuită a lui Hristos.

Ucenicizarea are loc când o mamă care își educă copiii acasă își folosește puținul timp liber pentru a merge la aceeași cafenea sperând să-și facă noi prietene și să deschidă astfel uși noi pentru mărturisirea Evangheliei.

Ucenicizarea are loc când o femeie necăsătorită simte nemulțumirea unei alte femei în aceeași situație cu ea, și se apropie de aceasta, încurajând-o cu pacea Evangheliei.

Acestea sunt pur și simplu circumstanțe de zi cu zi, lucruri obișnuite. În fapt, le-am cules din viețile obișnuite ale oamenilor din biserica noastră. Tocmai această lucrare obișnuită, normală, este ceea ce împinge biserica înainte către maturitate, protejând-o în același timp de faliment spiritual.

„Ci îndemnați-vă unii pe alții în fiecare zi, câtă vreme se zice: ,Astăzi', pentru ca niciunul din voi să nu se împietrească prin înșelăciunea păcatului. Căci ne-am făcut părtași ai lui Hristos, dacă păstrăm până la sfârșit încrederea nezguduită de la început" (Evrei 3:13–14)

Ucenicizarea este practica normală a credincioșilor. Ai putea spune că, la urma urmei, creștinismul este mai mult decât ucenicizare, dar cu siguranță că nu este mai puțin. Noi suntem păzitorul fratelui nostru. Această lucrare se găsește în fișa noastră de post.

DESPRE AUTOR:

Erik Raymond este păstorul Emmaus Bible Church din Omaha, Nebraska, și scrie în mod regulat pe blogul lui, intitulat *Ordinary Pastor*. Îl puteți găsi pe Twitter la adresa @erikraymond.

CE ESTE UN PREZBITER AL BISERICII?

1. Elementele de bază: un prezbiter este un bărbat care (i) satisface cerințele din 1 Timotei 3:1-7 și Tit 1:6-9, (ii) este recunoscut de congregația lui ca prezbiter (iii) și conduce biserica prin darea de învățătură din Cuvânt (1 Tim. 3:2), rugându-se pentru oile turmei (Iacov 5:14) și coordonând treburile bisericii (1 Petru 5:2).

2. Supraveghere: un prezbiter trebuie să vegheze asupra turmei. El trebuie să învețe toate oile, să le întărească pe cele slabe, să le păzească pe cele vulnerabile, să le mustre pe cele încăpățânate și să le tolereze pe cele dificile, învățându-le (2 Tim. 2:24-25; F.A. 20:28; 1 Tes. 5:14). Un prezbiter veghează asupra membrilor bisericii sale ca unul care va da socoteală înaintea lui Dumnezeu pentru această lucrare (Evrei 13:17)

3. Pluralitate: în Noul Testament, bisericile locale au în mod consecvent o pluralitate de prezbiteri (F.A. 14:23, 20:17; Filip. 1:1; 1 Tim. 5:17; Iacov 5:14). Hristos, marele Păstor, dorește ca oile turmei Sale să fie îngrijite de un număr de prezbiteri care, în echipă, învață, călăuzesc, protejează și iubesc oile turmei. Asta înseamnă că fiecare biserică locală, urmând conducerea păstorilor ei, ar trebui să caute bărbați care sunt gata să facă lucrarea de prezbiter și să îi cheme oficial la această lucrare, prin ordinare.

IUBEȘTE BISERICA MAI MULT DECÂT SĂNĂTATEA EI

Jonathan Leeman

Acest articol este îndreptat în special către cei pasionați foarte mult de doctrină. Către cei cu opinii eclesiologice. Către păstorii și prezbiterii care cred că Biblia tratează cu prioritate practicile și organizarea bisericii. Stai o secundă, vorbesc despre mine însumi și despre noi toți, cei care simpatizăm cu 9Marks, poate chiar despre tine. Îi mulțumesc lui Dumnezeu pentru tine și mă bucur să mă consider un participant alături de tine la lucrarea Împărăției lui Hristos.

Totuși, există o ispită pe care am observat-o că ne pândește pe noi toți: putem să iubim viziunea noastră cu privire la ce ar trebui să fie o biserică mai mult decât îi iubim pe oamenii care umplu aceea perspectivă. Putem fi asemenea acelui bărbat necăsătorit care iubește *ideea* unei femei, dar care se căsătorește cu o femeie reală și descoperă că este mai dificil să o iubească pe *ea* decât să iubească *idealul* de femeie. Sau ca o mamă căreia îi place să viseze la *idealul* de fiică, și care iubește mai mult acel vis decât chiar pe *fiica* ei.

Acesta este un pericol implicit pentru noi toți, cei care am învățat multe din cărți, conferințe și lucrări pe care Dumnezeu ni le-a dăruit în ce privește „bisericile sănătoase". Noi începem să iubim ideea unei biserici sănătoase mai mult decât biserica în care Dumnezeu ne-a așezat.

Îmi amintesc auzindu-l pe un prezbiter văitându-se de niște părinți care le permiseseră copiilor lor nebotezați să primească Cina Domnului, când platoul pe care era așezată pâinea a trecut prin fața lor.

Ceea ce m-a surprins a fost tonul acelui prezbiter. Era atât de frustrat și întrucâtva răutăcios, ca și cum ar fi spus „Cum de și-au permis așa ceva? Ce oameni nebuni!" Dar acești oameni erau doar niște oi care nu fuseseră învățate. Evident că ei nu știau ceva mai bun.

Dumnezeu nu dăduse aceste oi pe mâna acelui prezbiter ca el să se plângă de ele, ci ca să le iubească, învățându-le cum să trăiască mai sfânt. În acel moment, am simțit ca și cum acest prezbiter își iubea viziunea cu privire la biserica biblică mai mult decât îi iubea pe acei creștini.

Și cât de ușor este să ne raportăm la astfel de persoane asemenea acestui prezbiter.

CE ANUME NU SPUN

Nu spun prin asta că ar trebui să îi iubim pe oameni și să uităm absolut totul în legătură cu sănătatea biblică, ca și cum cele două lucruri sunt chestiuni separate. Nu, asta ar însemna să batjocorim dragostea lui Dumnezeu și să punem dragostea și Cuvântul Lui pe poziții antagonice. A iubi pe cineva înseamnă să-i dorești binele, însă doar Dumnezeu definește ce este binele. A iubi biserica ta înseamnă, în parte, să dorești ca ea să crească în orice lucru pe care Dumnezeu îl definește bun. Înseamnă să dorești ca biserica ta să crească într-o direcție biblică.

Exprimat în termeni simpli, dacă îți iubești copiii, vei dori ca ei să fie sănătoși.

Așadar, ce vreau să spun atunci când afirm că trebuie să iubim biserica mai mult decât sănătatea ei?

ÎNAPOI LA EVANGHELIE

Când Hristos a murit pentru Biserică, El a transferat-o în proprietatea Sa. El S-a identificat cu Biserica. Și-a pus Numele asupra ei. Acesta este motivul pentru care persecuția la adresa Bisericii înseamnă persecuția la adresa lui Hristos (F.A. 9:5), iar a păcătui împotriva unui creștin, la nivel individual, înseamnă să păcătuiești împotriva lui Hristos (1 Cor. 8:12; cf. 6:15). Noi Îl reprezentăm pe Hristos atât la nivel individual cât și la nivel colectiv, în biserică.

Gândește-te la ce poate să însemne asta. Înseamnă că Hristos Și-a pus Numele asupra creștinilor imaturi, asupra creștinilor care vorbesc prea mult la adunările generale, asupra creștinilor care greșesc permițând copiilor lor nebotezați accesul la Cina Domnului, ca și asupra creștinilor cărora le plac melodiile creștine superficiale. Hristos S-a identificat cu acei creștini a căror teologie este subdezvoltată și imperfectă. Hristos ne îndreaptă privirile către acei creștini care se împotrivesc în mod greșit modalității de organizare biblică a bisericii și practicii disciplinei bisericii, iar El spune: „Și ei Mă reprezintă. Păcătuiește împotriva lor, și vei păcătui împotriva Mea!"

Cât de lată, lungă, adâncă și înaltă este dragostea lui Hristos! Ea acoperă o multitudine de păcate și îl înconjoară pe păcătos! Ea plasează întreaga greutate a identității și slavei lui Hristos asupra păcătosului – ca și cum Hristos ar spune: „Numele Meu va fi asupra lor iar gloria Mea va fi a lor".

Ar trebui să ne întoarcem întotdeauna la Evanghelie, nu-i așa?

DEDICĂ-TE, FRATE PĂSTOR – ÎNTRU TOTUL, NU PARȚIAL

A existat cândva un teolog care m-a ajutat să înțeleg un aspect important al dragostei evanghelice făcând deosebirea între a mă dedica *cu totul* și a mă dedica *parțial*. Atunci când dedic o parte din mine persoanei tale, îți dau ceva din ceea ce eu am, precum înțelepciunea mea, bucuria mea, bunurile mele sau ceva din atuurile mele, în general. Evident, mie nu-mi place în realitate să risc să pierd ceva în tot acest proces, pentru că, după ce ofer astfel de lucruri, eu sunt cel care primește lauda. Fără îndoială, pot să dau tot ceea ce eu am, pot chiar să îmi dau trupul să ardă în flăcări, și să nu manifest dragoste. Totuși, când mă dedic cu totul, eu nu îți ofer doar ceea ce am eu, ceva din persona mea, ci dedic întreaga mea persoană. Mă identific în persoana mea cu persoana ta. Încep să acord atenție persoanei și reputației tale pentru că le văd ca fiind asociate persoanei și reputației mele. Orice fel de laudă pe care aș putea să o primesc eu, devine a ta, și toată lauda pe care o ai tu este lauda de care eu mă bucur cel mai mult. Și fac asta știind că este deopotrivă a mea!

Iată felul în care noi ar trebui să ne iubim reciproc în interiorul unei biserici, pentru că acesta este felul în care Hristos ne-a iubit. Noi nu doar că ne acceptăm unul pe altul și ne odihnim identitățile reciproc unul pe celălalt. Suntem împreună părtași întristărilor și bucuriilor noastre. „Dacă suferă un mădular, toate mădularele suferă împreună cu el; dacă este prețuit un mădular, toate mădularele se bucură împreună cu el" (1 Cor. 12:26). Noi ne evaluăm reciproc în același fel în care Hristos ne-a tratat pe noi (Filip. 2:1-11). Fără îndoială, noi avem același nume de familie, așa că suntem acum frați și surori (Matei 12:50; Efes. 2:19). Dacă îl insulți pe fratele meu, mă insulți pe mine. Dacă o denigrezi pe sora mea, mă denigrezi pe mine. Nimic nu se întâmplă în biserică pur și simplu ca rezultat al șansei. Totul este personal pentru că Evanghelia este personală. El a murit pentru *tine*, creștine. El a murit pentru *mine*. El a murit pentru mine și pentru tine, așa încât noi să Îl reprezentăm și să ne asemănăm cu El. Da, El rămâne ținta centrală a dragostei noastre reciproce, așa cum dragostea Lui pentru noi ne-a fost arătată așa încât noi să-L iubim pe Tatăl – care este ținta dragostei Lui. Dacă toți creștinii ar iubi în felul acesta, noi, cei care suntem păstori și prezbiteri, ar trebui să fim modele în acest sens.

Ar trebui să iubim biserica mai mult decât sănătatea ei. Când spunem că ar trebui să iubim biserica mai mult decât sănătatea ei, asta înseamnă următorul lucru: ar trebui să-i iubim pe oameni pentru că ei sunt ținta Evangheliei, nu pentru că acești oameni ar fi păzit și împlinit legea unei biserici sănătoase, chiar dacă acea lege ar putea fi bună și biblică. Acest lucru înseamnă că ar trebui să îi iubim datorită a ceea ce Hristos a făcut pentru ei și a afirmat despre ei, nu datorită a ceea ce ei fac.

Dacă îți iubești copiii, vei dori ca ei să fie sănătoși. Dar dacă îți iubești copiii, îi vei iubi indiferent dacă sunt sănătoși sau nu.

Cu siguranță că te poți bucura atunci când un frate sau o soră crește în înțelegere teologică. Te bucuri atunci când vezi o unitate mai profundă a adevărului la care ești părtaș (v. 2 Ioan 1). Dar dragostea ta înrădăcinată în Evanghelie – acea atitudine care provine din personalizarea dragostei lui Hristos, care „a murit pentru noi în timp ce noi eram încă păcătoși" – ar trebui să nu fie condiționată în relația cu fratele tău de considerente teologice, eclesiologice sau dacă el este imatur din timpul de vedere moral, întrucât o astfel de dragoste este bazată pe perfecțiunea și adevărul lui Hristos, nu pe perfecțiunea și adevărul fratelui tău.

Frate păstor, dacă biserica ta este plină de credincioși slabi, ar trebui să te identifici cu ei ca și cum ar fi puternici. Poate că ție ți se pare că te potrivești mai bine - o atitudine mai răspândită printre reformați – cu acel frate matur, care îți împărtășește teologia. Bun. Dar dacă acel frate cu care te potrivești teologic îți cere să îi împărtășești disprețul față de un frate mai imprecis teologic sau mai imatur, atunci ar trebui să îi spui: „Fiule, tu întotdeauna ești cu mine, și tot ce am eu este al tău. Dar trebuia să ne veselim și să ne bucurăm, pentru că acest frate al tău era mort, și a înviat, era pierdut și a fost găsit" (Luca 15:31-32).

Frate prezbiter, iubește-ți turma ca și cum ar fi fiicele și fiii tăi. Implică-te în viețile lor chiar și în zilele când ei se manifestă în mod deschis imatur, și fă asta fără a fi selectiv. Tratează aceste situații ca și cum tu însuți ai fi în persoanele lor. Însușește-ți temerile și bucuriile lor ca și cum ți-ar aparțin. Suportă-le nebuniile. Nu te simți jignit când îți vorbesc lipsit de respect. Răspunde unui blestem cu o binecuvântare. Amintește-ți că izgonirea păcatului din inimă este un proces lent și că membrii bisericii tale nu pot reuși întotdeauna de unii singuri acest lucru. Fii răbdător ca Acela care a avut răbdare cu tine.

Dacă ar fi să folosesc o metaforă biblică diferită, dragostea pentru biserica ta ar trebui să fie o dragoste de genul „la bine și la rău, în bogăție și sărăcie, în boală și în sănătate", chiar dacă nu este o dragoste de genul „până când moartea ne va despărți". Nu-i așa? N-ar trebui să fii dedicat bisericii tale așa cum ești dedicat trupului tău, pentru că acesta este felul în care Hristos m-a iubit pe mine și te-a iubit pe tine?

FELUL ÎN CARE PAVEL A IUBIT

Iată felul în care Pavel a iubit bisericile. El s-a dat pe sine în totalitate, nu doar parțial. El le-a spus filipenilor că ei constituiau „bucuria și cununa" lui (Filip. 4:1). El le-a spus celor din Tesalonic același lucru (1 Tes. 2:19-20).

Frate păstor, îi privești pe cei recalcitranți și naivi teologic din biserica ta ca fiind bucuria și cununa ta? Te identifici cu ei în felul acesta? Pavel se referea la biserici ca fiind motivul lui de laudă (2 Cor. 1:14; cf. 2 Tes. 1:4). Dar tu?

Pavel le-a spus credincioșilor din Corint că ei erau „copiii lui" și că el era față de ei ca un tată „prin Evanghelie" (1 Cor. 4:14-15). La fel s-a exprimat și față de Galateni, față de Timotei și față de Tit (Gal. 4:19; 1 Tim. 1:2; Tit 1:4).

Frate prezbiter, ți-ai unit numele și reputația cu biserica ta așa cum un tată se identifică cu fiul său?

Cât de adesea auzim cuvinte de dragoste din partea lui Pavel! El își deschide larg inima și dorește ca bisericile să facă același lucru (2 Cor. 6:12-13). El tânjește să îi vadă și să fie alături de ei (Rom. 1:11; Filip. 4:1; 1 Tes. 3:6; 2 Tim. 1:4). El îi iubea „pe toți cu o dragoste nespusă în Isus Hristos" (Filip. 1:8). El știe că necazurile prin care el trece au ca țintă mângâierea și mântuirea bisericilor, iar mângâierea lui este mângâierea lor (2 Cor. 1:6). Pavel nu a dat ceva din propria persoană spre beneficiul bisericilor, ținând pentru sine unele lucruri, așa cum Anania și Safira au încercat să procedeze. El s-a dedicat întru totul.

Pavel nu i-a iubit doar pe creștinii maturi în felul acesta. Citiți epistolele lui, și vă veți aminti repede cât de nesănătoase erau multe dintre aceste biserici.

Fie ca Duhul lui Dumnezeu să crească dragostea noastră așa încât să îl imităm pe Pavel, așa cum Pavel îl imită pe Hristos.

DESPRE AUTOR:

Jonathan Leeman este directorul editorial al 9Marks și unul dintre prezbiterii Cheverly Baptist Church din Cheverly, Maryland. Îl puteți găsi pe Twitter la adresa @JonathanDLeeman.

BUCURIA ÎN AUTORITATE: CUM SĂ CREEM O CULTURĂ A UNOR COMPLEMENTARIENI FERICIȚI

Whitney Woollard

Dacă aș fi fost bărbat, mi-ar fi plăcut să fiu un plantator de biserică.

Eu sunt tipul de lider puternic, cu daruri și atitudine esențială pentru chemare. Eu înfloresc atunci când descopăr viziunea, când fac ucenici, când pregătesc lideri, când predic Cuvântul și când îi evanghelizez pe cei pierduți. Am reflectat profund la predici de când aveam vârsta de 15 ani. Îmi este greu să nu țintesc la lideri potențiali. Mă întreb constant cum să ajung cu Evanghelia mai bine în comunitatea mea. Acest lucru este unul *instinctual* pentru mine. Când aud o predică puternică, simt în mine un fel de dorință de a predica. Când cineva pleacă din biserică, nu pot să dorm noaptea. Când studiez un text, sunt obsedată de claritatea teologică a lui.

Totuși, eu sunt o femeie – o femeie care crede că Dumnezeu am vorbit cu autoritate în Cuvântul Lui în toate chestiunile legate de viață și evlavie. Sunt o femeie a cărei conștiință este convinsă de învățătura din Cuvânt, care spune că slujirea învățării comunității legământului lui Dumnezeu este rezervată bărbaților. Eu nu voi planta niciodată o biserică fiind păstor sau prezbiter[1], nu pentru că aș fi incompetentă sau pentru că mi-ar lipsi dorința, ci pentru că eu cred că Biblia vorbește cu autoritate în această chestiune, și am încredere în Dumnezeul care a inspirat-o. În fapt, eu chiar găsesc plăcere în autoritatea Cuvântului, a soțului meu și a bisericii locale. Sunt convinsă că ceea ce Dumnezeu rânduiește, inclusiv diferitele sfere de autoritate, constituie cel mai bun plan posibil spre gloria Lui și spre binele meu. De aceea, eu sunt ceea ce ar putea fi denumit un complementarian fericit[2].

„CUM AM AJUNS" UN COMPLEMENTARIAN FERICIT

Din nefcricire, nu toate persoanele își găsesc plăcerea în autoritatea aplicată așa cum a rânduit Dumnezeu. Pe de o parte, cultura pop a lucrat din greu în a convinge femeile că feminitatea și libertatea n-ar putea fi găsite decât după ce am aruncat la gunoi reminiscențele patriarhale din generațiile anterioare, pentru ca astfel să ne descoperim identitatea noastră *„adevărată, puternică"*. Această cultură vine și-mi spune că sentimentele și dorințele mele constituie în ultimă instanță sursa supremă de autoritate. Chiar și un necredincios m-am îndemna să plantez o biserică, dacă asta ar însemna „să-mi urmez pornirile inimii". Astăzi, în Portland, Oregon, unde locuiesc, a fi o femeie puternică înseamnă să respingi orice limitări cu privire la ce poți și ce ar trebui să faci.

Pe de altă parte, unele subculturi creștine, în mod special anumite feluri de fundamentalism, susțin o perspectivă complementariană suspicios de apropiată subordonării de tip robie, și au creat niște femei într-o stare mizerabilă, care în exterior afirmă convingeri complementariene, în timp ce în interior disprețuiesc autoritatea. Unele au avut de suferit în mod tragic de pe urma abuzului spiritual din partea liderilor, și nu mai știu cum să facă deosebirea între autoritatea evlavioasă și autoritarismul păgân. Altele se simt atât de captive tradițiilor omenești și limitărilor superficiale, încât devin asemenea unor animale închise într-o cușcă, provocate foarte ușor până și de cei mai nevinovați trecători. Ele sunt dintre acelea care susțin conducerea de către bărbați, dar care se simt teribil de ofensate de cea mai neînsemnată discuție pe tema autorității.

Aș vrea să resping ambele extreme, chiar dacă acest lucru atrage cu sine dezaprobarea unora. Am obosit să tot dau explicații de ce consider că pot fi o femeie puternică și un complementarian conservator. Într-un anume cerc de persoane, voi fi întotdeauna prea educată, prea teologică, cu păreri prea puternice, și cu siguranță că multora li se va apărea că pun prea multe întrebări. În alte cercuri, voi fi văzută prea conservatoare, prea prudentă, prea neînsemnată și, evident, nu voi vorbi suficient.

Cred că este vremea ca biserica să creeze acel spațiu în adunările locale pentru acele femei puternice care confirmă în mod fericit autoritatea biblică, conducerea prin bărbați prezbiteri, susținând în același timp deschiderea mai multor oportunități ca femeile să înflorească potrivit darurilor și calificărilor lor. Imaginează-ți felul în care Evanghelia ar putea fi ilustrată înaintea lumii dacă bisericile ar fi pline de femei cu gândire biblică, femei care să accepte autoritatea rânduită de Dumnezeu ca pe o binecuvântare, nu ca pe o povară! Acest impuls contra-cultural ar oferi oportunități continue pentru propovăduirea Evangheliei înaintea unei lumi care este disperată după adevăr.

CUM AR PUTEA PĂSTORII SĂ AJUTE LIDERII FEMEI SĂ-ȘI GĂSEASCĂ BUCURIA ÎN AUTORITATEA BIBLICĂ?

Dar cum ai putea să faci acest lucru, care răspândește peste tot sentimentul împotrivitor față de autoritate? Ideile de mai jos vin din partea cuiva care a avut întreaga viață influențată de perspectivele pe care le-a avut cu privire la autoritate.

1. Cultivă o apreciere înaltă pentru Cuvântul lui Dumnezeu.

Orice discuție pe tema autorității trebuie să înceapă și să se sfârșească cu Biblia. Nu începe să îți construiești clădirea teologică pe nisip. Mult prea adesea, oamenii pleacă de la o predică a lui John Piper sau de la un articol al CBMW, fără a le îndrepta pe femei către a cunoaște ce spun textele biblice aplicabile. Totuși, doar Cuvântul lui Dumnezeu are puterea de a pătrunde în străfundul inimilor noastre și de a aduce lumină în domenii pe care noi încercăm cu disperare să le ascundem – cum ar fi dispozițiile noastre naturale împotriva autorității.

Tocmai o perspectivă înaltă asupra Cuvântului lui Dumnezeu a fost ceea ce m-a adus la convingerile pe care le am astăzi. La început, în umblarea mea creștină, am conștientizat că aveam de-a face cu o luptă interioară legată de subiectul „egalitarian sau complementarian". M-am dedicat Scripturilor, cu dorința fermă de a ști ce anume a spus Dumnezeu despre rolurile de conducere în biserica locală. Am ajuns la concluzia că slujirea cu autoritate a învățăturii în comunitatea legământului lui Dumnezeu, de-a lungul istoriei răscumpărării, fost întotdeauna și trebuie să continue să fie rezervată bărbaților (de ex. preoții din Vechiul Testament, apostolii din perioada bisericii primare și prezbiterii din noul legământ). Când am ajuns la această concluzie, am simțit bucurie! Dumnezeu mi-a dat o convingere clară asupra acestei chestiuni, și ea a fost definitiv soluționată în mintea mea de atunci. Conștiința mea este captivă Cuvântului lui Dumnezeu. Ca să îl parafrazez pe Luther, eu cred că a acționa împotriva conștiinței nu este nici sigur și nici o alternativă posibilă.

Îndreptând atenția constant către Cuvântul lui Dumnezeu, păstorii pot să le ajute pe femei să devină acel fel de oameni care să controlați de convingeri biblice, nu de preferințe personale sau de pragmatism. Încurajați-le să cerceteze Scripturile și să vadă ceea ce spune Dumnezeu despre femeia în conducere. Discutați pasajele biblice centrale, pe cele aflate în dispută și facilitați un dialog deschis. Creați un mediu în care femeile să poată pune întrebările cu care se luptă în această chestiune. Ajutați-le să gândească bine cu privire la Scripturi și să fie gata să pună sub semnul întrebării orice este neclar, echipați-le să ia decizii informate, bazate pe exegeza bună care conduce la convingeri ce Îl glorifică pe Dumnezeu.

2. Cultivați o perspectivă și atitudine care prețuiește femeile.

Din Geneza până în Apocalipsa, mărturia Scripturii este aceea că atât bărbatul cât și femeia sunt ființe create de Dumnezeu, investite cu demnitate deosebită, cu valoare și preț. Atât bărbatul cât și femeia sunt înzestrați cu responsabilitatea copleșitoare de a-L reprezenta în mod vizibil pe Dumnezeul invizibil, prin lucrarea și slujirea lor. Biserica ar trebui să fie principalul loc unde imaginea glorioasă a lui Dumnezeu este ilustrată prin bărbați și femei care duc înainte împreună Marea Trimitere, cu dragoste și respect reciproc.

Cu toate acestea, mult prea adesea biserica le-a prezentat pe femei ca fiind de o valoare inferioară, pur și simplu prin a nu le oferi oportunitățile de a sluji și de a înflori cu darurile lor specifice. Eu văd acest lucru în mod regulat în cazul femeilor care au abilități de lider și de învățător. Biserica poate să aibă o poziție bine articulată pe hârtie, dar la nivel funcțional să nu știe ce să facă cu aceste femei, așa că, mult prea adesea, ele nu fac mai nimic. Acest lucru nu este în mod necesar unul planificat sau rău intenționat, ci cred că este pur și simplu starea de lucruri din bisericile conservatoare de astăzi – dar un domeniu care are nevoie de reformare continuă. Ca o femeie care are darul de conducere, pot să vă spun că nu este util, în fapt este chiar aducător de confuzie să ai o teologie legată de femei care să nu ajungă niciodată să fie implementată.

Am fost în biserici – în biserici mari „progresiste" – unde eu și soțul am fost de acord cu orice lucru care era bine exprimat pe hârtie, dar nu mi s-a permis să fac nimic cu darurile mele. Era ca și cum o femeie fără copii nu ar fi fost niciodată în măsură să dea învățătură unor alte femei. Acest lucru ilustrează o perspectivă asupra femeii ca și cum ar fi inferioară, care se regăsește în multe biserici conservatoare, altfel declarat complementariene. Femeile sunt o parte esențială a trupului, care primesc daruri de la Duhul Sfânt spre slujirea Bisericii, și ele ar trebui să fie încurajate să slujească în toate modalitățile în care Biblia le permite.

Parte din conducerea rânduită de Dumnezeu prin bărbați este aceea de a crea un mediu în care femeile să se simtă prețuite, protejate și încurajate să slujească în modalitățile pe care Dumnezeu le-a lăsat pentru ele. Arată-le femeilor din biserica ta că le prețuiești prin a-ți forma o perspectivă teologică biblică și robustă cu privire la femeia implicată în slujire, și apoi pune acea perspectivă în practică. Iată câteva sugestii:

- Oferiți-le oportunități femeilor care aspiră să dea învățătură altor femei, așa încât ele să capete pregătirea adecvată pentru a face acest lucru. Puteți eventual să luați în considerare seminariile Simeon Trust pentru femei.
- Oferiți ore de seminar femeilor din biserica voastră care să trateze elemente de bază în învățătura Bibliei, în teologie și formare spirituală.
- Oferiți timp echipei de studiu biblic cu femeile pentru ca, semestrial, să parcurgă materia de studiu și ajutați-le să îl predea bine mai departe.
- Cereri părerile femeilor cu privire la predicile voastre, cu privire la programul de închinare, cu privire la formarea grupelor mici și a claselor de școală duminicală.
- Întrebați-le pe femei cum ați putea să le slujiți mai bine în felul în care predicați, vă rugați și conduceți. La urma urmei, în medie, jumătate din congregația voastră este formată din femei, așa că n-ar fi oare util să înțelegeți care sunt nevoile spirituale ale femeilor din biserica voastră... din partea femeilor?
- Cereți-le femeilor din biserică să facă lucruri precum rugăciunea, să citească Scriptura sau să împărtășească mărturii din viețile lor în fața bisericii. Nu pot să vă spun cât de încurajator este când vizitez o biserică și aud o femeie care se roagă sau care citește Scriptura. Acest lucru le comunică o mulțime de lucruri femeilor care stau în bancă.
- Întrebați-vă periodic: „Cresc și înfloresc femeile din biserica mea? Sunt tratate ele ca ,moștenitoare împreună cu noi a vieții veșnice' și partenere în lucrare? Primesc ele oportunitatea de a sluji în felurite moduri?"

Fiecare dintre aceste puncte provine din practica bisericii locale unde eu merg, o biserică baptistă conservatoare, centrată pe Evanghelie și care predică Biblia. I-am spus recent păstorului meu că voi fi un complementarian oriunde voi merge, întrucât conștiința mea este legată de convingerile biblice, dar este un lucru cert că el face mai ușor ca eu să pot fi un complementarian fericit!

Sunt creștină de peste 15 ani, iar aceasta este una dintre primele biserici în care păstorul principal m-a făcut să mă simt mai degrabă o binecuvântare decât o povară, pentru simplu fapt că sunt o femeie cu minte mai teologică. Asta înseamnă că s-au scurs 15 ani de luptă ca să-mi găsesc locul în biserica locală, pentru că am fost făcută să mă simt ca o povară doar pentru faptul că Dumnezeu m-a făcut așa. Nu nutresc aici un fel de autocompătimire, ci doar cred că această realitate este una tristă.

Cred că există femei mult mai dornice de a accepta bucuros autoritatea bărbaților din biserică dacă s-ar simți prețuite de către conducerea bisericii și dacă li s-ar oferi oportunități să slujească Domnului Isus în modalități care au sens. Păstorilor, vă demn să folosiți autoritatea cu care Dumnezeu v-a înzestrat pentru a le ajuta pe femei să înflorească în bisericile voastre. Faceți ca autoritatea să fie o experiență plăcută pentru ele.

CUM POT FEMEILE SĂ ÎI AJUTE PE PĂSTORI SĂ SE BUCURE DE AUTORITATE?

Parte din a fi un complementarian „fericit" înseamnă să ajuți la dezvoltarea unei culturi în care liderii bărbați găsesc bucurie în a ne conduce. Alături de toți ceilalți credincioși, noi ar trebui să ne supunem autorității lor într-o modalitate care să-i ajute pe lideri să se îngrijească de sufletele noastre „cu bucurie, nu suspinând" (Evrei 13:17).

Și voi fi prima care să mărturisească că n-am făcut întotdeauna acest lucru așa cum trebuia. Nu-mi pot imagina cât de multe suspine le-am cauzat păstorilor mei în trecut. Totuși, prin multă pocăință și har, cresc și eu. Iată câteva sugestii utile pe care le-am învățat pe parcursul anilor, în principal ca urmare a păcatelor și eșecurilor mele:

- Dă-le o „categorie" pentru tine. Adeseori, oamenii pur și simplu nu știu ce să facă cu femeile puternice, cu gândire teologică. Ajută-i cu blândețe să vadă că ești o femeie care Îl iubește pe Isus, care găsește bucurie în autoritatea dată bărbaților bisericii, și care dorește să le învețe Biblia pe alte femei.

- Vorbește așa încât să arăți prețuire pentru conducerea bărbaților în biserica ta și casa ta, dacă ești căsătorită. Unul dintre cele mai dăunătoare lucruri pe care o femeie le poate face este să-și critice public soțul sau păstorul. Dacă ne găsim cu adevărat bucuria în conducerea făcută de bărbați, cuvintele noastre ar trebui să reflecte acest lucru.

- Caută modalități să îți încurajezi păstorii și prezbiterii. De exemplu, exprimă-ți mulțumirea atunci când o predică ți-a fost cu totul de ajutor și menționează modalități specifice în care te rogi pentru ei.

- Fii mulțumitoare pentru felul în care conducerea bisericii le oferă femeilor oportunități curente pentru a sluji biserica. Arată că acest lucru nu trece neobservat.

- Fii gata să comunici și nu atât de grabnică să presupui. Comunică faptul că ai o pasiune pentru transmiterea învățăturilor biblice către alte femei în loc să presupui că liderii știu, și că ei te împiedică în mod intenționat. O mulțime de sentimente rănite pleacă de la false presupoziții.

- Întreabă dacă există sau vor exista vreodată posibilități de a sluji cu darurile tale. Manifestă o dorință de a fi echipată corespunzător. Arată-le păstorilor tăi că ești dornică să slujești și dincolo de darurile tale, acolo unde biserica are nevoie de ajutor.

Doamnelor, haideți să facem ca autoritatea să fie o experiență plăcută pentru bărbații din conducere, prin a fi o binecuvântare pentru trupul bisericii. Fie ca acțiunile noastre, vorbele și atitudinile noastre să îi ajute pe liderii bisericii să își vadă rolul rânduit de Dumnezeu cu bucurie.

CUM SĂ GĂSIM LIBERTATEA FĂRĂ LIMITĂRI

Psalmistul spune: „Alerg pe calea poruncilor Tale, căci îmi scoți inima la larg [mi-ai eliberat inima, cf. ESV]" (Ps. 119:32).

Acest lucru cred că reflectă inima mea cu privire la problema autorității. Cu ani în urmă, m-am plecat înaintea înțelepciunii infinite a lui Dumnezeu în chestiunea femeii în conducere și am descoperit că aveam o cărare sub pașii mei care se deschidea larg. Există o libertate încântătoare ce stă înaintea noastră, gata de a fi experimentată odată ce acceptăm limitele lăsate de Dumnezeu. Conștiința mea este clară, convingerile mele sunt fer-me, iar slujirea mea are sens.

Nu sunt *tristă* pentru că nu sunt și nu pot fi un plantator de biserică sau un păstor principal. Nu mă simt restricționată sau împiedicată cu ceva. Dimpotrivă, mă simt împlinită. Supunerea față de autoritatea Cuvântului lui Dumnezeu, în mod specific în ceea ce privește autoritatea în biserica locală, m-a eliberat pentru a alerga pe calea poruncilor lui Dumnezeu. În limitele acestei autorități, am descoperit o libertate măreață.

Care este situația ta?

DESPRE AUTOR:

Whitney Woollard este scriitoare, învățător biblic pentru femei și vorbitor în Portland, Oregon, unde locuiește alături de soțul ei, Neal, și unde participă la slujirea din Hinson Baptist Church. Whitney are o diplomă în studii biblice și teologice absolvite la Western Seminary și îi place să își împărtășească pasiunea pentru Biblie și teologie sănătoasă. Puteți să consultați pagina ei de internet la adresa www.whitneywoollard.com.

Note explicative:

[1] Acest adevăr nu are sensul că femeile nu pot fi implicate în proiecte de plantare de biserică. Evident că ele pot face asta. Mai mult, ar trebui să fie implicate! O echipă echilibrată de plantare de biserică ar trebui să includă femei echipate și pregătite în nucleul care plantează biserica. În acest articol, eu vorbesc despre rolul cu autoritate de conducere în calitate de plantator de biserică.

[2] Un complementarian susține perspectiva teologică ce afirmă că bărbații și femeile sunt creați egali în demnitate, valoare și preț, dar le sunt atribuite roluri complementare în căsnicie, familie și în biserica locală.

CUM SĂ TRECI DE LA CONDUCEREA PRIN DIACONI LA CEA PRIN PREZBITERI

Phil Newton

Într-unul dintre primele mele mandate pastorale, doi diaconi au făcut ceva neobișnuit: ei au păstorit în realitate congregația. Dincolo de acești doi bărbați, biserica avea o organizare tipică de pe la mijlocul secolului: opt diaconi slujeau ca niște coordonatori, într-un comitet, iar congregația ca întreg vota asupra oricărei decizii care afecta viața bisericii, și se întâlneau în adunări generale lunare. Diaconii se concentrau în general pe chestiuni legate de proprietate, finanțe și lucruri care apăreau ocazional.

PREZBITERI ȘI MAI CUM?

Totuși, atât în ce privește caracterul cât și practica, acești doi bărbați au făcut lucrarea de *prezbiteri*. Lor doar le lipsea titlul acesta. Ei au vegheat biserica și au păstorit-o (Evrei 13:17; F.A. 20:28; 1 Petru 1:2), au dat învățătură sănătoasă (Tit 1:9), au făcut supravegherea spirituală a turmei (1 Petru 5:2) și au dat un exemplu de viață creștină credincioasă (1 Petru 5:3).

Am serioase îndoieli asupra faptului că vreunul dintre acești doi bărbați s-a gândit la sine ca fiind prezbiter. Totuși, biserica i-ar fi recunoscut exact în felul acesta. Totuși, biserica a făcut confuzie între slujirile biblice, care sunt importante pentru sănătatea bisericii, și a așteptat de la diaconi să acționeze asemenea prezbiterilor, fără calificările, darurile și autoritatea necesară.

Ar fi fost posibil oare ca problema să fie rezolvată doar prin schimbarea titlului de diacon și înlocuirea lui cu cel de prezbiter? Cu siguranță că nu! Chiar dacă cei doi bărbați deja se achitau de această slujire, restul au făcut în mod clar ceea ce diaconii trebuiau să facă – să fie slujitori ai bisericii – achitându-se de responsabilitățile ocazionale care țin de lucrarea diaconală.

Cum este posibil ca o biserică după „modelul diaconal" – sau orice biserică într-o situație asemănătoare – să treacă la recunoașterea bărbaților calificați ca prezbiteri? În primul rând tu, păstorul, trebuie să tratezi obstacolele care se găsesc în calea implementării modelului biblic.

OBSTACOLE ÎN CALEA TRANZIȚIEI CĂTRE CONDUCEREA PRIN PREZBITERI

1. Congregația probabil că nu înțelege învățătura biblică legată de prezbiteri.

Atunci când treceți la recunoașterea bărbaților ca prezbiteri, îi cereți congregației să înțeleagă și să implementeze o practică biblică. Acest lucru necesită explicarea răbdătoare a Scripturii, discuții în congregație, în grupuri mici și la nivel individual legate de interpretarea și aplicarea Cuvântului lui Dumnezeu. Multe obiecții legate de schimbările în organizarea bisericii își pierd din putere atunci când creștinii gândesc biblic.

2. Multe congregații au un istoric de congregaționalism superficial și greșit.

În locul unui congregaționalism sănătos și robust, biserica pe care am menționat-o mai sus practica un fel de micro-management congregațional. Nimic nu putea fi făcut fără adunări generale laborioase, lucru care sfârșea adesea prin simțăminte și ambiții rănite. Din nou, schimbarea acestui lucru cere învățătură răbdătoare și dialog asupra ideilor istorice și nou testamentare ale congregaționalismului. Poate că ar trebui să înveți biserica să recunoască propria mărturisire de credință, dacă este una bună, explicându-i ceea ce aceasta spune despre slujirile de prezbiter și diacon, și arătând felul în care congregaționalismul s-a dezvoltat în această circumstanță specifică. Un astfel de studiu furnizează o platformă pentru ilustrarea unui portret biblic și eficient al organizării bisericii.

3. La trecerea de la modelul diaconal la cel prin prezbiteri, diaconii care nu sunt selectați pentru a deveni prezbiteri pot să devină geloși.

O astfel de gelozie poate să degenereze în masive dezbinări, adesea eliminând orice șansă ca biserica să facă tranziția către o structură de conducere prin prezbiteri. Cum să tratăm astfel de situații? Prin a adopta un plan pe termen lung cu privire la structura de diaconi și prezbiteri. Concentrați-vă pentru moment pe calificările biblice pentru actualii diaconi (1 Tim. 3:8-13), și astfel veți ridica ștacheta. Acest lucru va scădea numărul de candidați din partea diaconilor. De asemenea, străduiți-vă să arătați care este deosebirea biblică între responsabilitățile asociate celor două calități. Un bărbat poate pur și simplu să dorească o anume slujire, dar să nu aibă abilitățile necesare. Prezentați așteptările Scripturii din partea diaconilor și a prezbiterilor, așa încât biserica să anticipeze felul în care acestea vor ajunge să fie practici biblice. Câteva persoane pot continua să nutrească gelozie, dar este foarte probabil ca, procedând astfel, biserica să le trateze cu înțelepciune.

4. Poate că niciunul dintre diaconii din acest moment nu este calificat să slujească în calitate de prezbiter.

Simpla trecere de la un titlu la altul, căruia îi este asociată o responsabilitate mult mai mare, nu va ajuta. Mai degrabă bărbații trebuie să fie învățați să-și însușească o perspectivă corectă asupra slujirii ca prezbiteri. Începeți prin a-i recunoaște pe acei bărbați care par să fie fără repros (Tit 1:6). Ajutați-i să dezvolte o consecvență mai mare în umblarea lor cu Hristos.

Hrăniți-i în Cuvântul lui Dumnezeu și în învățătura sănătoasă. Manifestă ei o dragoste pentru Cuvânt? Pot să prezinte învățătura sănătoasă? După o perioadă de dialog frecvent asupra Scripturii, oferiți-le oportunități să dea învățătură. Încurajați-i, evaluați-i și chiar criticați-i. Sunt ei persoane dornice să învețe și gata să ajute trupul lui Hristos să înțeleagă Cuvântul lui Dumnezeu?

Luați-i cu voi în vizite pastorale. Găsesc acești oameni plăcere în păstorirea turmei? Recunoașteți faptul că unii aparțin în mod clar grupului diaconilor. Totuși, câțiva vor manifesta calități tipice pentru prezbiteri. Continuați să investiți în acești bărbați. Dați-le responsabilități în păstorirea bisericii, așa încât congregația să înceapă să vadă valoarea care stă în a avea prezbiteri laici.

CONDUCEȚI TRANZIȚIA

Tranziția reală se găsește dincolo de toate aceste obstacole. Cum poate un păstor să conducă tranziția de la diaconi la prezbiteri ca lideri spirituali ai bisericii?

Viteza ucide

Așa cum spun acele autocolante, „viteza ucide". Așa face și o tranziție rapidă, în cadrul căreia se dorește transformarea unor diaconi în prezbiteri. Atunci când încercăm să facem acest lucru fără o pregătire adecvată, această mișcare va crea haos, dacă nu chiar pierderea neașteptată a slujirii pastorale!

Cât timp ar fi suficient pentru tranziție? Depinde, însă eu am înclinația să cred că este necesară o perioadă de minim 18 luni, chiar până la 3 ani pentru tranziția către o altă structură de conducere. De ce atât de mult timp? Pentru că multora dintre biserici le lipsește claritatea biblică. Ei au trăit cu structurile lor bisericești fără a le pune sub lumina Scripturii iar tu, păstorul, îi chemi să elimine din rădăcini poziții care au fost ocupate vreme îndelungată.

Așadar, dacă dorești această schimbare, trebuie să predici învățătura biblică legată de organizarea bisericii, așa cum poate fi gândită pe diferite paliere: amvonul, studiul biblic, grupurile mici, întâlnirile de bărbați, lucrarea la nivel individual și așa mai departe. Structurarea stratificată slujește mai bine bisericii decât să treci direct la un curs rapid pe tema organizării. Totuși, mai important decât schimbarea organizării este să înveți biserica să gândească biblic. Cu cât își învață un păstor congregația să interpreteze corect Scriptura, cu atât mai capabili vor fi membrii ei să înțeleagă conducerea biblică a bisericii și să o dorească ei înșiși, lucru care va face ca tranziția să fie mult mai ușoară.

Fiți intenționali

Exprimați-vă clar intențiile. Oferiți-i congregației timp să înțeleagă organizarea biblică. Poate că voi, păstorii, trebuie să tratați chestiuni legate de organizare de-a lungul mai multor ani. Probabil că biserica va avea nevoie de aceeași perioadă de timp, dacă nu chiar mai mult. Puține persoane vor reacționa pozitiv atunci când au de-a face cu concepte noi și când li se pare că acestea le sunt impuse.

CONCLUZIE

Stabiliți obiective, dar fiți răbdători. Dați învățătură, predicați, și rugați-vă până când biserica își găsește încântarea în Evanghelie. Pe măsură ce congregația începe să înțeleagă natura și misiunea bisericii, faceți conexiunile între punctele structurale așa încât membrii să înțeleagă ce doriți să faceți. Cu trecerea timpului, ei vor începe să răspundă față de Cuvânt. Apoi prezentați un plan prin care să nominalizați bărbați calificați care să slujească bisericii în calitate de prezbiteri. Urmând metoda prescrisă în actele constitutive ale bisericii, revizuiți organizarea bisericii pentru a reflecta conducerea prin prezbiteri în congregație. De-a lungul tranziției, căutați să faceți pași înainte cu smerenie și răbdare, spre gloria lui Hristos și spre binele bisericii voastre.

DESPRE AUTOR:

Phil Newton este păstor senior la South Woods Baptist Church în Memphis, Tennessee.

NU FI UN 9MARXIST!

Jonathan Leeman

Într-o recenzie critică făcută pe Amazon.com la o carte 9Marks, o persoană și-a împărtășit experiența faptului făcuse parte din ceea ce denumea o „biserică 9Marks". Oficial vorbind, nu există așa ceva, „o biserică 9Marks". Noi nu suntem o denominație. Totuși, cred că înțeleg la ce se referea – probabil că păstorii bisericii se identificau cu mesajul nostru.

În orice caz, persoana care făcuse recenzia n-a avut o experiență extraordinară la biserica ei. Ea descria conducerea ca fiind „insuportabilă, autoritaristă, rigidă, legalistă, abuzivă, stăpânitoare și abuzivă spiritual". Membrii erau „infantilizați". Puterea era „concentrată la vârf" și nu exista niciun fel de dare de socoteală. Oamenii care aveau întrebări sincere erau tratați ca fiind „dezbinători, amăgiți și nemântuiți". Persoana care făcuse recenzia se pare că fusese excomunicată pentru că adusese în atenția prezbiterilor un abuzator sexual înregistrat oficial. În esență, această persoană a promis că nu va dori să mai aibă vreodată de-a face cu o „biserică 9Marks". Recenzia suna de parcă aveam de-a face cu „procesul vrăjitoarelor de la Salem".

WOW. Bun. Dincolo de asta, ce mai faci?, așa cum obișnuia tata să spună în astfel de momente.

Am fost directorul editorial al 9Marks vreme de peste 10 ani și parte din biserica ce se află în spatele acestei lucrări aproape 2 ani. Nu aud foarte des critici care să folosească un limbaj atât de aspru. Poate că am avut una sau două situații de acest fel. Acest lucru îmi provoacă mai multe lucruri simultan:

- Simpatie: „îmi pare atât de rău că a trebuit să treci prin așa ceva".
- Apărare: „ceea ce tu descrii, dacă este adevărat, cu siguranță că nu corespunde deloc cu ceea ce noi transmitem ca învățătură, ci este o pervertire a ceea ce 9Marks spune".
- Smerenie: „intuiesc că am putea să ne descurcăm mai bine prin a spune ceea ce n-am spus până acum și prin a ne păzi de abuzuri". Cu alte cuvinte, sper că putem învăța câte ceva din partea celor ce ne critică.

În urmă cu mai mulți ani mi s-a cerut să predic la o biserică, unde să vorbesc despre dezvoltarea unei culturi a ucenicizării. Cu o seară înainte, un prieten mi-a spus că membrii bisericii erau cunoscuți ca zeloși spiritual, mândri și cu un oarecare duh de judecată. Am conștientizat în acel moment că venisem cu mesajul care nu trebuia. Aplicațiile mele erau țintite către a-i stârni pe cei care se complăceau în-tr-o stare mediocră. Aici aveam însă de-a face cu o biserică ce făcea greșeli cel mai probabil în direcția opusă. Așadar, începând de la 11:30 p.m., mi-am regândit radical aplicațiile: da, vrem ucenicizare, dar trebuie să ne amintim de har și de libertatea creștină. Mai vrea cineva să danseze?

9Marks vorbește mult despre autoritate în biserică – autoritate în predicare, autoritate în ce privește calitatea de membru și în practicile disciplinei în biserică, autoritate între prezbiteri. Ideea este că păcătoșii ca noi ajung foarte ușor să abuzeze de autoritatea pe care Dumnezeu le-a dat-o. Așadar, chiar dacă organizația noastră încurajează bisericile să evite alunecarea către un creștinism nominal, în același timp noi nu ne dorim ca bisericile să greșească în direcția cealaltă, anume să devină prea dogmatice și autoritare în sens rău.

Gândiți-vă la felul în care Dumnezeu mustră poporul Israel

în Osea 4:3: „de aceea, țara se va jeli, toți cei ce o locuiesc vor tânji împreună cu fiarele câmpului și păsările cerului; chiar și peștii mării vor pieri." Adam și Eva trebuiau să stăpânească peste aceste trei domenii – pământul, cerul și apele – așa încât toate să înflorească. Prin contrast, comportamentul poporului Israel nu producea decât lacrimi și durere.

Conducerea abuzivă ofilește florile, înfometează turma și zdrobește sufletul.

Altcineva, comentând pe marginea recenziei menționată mai sus, caracteriza organizația 9Marks cu termenul „9Marx." Isteț, nu-i așa? Haideți totuși să îl folosim. Mark Dever m-a ajutat să creionez 15 elemente în favoarea ideii de *a nu fi un 9Marxist*, adică să nu fii un lider de biserică ce abuzează de autoritate. Le voi explica pe fiecare dintre acestea în cele ce urmează.

1. *Însușește-ți suficiența Scripturii în ce privește conducerea bisericilor și păstorirea oamenilor. Altfel spus, nu solicita de la oameni ceea ce Scriptura nu cere.*

Ar trebui să fim foarte rezervați în a cere din partea oamenilor orice lucru care nu este menționat în mod expres în Scriptură. De exemplu, liderii Shepherding Movement din anii 1970 erau pe bună dreptate preocupați de dedicarea slabă, de părtășia superficială și de trăsăturile generale lumești din multe biserici din America. Totuși, ei au procedat greșit cerând lucruri care nu erau poruncite de Scriptură, precum membralitatea oficială în grupuri de casă sau ca deciziile importante din viață să fie „girate" de liderul de grup, de păstor ori de prezbiter. Decizii din această categorie includeau lucruri precum unde să locuiești sau să lucrezi, cu cine să te căsătorești sau chiar dacă să mergi la doctor ori nu. De asemenea, mișcarea a adoptat structuri de conducere nebiblice.

Noi am putea să fim în dezacord cu privire la ceea ce ne cere Scriptura în anumite chestiuni specifice. Bun. Totuși, haideți să cădem de acord că ea este standardul.

Ca unul care a scris mai multe cărți pe tema membralității și disciplinei bisericii, știu cât de ușor poate să fie să cerem prea multe lucruri în aceste domenii. Un păstor evlavios și bine intenționat m-a întrebat dacă ar trebui să *umblăm* după membrii care au părăsit bisericile noastre până când noul lor păstor ne sună sau ne trimite un mesaj prin care confirmă că aceștia s-au alăturat cu adevărat noii biserici. Înțeleg felul logic în care el își extrage această concluzie, dar în această privință cred că ar trebui să reducă la tăcere în mintea lui acel clopoțel de alarmă: „Stai un pic, ne cere Biblia în mod specific să facem acest lucru?"

Da, este adevărat, o biserică poate să ceară câteva lucruri care nu sunt specificate ca atare în Scriptură. Biserica noastră, de exemplu, le cere celor ce vor să se alăture ca membri să participe la câteva lecții pe tema calității de membru, să discute cu prezbiterii situația lor spirituală și să accepte în scris o mărturisire de credință. Noi credem că acestea sunt *formalități* prudențiale care ne ajută în implementarea *elementului* biblic al membralității bisericești. La urma urmei, va trebui să ai o modalitate în care oficializezi calitatea cuiva de membru. Biblia nu spune în mod specific cum să te alături unei biserici. Totuși, dincolo de aceste câteva elemente, nu mă gândesc la vreun alt lucru pe care noi să-l cerem dar care să nu fie menționat în Scriptură.

2. *Fii un susținător puternic al libertății creștine.*

Noi nu ar trebui să constrângem conștiințele oamenilor acolo unde Scriptura nu o face, ci să fim niște susținători puternici ai libertății creștine. Dacă ar fi să ilustrez impulsul fariseic în cea mai bună lumină posibilă, fariseul nu dorește să încalce Legea lui Dumnezeu sau chiar să riște asta, ci să stea în zona sigură. Așadar, el pune un zid de protecție în jurul Legii lui Dumnezeu și își constrânge conștiința, forțând-o să stea acolo. Acest lucru se poate aplica unor chestiuni precum dansul sau consumul moderat de băuturi alcoolice. Sau se poate aplica felului cum să votezi în alegeri.

Un atribut al autoritarismului este că el transformă acele lucruri posibile, cu rol prudențial (*poți* să te alături unui grup de studiu biblic) în obligații (*trebuie* să te alături unui grup de studiu biblic). Un lucru pe care îl apreciez la Mark Dever este că el nu se grăbește să exprime opinii puternice, ci, dacă vei petrece câtva timp alături de el, vei descoperi că este unul dintre cei mai puternici susținători ai libertății creștine. Aș spune chiar că el cultivă o lipsă sănătoasă de reverență față de numeroase false pietăți evanghelice. Am face bine dacă i-am urma exemplul.

3. *Păstrează o linie clară de demarcație în mintea ta între*

chestiunile care țin de neprihănirea biblică și cele care țin de simpla înțelepciune.

Acesta este un alt fel de a statua punctul 2 de mai sus, dar acest fel de exprimare mă ajută din punct de vedere pastoral. Poate că un membru vrea să facă ceea ce eu percep că este nebunește sau un semn de imaturitate, precum să se mute la o altă biserică, să curteze o anumită femeie, să-și ia slujba asta, să adopte o anumită ținută, să se uite la un anume show de televiziune. Să presupunem că această persoană vine să-mi ceară sfatul. Este bine pentru mine fie ca eu să nu spun nimic, fie doar să pun câteva întrebări, sau chiar să spun, cum fac adesea: „Asta este o întrebare care ne cere înțelepciune, nu o chestiune care să implice un principiu biblic". Acesta este felul meu de a-mi reaminti mie și de a le reaminti acestor persoane că sfatul meu nu este inerant. Sfatul meu nu este Biblie. Ar putea fi înțelept, dar nu poate constrânge conștiința așa cum face Biblia. Atunci când păstrăm aceste două categorii clare și explicite în mințile noastre, asta așază lucrurile în perspectiva corectă atât pentru mine, cât și pentru persoanele respective. Îndrăznesc să spun că majoritatea covârșitoare a sfaturilor pe care păstorii sunt solicitați să le dea le cer acestora să pătrundă în categoria înțelepciunii mai degrabă decât în categoria principiilor biblice absolute.

De asemenea, multe dintre deciziile legate de programe pe care o biserică trebuie să le facă – de exemplu, ar trebui să avem o slujbă duminică seara? Un program de școală duminicală? Să încurajăm *această* abordare de evanghelizare sau *acea* abordare în ce privește ucenicizarea? – depind de elementul înțelepciune. Ține minte acest lucru. Evident, 9Marks poate avea opinii legate de ce este biblic, lucruri pe care să nu le împărtășești, cum ar fi cele legate de slujbele multiple. Ideea este să păstrezi aceste două categorii în mintea ta.

Poți să le oferi oamenilor sfaturi categorice în chestiuni legate de înțelepciune? Uneori, da. Poți să constrângi conștiința? Nu. Chiar dacă ești 75% sigur de faptul că sfatul tău *ar putea fi* o chestiune de păcat și neprihănire, pe baza abilității tale deductive din Scriptură, eu sper că restul de 25% te va împiedica să apeși prea tare pe pedală. Altfel, o vei lua pe calea întunecată a autoritarismului.

Evident, noi vrem ca oamenii să ia decizii înțelepte, bune și evlavioase. Totuși, deciziile bune vin după ce îi învățăm în ritm lent, de-a lungul timpului, prin predicarea atentă a Cuvântului lui Dumnezeu, săptămână de săptămână – picătură cu picătură, că atunci când ne creștem copiii. Tu dorești ca deciziile lor bune să crească în mod (supra)natural din inimile lor schimbate și din dragoste pentru Hristos. Legalismul și regulile nebiblice constituie scurtături care pot produce decizii bune astăzi, dar vor conduce pe termen lung la mândrie și resentimente.

4. Păzește-te de ascetism, sau cel puțin de impunerea ascetismului tău asupra altora.

Este un lucru cert că Biblia ne avertizează cu privire la dragostea de bani. Ea încurajează generozitatea și să-l iubim pe aproapele nostru inclusiv din punct de vedere material, dăruind jertfitor în beneficiul altora. Biblia îl condamnă pe omul bogat care își construiește hambare mai mari și laudă credința femeii care dăruiește din sărăcia ei.

Cu toate acestea, eu cred că există o lungă tradiție a ascetismului creștin – care izvorăște de mult, de pe vremea Sf. Francisc sau a călugărilor benedictini – care riscă să forțeze conștiința creștinului cu o imagine auto-manufacturată a pietății. „Dacă sunt cu *adevărat* sfânt, atunci nu voi cumpăra decât mașini vechi sau haine de mâna a doua. Și nu doar atât, ci mă voi uita cu suspiciune la creștinii care își cumpără mașini și haine noi."

Prietene, cumpără-ți haine și mașini vechi așa încât, din dragoste, să poți să dăruiești cât mai mulți bani. Slavă lui Dumnezeu! Totuși, asigură-te că nu îți întemeiezi percepția de neprihănire într-o imagine auto-manufacturată a unui stil de viață pios. Mai mult, nu impune judecata ta bazată pe înțelepciune asupra felului cum alții ar trebui să-și cheltuiască banii. Dacă nu vei face asta, vei ajunge să dai naștere unei biserici auto-neprihănite, iar neprihănirea de sine stă în spatele multor acțiuni abuzive.

Observați cu câtă sensibilitate vorbește Pavel despre acest lucru: „fiecare dintre voi să pună deoparte, acasă, ce va putea, după câștigul lui" (1 Cor. 16:2) sau „potrivit cu mijloacele voastre" (2 Cor. 8:11).

Cât de ușor este să presupunem că evlavia sau pietatea arată sau sună într-un anume fel, și să îi punem sub semnul întrebării pe cei ale căror rugăciuni sau stil de viață nu se potrivesc preferințelor noastre! Apoi, cu cât este liderul bisericii mai carismatic și mai puternic, cu atât riscurile cresc. Îmi amintesc când eram student la seminarul teologic și când, în mintea multora dintre studenți, adevăratul bărbat evlavios trebuia să arate și să vorbească asemenea lui John Piper. Nu vreau să îl critic prin aceasta pe John Piper. El este pur și simplu natural. Vreau doar să aduc o mărturie asupra a cât de ușor este să impui idei nebiblice asupra altora sau chiar asupra propriei persoane.

5. Păzește-te să nu ajungi sclavul logicii. Sau, mai degrabă, învață să te simți confortabil cu tensiuni nesoluționate prin a practica toleranța creștină.

În mare măsură, teologia funcționează prin resorturi logice, prin implicații și aplicații care izvorăsc din textul biblic. Astfel, aceia dintre noi care avem o gândire teologică vom fi înclinați să trasăm aceste feluri de implicații și aplicații din textul biblic.

Totuși, acest lucru produce o provocare: unele implicații sau aplicații logice sunt clare, cum ar fi doctrina trinității potrivit crezului nicean. Altele sunt însă mai complicate:

- muzica rock este rea, pentru că ritmul stimulează un răspuns sexual.
- femeia care poartă pantaloni este un exemplu rău, pentru că a încețoșat de linia de demarcație între bărbăția și feminitatea biblică.

În general, atât de multe dintre deciziile pe care trebuie să le luăm ca păstori și atât de multe situații asupra cărora ni se cere să opinăm se găsesc în tărâmul aplicației sau implicației.

- Pot femeile să se roage în adunarea bisericii?
- Pot părinții să participe la nunta fiului lor homosexual?
- Poate un membru de biserică să voteze în alegeri pentru un candidat care susține avortul?
- Pot bărbații creștini să facă operație de vasectomie?

Uneori noi trebuie să luăm o hotărâre ca urmare a unei extensii logice plecând de la un text biblic. Fie le vei permite femeilor să se roage în adunările publice, fie le vei interzice. Alte decizii, cum sunt situațiile în consiliere, ne oferă un spațiu mai larg, unde putem să răspundem și prin „nu știu".

Totuși, există ceva care ar trebui să aparțină instinctelor noastre pastorale: cu excepția situațiilor în care creștinii au fost de acord de-a lungul secolelor asupra faptului că o anumită poziție doctrinară sau etică constituie o implicație sau aplicație legitimă a Scripturii, cum este cazul doctrinei trinității, aș vrea ca ceva din interiorul vostru să se simtă în tensiune atunci când sunteți tentați să forțați conștiințele oamenilor în circumstanțe când ieșiți în afara arborelui extensiei logice a Scripturii.

Aș vrea să vă ofer o ilustrație, iar chestiune importantă de aici nu ține de faptul că ați putea sau nu să fiți de acord cu poziția mea în legătură cu această ilustrație: să presupunem că un membru al bisericii mă întreabă, „Pot să particip la ceremonia de nuntă a fiului meu homosexual?" Eu personal nu aș participa, întrucât ar putea să pară că sunt de acord cu acea relație păcătoasă.

În fapt, susținerea de către biserică a unei căsătorii este parte din ceea ce face legitimă o ceremonie de nuntă, care implică un legământ.

Acestea fiind spuse, mă simt nevoit să combin câteva etape logice pentru a ajunge la această concluzie. Astfel, l-aș avertiza pe acel membru al bisericii cu privire la posibilitatea foarte reală a păcatului ce survine din participarea la o astfel de nuntă, dar există pur și simplu suficiente rezerve în mine, pentru că ne aflăm în tărâmul aplicației sau implicației logice, lucru care mă conduce la concluzia că nu aș putea să excomunic acel părinte care ajunge la o concluzie diferită de concluzia mea. Și nu doar atât, nici nu mă voi separa informal de acei părinți, să zicem prin a adopta o atitudine batjocoritoare sau care trădează un spirit de condamnare față de ei.

Parte din a avea încredere în Dumnezeu și în Cuvântul Lui și din a evita lucrarea pastorală făcută în termeni abuzivi înseamnă să învățăm să trăim cu astfel de tensiuni. Uneori, trăirea cu o tensiune este un semn al lipsei de credincioșie. Alteori, este un semn al smereniei și al recunoașterii faptului că nu noi suntem Dumnezeu.

Este clar că trebuie să învățăm să trăim cu tensiuni când vine vorba de evaluarea pocăinței în lucruri legate de admiterea membrilor sau de disciplinarea lor în cadrul bisericii. Există o tensiune între corectarea păcatului și tolerarea noastră reciprocă.

6. Fii gata să spui că nu știi.

Noi dorim să cultivăm smerenia și libertatea incertitudinii oneste. Persoana care are dificultăți în a spune „nu știu", în cel mai fericit caz va ajunge să fie văzută ca atotștiutoare. În cel mai rău caz, o astfel de persoană va da răspunsuri acolo unde Scriptura nu dă de fapt nicio direcție, și să le impună oamenilor lucruri care n-ar trebui impuse.

Ironic este faptul că a spune „nu știu" poate să-l ajute pe un păstor să le câștige încrederea oamenilor. Îi ajută pe oameni să asculte atunci când el vorbește, pentru că ei știu că el nu doar se bagă în seamă și discută chestiuni pe care nu le cunoaște. Totuși, parte din abuzarea autorității ține de a pretinde că știi ceva ce în realitate nu cunoști.

7. Cultivă o disponibilitate de a fi corectat.

Parte din a recunoaște că nu știi înseamnă să afirmi în același timp că ai putea să greșești, ceea ce ne duce automat la gândul că ar trebui să fii dispus să fii corectat. O persoană mândră crede că ea are întotdeauna dreptate, iar un om mândru nu este dispus să fie corectat.

Nu demult, soția mea mi-a spus că mă justific. „Nu, nu fac asta… Dă-mi voie să-ți explic de ce nu". Și i-am spus! Am câștigat acea discuție! Și da, ne spune consilierul în căsnicie, cât de des câștigăm o bătălie, dar pierdem războiul. Așa este și cu noi, păstorii. Te-ai regăsit cumva vreodată pus la colț, ca păstor, încercând din răsputeri să scapi de acolo? Te-mbraci cu cel mai bun ton, de genul „acum eu sunt păstorul", vorbești într-o modalitate vagă sau ambiguă folosind vocabularul teologic specializat, apoi conduci conversația către încheiere, suspinând în sinea ta, „of, dacă ai fi înțeles". Membrul bisericii pleacă pierzând discuția la suprafața lucrurilor, dar simțind în străfundul lui faptul că ai câștigat acea discuție prin forța erudiției, a personalității sau a poziției tale. În clipa aceea, încrederea a început deja să erodeze.

Parte din a fi dornic să fii corectat înseamnă să fii gata să pierzi voturile prezbiterilor sau să te supui altor lideri ai bisericii. Dacă un bărbat nu se poate supune, n-ar trebui să conducă. Iar asta îl include și pe tipul din „capul listei". Mark Dever este „păstorul senior", dar eu îl văd în mod regulat pierzând voturile și supunându-se celorlalți prezbiteri – de fapt, odată sau chiar de două ori în fiecare dintre ședințele prezbiterilor. De asemenea, îl văd creând oportunități în agenda lui pentru a fi corectat. El face acest lucru de exemplu la analiza săptămânală a slujirii.

Folosirea abuzivă a autorității, la fel ca a oricărui alt lucru, are de-a face cu dorința după control și respect. Ea este înrădăcinată într-un fel de idolatrie și lipsă de evlavie. Ceea ce ne conduce la următorul punct…

8. Teme-te mai mult de Dumnezeu decât de oameni.

Cea mai bună modalitate în care să te aperi de abuzul de autoritate este să te temi de Dumnezeu. Când știi că oamenii care se află sub autoritatea ta sunt copiii lui Dumnezeu și că vei da socoteală pentru felul în care te vei achita de această responsabilitate, va fi mai puțin probabil că te vei folosi de ei, mai puțin probabil că îți vei prețui înțelepciunea mai presus de înțelepciunea lui Dumnezeu, mai puțin probabil să ceri respect și onoare pentru tine, pentru că știi că, atunci când tu vei scădea, El va crește.

Există un lucru neașteptat pe care l-am descoperit urmărindu-l pe Dever. Smerenia adevărată și temerea autentică de Domnul nu înseamnă în mod necesar ceea ce cred creștinii adesea că sunt: să nu ai convingeri solide, să fii totdeauna dispus să faci pasul înapoi și să spui, „nu știu", sau să-ți formezi opinia pe baza părerii de grup. Uneori smerenia și temerea de Dumnezeu poate să se manifeste într-un astfel de mod. Totuși, alteori adevărata smerenie și frică de Domnul înseamnă să aperi cu tărie Cuvântul lui Dumnezeu, întrucât smerenia știe că noi, oamenii, nu cunoaștem o altă cale spre cer. Este ușor să îi tratăm pe „oamenii adevărului" sau pe „oamenii cu convingeri ferme" ca fiind mândri. Și se poate să fie adevărat acest lucru. Dar e posibil ca ei să fie niște oameni foarte smeriți, să nu se teamă de tine și nici de opiniile tale așa cum tu ți-ai dori. Există un echilibru pe care ar trebui să-l căutăm între a sta curajoși pe temelia Cuvântului lui Dumnezeu și a recunoaște în același timp înțelegerea noastră imperfectă asupra acestuia. Acest lucru ne conduce la următorul aspect…

9. Păzește-te de situațiile în care te poți folosi ușor de adevărul lui Dumnezeu și de dreptatea Lui ca de niște arme.

Un lucru pe care l-am observat la cei care le vorbesc aspru sau abuziv soțiilor sau copiilor lor este că ei își vor justifica întotdeauna asprimea pretinzând că o fac în numele adevărului. Ei te vor îndrepta către Biblie … și vor spune lucruri adevărate din ea. Sau îți vor spune ceva de genul, „eu am un instinct atât de puternic al dreptății, încât nu pot să nu intervin când văd o nedreptate făptuită!" Astfel, ei atacă nedreptatea și caută să corecteze neadevărul, și o fac cu un simțământ al unei furii și judecăți neprihănite. Totuși, în tot acest proces, ei n-au făcut decât să distrugă și să rănească.

Iată ce este interesant. Uneori, acel răspuns față de minciună sau nedreptate poate să se facă cu un zel justificat, dar într-un astfel de gest lipsește credința în puterea lui Dumnezeu de a schimba acea persoană. De aceea, noi apăsăm pe pedală mult prea mult. Foarte adesea, cele mai bune ambiții ale noastre se vor combina cu altele, adică cu cele mai nesfinte ambiții, cum ar fi dorința după control, onoare sau respect. Mai rău, dorința după control sau respect poate fi ambiția prioritară, iar preocuparea pentru adevăr sau dreptate să nu fie decât camuflajul ei.

Având în vedere toate aceste lucruri, aceia dintre noi care suntem „oamenii adevărului" sau „oamenii dreptății" – între care mă consider și eu – trebuie să ne păzim de acest potențial de a folosi adevărul lui Dumnezeu pentru a-i controla sau răni pe alții. Este adevărat că și „oamenii sentimentelor" pot face acest lucru. Probabil că ai auzit deja expresia „oamenii răniți rănesc oameni".

10. Păzește-te de a le da mai multă autoritate eroilor tăi decât Bibliei.

Acest lucru este ușor de făcut atunci când ai fost cu adevărat influențat de lucrarea unui anume credincios. Și slavă lui Dumnezeu pentru acei bărbați și pentru acele femei pe care El i-a folosit pentru a ne mântui sau pentru a ne crește în credință, ori pentru a schimba dramatic felul de a gândi, îndreptându-ne într-o direcție mai biblică. Desigur, eu am fost influențat în mod copleșitor de viața și lucrarea lui Mark Dever. De asemenea, am fost puternic influențat și de mama și tata, de Tom Schreiner, Bruce Ware, Chip Collins, câțiva autori creștini, anumiți colegi prezbiteri... și aș putea continua. Fiecare dintre acești bărbați și femei mi-a oferit un crâmpei diferit al lui Isus.

Menținerea unei astfel de perspective este utilă așa încât să nu-l așezăm pe niciunul dintre ei prea sus pe un piedestal.

Totuși, ar trebui să înțelegi acest lucru: atunci când ajungem dezechilibrați în reverența și onoarea pe care o acordăm unei ființe omenești care se află deasupra noastră, vom fi dezechilibrați și în lucrurile pe care le cerem din partea ființelor omenești care sunt sub autoritatea noastră. La urma urmei, noi îi vom invita întotdeauna pe oameni la închinare față de ceea ce noi ne închinăm, fie că este vorba de Dumnezeu, o echipă de fotbal sau un erou pastoral. Așadar, dacă pun cuvintele eroului meu teologic pe un nivel funcțional mai înalt decât Scriptura, voi ajunge să predic teologia acelui om într-o modalitate care este dezechilibrată, agresivă și chiar abuzivă.

11. Atunci când implementezi reguli și proceduri, nu pierde din vedere faptul că ai oameni înaintea ta.

Abordările greșite cu privire la conducerea bisericii pot să se manifeste oridecâteori ne bazăm pe procese bine stabilite în loc să ne concentrăm pe grija pastorală personală. Eu cred că aceasta poate fi o ispită mai mare pentru bisericile mai numeroase. Nevoia după echilibru se întâlnește cu proceduri stufoase și laborioase și cu coduri precise de conduită. De aceea, tratarea fiecărui caz cu specificitățile și profunzimile lui devine un lucru dificil.

Fie că ai biserică mare sau mică, trebuie să-ți amintești lecția unui părinte înțelept. El își tratează distinct fiecare copil. Disciplina și ucenicizarea înțeleaptă îl tratează pe fiecare membru al bisericii cu particularitățile lui. Din experiență personală, pot să spun că ucenicizarea și pregătirea copiilor mei este o lucrare lentă, uneori cu eficiență care se vede doar pe termen lung, și necesită timp îndelungat. Așa este și lucrarea de ucenicizare și echipare a membrilor bisericilor noastre.

12. Iubește biserica mai mult decât sănătatea ei.

Există o ispită la care sunt expuși păstorii tineri și cei care sunt fanii organizației noastre: putem să iubim viziunea noastră cu privire la cum ar trebui să fie o biserică mai mult decât să îi iubim pe oameni care formează biserica. Putem fi asemenea acelui bărbat necăsătorit care iubește *idealul* de soție, dar care, când se căsătorește cu o femeie în carne și oase, descoperă că este mai dificil să o iubească *pe ea* decât idealul respectiv.

Obiectivul nostru eclesial nu este să implementăm *ad literam* idealul nostru de biserică. El este acela de a păstori oameni reali către relații dătătoare de viață și care le îndreaptă privirile către Evanghelie, învățându-i să își încredințeze viețile lui Dumnezeu. În parte, ei vor învăța să aibă încredere în El pe măsură ce învață să aibă încredere în tine, pentru că demonstrezi că ești un om vrednic de încredere.

Îmi amintesc auzindu-l pe un prezbiter văitându-se de niște părinți care le permiseseră copiilor lor nebotezați să primească Cina Domnului, când platoul pe care era așezată pâinea a trecut prin fața lor. Ceea ce m-a surprins a fost tonul acelui prezbiter. Era atât de frustrat și întrucâtva răutăcios, ca și cum ar fi spus „Cum de și-au permis așa ceva? Ce oameni nebuni!" Dar acești oameni erau doar niște oi care nu fuseseră învățate. Evident că ei nu știau ceva mai bun. Dumnezeu nu dăduse aceste oi pe mâna acelui prezbiter ca el să se plângă de ele, ci ca să le iubească, învățându-le cum să trăiască mai sfânt. În acel moment, am simțit ca și cum acest prezbiter își iubea viziunea cu privire la biserica biblică mai mult decât îi iubea pe acei creștini.

13. Privește la ceea ce spune Scriptura despre autoritatea congregației.

Întâmplător sau nu, majoritatea sau chiar toate cazurile nefericite de disciplină a bisericii despre care am auzit în ultimii ani au avut loc în biserici non-congregaționale, unde prezbiterii sunt liberi să-și impună voința asupra congregației. Sunt sigur că există și biserici congregaționale care au greșit în acest domeniu.

Ca să fiu deschis, simplul fapt că un grup de prezbiteri sau păstori dintr-o biserică congregațională trebuie să se așeze într-o măruntă întâlnire a prezbiterilor înainte de adunarea congregației, să își scarpine capul și să se întrebe – „Cum îi explicăm acest lucru bisericii?" – tinde prin el însuși să tempereze felul în care ei iau decizii. Un grup de prezbiteri bine intenționați dar obosiți ar putea fi deturnați de un fel greșit de gândire la întâlnirea lor de joi, la 10 seara. Totuși, întâlnirea congregației de duminică va sluji în calitate de corector util și aducere a acestora la realitate.

14. Bazează-te pe puterea Cuvântului și a Duhului Sfânt de a schimba mințile și inimile membrilor bisericii.

Autoritarismul pastoral îi *poruncește* firii pământești fără a apela la omul nou spiritual, în Evanghelie. El pune un accent *puternic* asupra voinței, făcând tot ceea ce poate pentru a determina voința să aleagă corect. El *impune* conformare exterioară mai degrabă decât pocăința inimii. Autoritarismul pastoral este nerăbdător și forțat. Întrucât nu conștientizează că hotărârile își au temelia ultimă în dorințele inimii, acestuia îi pare un succes oridecâteori produce o decizie „corectă", indiferent dacă acea decizie a fost sau nu forțată ori manipulată.

Autoritatea pastorală evlavioasă este exercitată prin credință și se bazează pe Dumnezeu în ce privește schimbarea, cunoscând că, prin ea însăși, autoritatea nu poate învia din morți pe nimeni și nu poate schimba petele de pe blana leopardului. Ea crede că Dumnezeu este întotdeauna Cel care are puterea să-i schimbe pe oameni și că El va face acest lucru, dacă așa hotărăște. Autoritatea evlavioasă se bazează, de aceea, în mod exclusiv pe puterea Cuvântului Evangheliei lui Dumnezeu și pe Duhul lui Dumnezeu. Ea nu se bazează pe puterea de convingere, pe puterea similitudinilor etnice, pe puterea carismei personale, pe puterea abilităților intelectuale sau pe puterea unei retorici bune, așa cum credeau super-apostolii ca-re îl criticau pe Pavel. Ea se bazează pe o afirmare deschisă a adevărului, nu în modalități manipulatoare sau prin mașinațiuni de culise (2 Cor. 4:1-3). De aceea, autoritatea evlavioasă este peste măsură de răbdătoare și blândă, știind că doar Dumnezeu poate să aducă creșterea (1 Cor. 3:5-9). Un creștin imatur ar putea avea nevoie să facă 100 de pași înainte de a ajunge la maturitate, dar un păstor înțelept rareori îi va cere acestuia să parcurgă mai mult de unul sau doi pași la un moment dat.

Ironic este faptul că accentul pus pe cifre și rezultate pleacă de la prezumția validității înțelepciunii omenești, a voinței omenești și a puterii omenești. Asemenea autoritarismului, pragmatismul își are rădăcinile înfipte în încrederea manifestată față de puterile firii pământești. Un lider de biserică ce își imaginează că muzica rock este necesară pentru creșterea bisericii sale, trece în mod ironic dincolo de Scriptură și se bazează pe înțelepciunea omenească la fel cum face fundamentalistul, care spune că orice fel de muzică rock este păcătoasă, trecând astfel dincolo de Scriptură și bazându-se pe înțelepciunea omenească.

Merită să meditam la încrederea manifestată de Pavel în felul în care și-a făcut lucrarea: „De aceea, fiindcă avem slujba aceasta, după îndurarea pe care am căpătat-o, noi nu cădem de oboseală. Ca unii care am lepădat meșteșugirile rușinoase și ascunse, nu umblăm cu viclesug și nu stricăm Cuvântul lui

Dumnezeu. Ci, prin arătarea adevărului, ne facem vrednici să fim primiți de orice cuget omenesc, înaintea lui Dumnezeu. Și dacă Evanghelia noastră este acoperită, este acoperită pentru cei ce sunt pe calea pierzării, a căror minte necredincioasă a orbit-o dumnezeul veacului acestuia, ca să nu vadă strălucind lumina Evangheliei slavei lui Hristos, care este chipul lui Dumnezeu" (2 Cor. 4:1–6).

Ceea ce ne va conduce la ultimul aspect...

15. Bazează-te pe suveranitatea lui Dumnezeu

Unul dintre cele mai bune mijloace de apărare împotriva autoritarismului – probabil neașteptat pentru unii – este teologia reformată. Noi proclamăm sau predicăm cuvântul biblic, dar știm că doar Dumnezeu poate face acea nouă creație care dă lumină ochilor. Așadar, noi nu-i forțăm pe oameni. Noi nu manipulăm. În schimb, noi ne rugăm, vorbindu-I mai mult lui Dumnezeu despre fratele decât să-i vorbim fratelui despre Dumnezeu, dacă ar fi să împrumut expresia de la Dietrich Bonhoeffer. Apoi ne odihnim.

DESPRE AUTOR:

Jonathan Leeman este directorul editorial al 9Marks Și unul dintre prezbiterii Cheverly Baptist Church din Cheverly, Maryland. Îl puteți găsi pe Twitter la adresa @JonathanDLeeman.

CE ESTE SUCCESUL ÎN MISIUNE ȘI CUM SE MĂSOARĂ?

Biblia ne învață mai multe elemente în acest sens, și o face cu o claritate convingătoare.

1. Rezultatele în misiune vin de la Dumnezeu, nu din partea instrumentului omenesc. „Eu am sădit, Apolo a udat, dar Dumnezeu a făcut să crească: așa că nici cel ce sădește, nici cel ce udă nu sunt nimic; ci Dumnezeu, care face să crească" (1 Cor. 3:6-7).

2. Rolul nostru este cel de a propovădui credincios Evanghelia și de a ne pune încredere în Dumnezeu în ce privește rezultatele. „Și acum, știu că nu-mi veți mai vedea fața, voi toți aceia, în mijlocul cărora am umblat propovăduind Împărăția lui Dumnezeu. De aceea vă mărturisesc astăzi, că sunt curat de sângele tuturor. Căci nu m-am ferit să vă vestesc tot planul lui Dumnezeu" (F.A. 20:25-27).

4. În consecință, adevăratul succes în misiune este măsurat prin credincioșie față de această lucrare, nu prin rezultatele imediate și vizibile. „Iată cum trebuie să fim priviți noi: ca niște slujitori ai lui Hristos, și ca niște ispravnici ai tainelor lui Dumnezeu. Încolo, ce se cere de la ispravnici, este ca fiecare să fie găsit credincios în lucrul încredințat lui" (1 Cor. 4:1-2).

5. Însăși natura misiunii creștine ține de credință. Noi „umblăm prin credință, nu prin vedere" (2 Cor. 5:7). Încercarea de a măsura rezultate în misiune este adesea o încercare de a trăi prin vedere. Definirea succesului în termenii „credincioșiei" este dificil de acceptat, pentru că ea cere dependență totală de Dumnezeu.

EVANGHELIA PROSPERITĂȚII ȘI PROBLEMA BISERICILOR NEPĂZITE

Ken Mbugua

Nimeni nu mai poate nega faptul că distorsiuni ale Evangheliei și-au făcut locul în multe biserici de-a lungul și de-a latul Africii [articolul de față a fost scris cu referire la situația din Africa, dar multe dintre constatări sunt universal valabile – n.tr.], cea mai importantă dintre acestea fiind evanghelia prosperității. Totuși, înainte de a trata în mod eficient problema evangheliei prosperității, trebuie să ne întrebăm de ce atât de multe dintre bisericile africane i-au permis acestei false evanghelii să-și facă loc neconfruntată. Unde au fost păzitorii porții, cei ce trebuiau să sune alarma? Și chiar în prezent, de ce există o tăcere atât de mare din partea multora dintre bisericile africane, acum naturalizate?

Ca în multe alte situații, problema actuală a evangheliei prosperității își are rădăcinile într-o problemă eclesiologică de ieri.

Vorbind la modul general, se pare că eforturile evanghelistice din trecut nu au fost susținute de niciun mecanism prin care creștinii să poată să protejeze și să păstreze Evanghelia ferită de aceste amenințări constante de distorsiune. De exemplu, a fost acordată prea puțină atenție înțelegerii corecte a doctrinei convertirii și a ceea ce înseamnă calitatea autentică de membru al bisericii sau ce înseamnă disciplina bisericii. În mod asemănător, misionarii și păstorii nu s-au întrebat ce are de-a face Evanghelia cu conducerea bisericii, cu responsabilitatea fiecărui membru de a se păzi împotriva învățătorilor falși, sau cu nevoia unei pluralități a prezbiterilor. Dimpotrivă, Evanghelia este considerată ca un lucru de apucat, iar biserica africană suferă. Tot ce rămâne este o nevoie disperată după misionari și biserici care să înțeleagă problemele și care să fie echipați pentru a oferi soluții mai bune și biblice.

UNDE SUNT TOȚI ACEI „CREȘTINI"?

Misionarii care lucrează în zone deja evanghelizate ale Africii se confruntă astăzi cu o societate care a fost inoculată împotriva Evangheliei. Orașele sunt pline de oameni care au fost botezați și care au fost recunoscuți drept membri ai bisericii într-o denominație sau alta, afirmându-și astfel statutul de creștini, chiar dacă mulți trăiesc fără a manifesta vreo roadă a lucrării Duhului Sfânt sau fără a oferi dovezi ale unei vieți de pocăință și credință în Hristos. De exemplu, 80% dintre concetățenii mei kenyeni se consideră creștini, și totuși mulți dintre ei merg la biserică numai rareori, dacă și atât. Ei nu au nevoie de Evanghelie și de biserică, sau cel puțin așa gândesc ei, pentru că ei cred că sunt deja „creștini".

Alții, care frecventează biserica mai mult decât grupul anterior, participă la serviciile bisericilor unde Evanghelia nu este prezentată în mod clar. Chiar dacă ei manifestă un oarecare zel în religia lor, mare parte a celor ce formează acest grup ar fi în situația de a avea mari greutăți în prezentarea Evangheliei, chiar și în părțile ei cele mai elementare. Lucrări autentice ale Evangheliei, înființate cu zeci de ani în urmă, au ajuns în multe cazuri să te transforme în biserici slabe teologic, care au cedat în fața avalanșei de distorsiuni, ajungând să propovăduiască diferite variante ale evangheliei prosperității.

Nu este de mirare că evangheliile false fac prăpăd în Africa, și foarte puțini se împotrivesc acestui fapt. Când bisericile sunt pline de cei care nu cunosc Evanghelia și care, în multe cazuri, trăiesc vieți nevrednice de Evanghelie, aceștia nu se pot proteja pe ei înșiși de distorsiunile din învățătura și din trăirea din bisericile lor, și e evident că nici nu mai pot să tragă alarma în comunitatea lor cu privire la evangheliile contrafăcute, care se proclamă în mod fals drept adevăr.

Noi știm că Dumnezeu rămâne credincios și că El are copiii Lui răspândiți chiar și în aceste locuri. Rugăciunile noastre constante și nădejdea noastră sunt că El va ridica mai mulți dintre aceia care, într-o zi, vor defini peisajul bisericesc al Africii, așa încât evanghelia prosperității să apună. Totuși, problema persistă în zilele noastre. Așadar, cum putem face misiune într-o modalitate care să protejeze Evanghelia pentru generația prezentă și pentru cele viitoare?

ESTE EDUCAȚIA TEOLOGICĂ SUFICIENTĂ?

Mare parte din efortul misionar din prezent se concentrează pe educația teologică. În multe cazuri, păstorii din orașe nu au parte de niciun fel de instruire teologică. Vorbind la modul general, eforturile misionare anterioare nu au pus un accent pe echiparea păstorilor care au fost lăsați apoi în conducerea bisericilor. Această absență a uceniciziării de durată a condus la o teologie superficială în creștere, lăsând multe biserici locale expuse la orice fel de eroare cu care a fost infectată societatea până în prezent.

Drept răspuns, tot mai multe instituții teologice sunt înființate de-a lungul continentului. Conferințele și seminariile abundă pe măsură ce conștientizăm că eforturile misionare din trecut, chiar dacă au fost de ajutor în a-i aduce pe mulți la Domnul, s-au dovedit insuficiente a păstra și proteja Evanghelia pentru următoarea generație. Aceasta este o lucrare bună, o lucrare urgentă. Totuși, în ciuda eforturilor înnoite de a-i pregăti pe păstori, continentul nostru duce și astăzi lipsă de suficienți bărbați calificați care să facă această educație, ca și de suficiente resurse pentru a împlini această misiune.

RĂMÂNE UN PUNCT ORB

Acestea fiind spuse, rămâne un punct de orbire care lovește aceste eforturi misionare lăudabile. Majoritatea eforturilor de plantare de biserică și de educație pastorală nu includ o accentuare a învățăturii despre biserica locală. Teologia sistematică și alte domenii ale doctrinei creștine sunt accentuate semnificativ, cum ar și trebui, dar eclesiologia rămâne, din nefericire, la nivelul de prezumție și, drept rezultat, este înțeleasă greșit. Aceasta este o realitate tristă în principal pentru că aceste presupuse biserici locale constituie principalul plan al lui Dumnezeu pentru felul în care Evanghelia va fi manifestată și păstrată pentru generațiile viitoare – nu seminariile, nu conferințele și nici centrele de pregătire teologică.

În Epistola cu greutate eclesiologică adresată lui Timotei, Pavel scria, „Îți scriu aceste lucruri cu nădejde că voi veni în curând la tine. Dar dacă voi zăbovi, să știi cum trebuie să te porți în casa lui Dumnezeu, care este Biserica Dumnezeului celui viu, stâlpul și temelia adevărului" (1 Tim. 3:14-15). Felul cum o biserică își duce viața comună are de-a face întru totul cu modalitatea în care ea păstrează și protejează adevărul.

Generația actuală din Africa ar fi fost slujită mult mai bine de către biserici care trebuiau doar să fie dispuse să îi excomunice oameni la fel cum au fost dornice să îi boteze. Când ai un oraș plin de oameni care pretind că sunt ucenicii lui Hristos, dar care trăiesc vieți nevrednice de Evanghelie, acest lucru distorsionează adevărul Evangheliei atât pentru generația curentă, cât și pentru următoarea. Dumnezeu nu dorește să păstreze adevărul prin cărți precise teologic. El dorește să vadă în noi vieți care reflectă acel adevăr – împreună, în bisericile locale.

AVEM NEVOIE DE BISERICI CREDINCIOASE

Dacă le predicăm bisericilor de astăzi că viața creștină nu are de-a face cu dolarii și că cei credincioși nu sunt niște simpli spectatori în lucrarea de misiune, ci păzitori ai porții Evangheliei, poate că ei l-ar putea concedia pe următorul păstor care începe să predice erezii. Dacă le predicăm bisericilor faptul că convertirea este mai mult decât a repeta o rugăciune după dictare, și dacă ne-am opri din a le cere oamenilor să iasă în față la o chemare, ori să-și ridice mâinile pentru a-L „primi" pe Isus, am putea avea biserici mai mici ca dimensiune, dar vor fi biserici captivate de harul uimitor al lui Dumnezeu, în loc să fie atrase de un păstor cu oratorie deosebită, dar greșit direcționat, care doar poartă un costum strălucitor. Am avea astfel biserici care vor păzi Evanghelia cu mai mult zel, spre slava Dumnezeului lor.

Nu rănile produse de evanghelia prosperității și convertiții falși constituie esența problemei din bisericile de azi. Acestea sunt doar simptomele unei boli mult mai profunde. Dumnezeu vrea ca biserica locală să fie zidită așa încât ea să reziste în fața diferitelor vânturi ale erorii. Unele dintre aceste vânturi ar putea să constituie astăzi evanghelia prosperității, iar mâine gnosticismul. Concentrarea unui mai mare efort misionar pe zidirea bisericilor sănătoase ajută la protejarea Evangheliei pentru generația noastră și pentru generația următoare.

DESPRE AUTOR:

Ken Mbugua este păstor la Emmanuel Baptist Church în Nairobi, Kenya. Îl puteți găsi pe Twitter la @kenmbugua.

ECLESIOLOGIA TA GREȘITĂ NE RĂNEȘTE

Mark Collins

„Ce este o biserică?"

Aceasta era întrebarea de care mă temeam cel mai mult. Aveam 28 de ani și abia fusesem promovat de pe poziția de lider de echipă de misiune la cea de director regional. Ne adunam în ședințe lunare cu liderii, care veneau acolo reprezentând peste 80 de misionari de carieră susținuți de noi, care slujeau în fereastra 10/40. Era de așteptat ca discuțiile noastre să fie motivatoare și încurajatoare, și adesea așa și era. Vorbeam despre strategie și rodnicie în evanghelizare, despre a crește ucenici și despre potențialul de multiplicare. Dar deveneam crispat când cineva avea să pună acea întrebare. Era scopul nostru să plantăm biserici? Făceam noi asta? Și, că veni vorba, eram noi de acord asupra definiției bisericii? Ce face o biserică să fie biserică?

Mă temeam de această întrebare pentru că nu știam cum să răspund. Mai rău, știam din discuții repetate și lipsite de rezultat că niciunul dintre cei aflați în încăpere nu cunoștea răspunsul. Nu știam cum să definim biserica, și cu atât mai puțin cum ar trebui să fie o biserică bună sau o biserică sănătoasă. Care era diferența dintre o biserică și o întâlnire de 25 de studenți într-un campus studențesc? Noi demarasem o mulțime de astfel de grupuri. Care era diferența între o biserică și un grup de 30 de profesioniști în afaceri care se strângeau pentru un studiu biblic regulat?

Aceasta nu era o simplă întrebare academică pentru noi. Prin harul lui Dumnezeu, am văzut cum El a produs roade uimitoare prin strădania noastră. Așadar, pe măsură ce aveam acele discuții, știam că existau credincioși care aveau să vină la întâlniri chiar în acea săptămână. Aceste întâlniri erau pline de oameni pe care noi îi ucenicizam, și mulți dintre ei ne priveau și așteptau de la noi o direcție către care să meargă. Foarte rapid, ei aveau să descopere că nu aveam prea multe să le oferim.

ACEEAȘI POVESTE PESTE TOT

Am văzut și am auzit aceeași poveste repetată în organizații și regiuni diferite de-a lungul a 19 ani de când am făcut primul pas în terenul de misiune. Mult prea adesea, misionarii care vin din țări occidentale nu au foarte multe de spus despre biserică, sau cel puțin nu vin cu o claritate biblică. Printre evanghelici, din fericire, Evanghelia rămâne în mod *uzual* clară, ineranța Scripturii este în *general* susținută, iar importanța teologiei este în mod *obișnuit* recunoscută. Acum rămân lucrurile cu biserica?

Cere-le câtorva misionari pe care îi cunoști să îți explice felul în care lucrarea lor este legată de sarcina plantării de biserici, și vei căpăta mai puține răspunsuri decât te-ai aștepta. Întreabă-i cum definesc ei biserica și cum trebuie să arate o biserică sănătoasă, și vei primi chiar mai puține răspunsuri.

Realitatea este că, atunci când trimiți misionari, când îi susții și când intri în parteneriat cu alții pentru a face asta, în fapt *exporți* o doctrină a bisericii. De-a lungul anilor, am ajuns la concluzia că mult prea adesea noi *exportăm o eclesiologie greșită*.

Iar rezultatele în terenul de misiune nu pot fi decât tragice.

CUM AM AJUNS AICI?

Probabil că există o mulțime de lucruri care contribuie la problemă, dar eu aș vrea să sugerez trei dintre aceste cauze.

1. Bisericile care trimit misionari văd adesea misiunea ca pe un lucru pe care îl pot delega altora.

Liderii de biserici au suficiente probleme de rezolvat în interiorul propriilor lor adunări, așa că supravegherea și echiparea misionarilor cu resurse este percepută adesea ca fiind dincolo de capacitatea sau expertiza lor.

Este adevărat că delegarea organizațiilor misionare să acopere aceste nevoi are multe beneficii. Totuși, problema în acest caz este că bisericile supraestimează frecvent ceea ce poate face o astfel de organizație. De exemplu, niciun proces de selecție a misionarilor nu poate să înlocuiască evaluarea darurilor și a calificărilor unei persoane prin implicarea regulată a acesteia în viața unei biserici locale. Acest fel de cercetare ar trebui să înceapă de la punctul zero al procesului, nu să fie transformată într-un fel de listă cu puncte de verificare când se solicită o scrisoare de recomandare din partea bisericii.

2. Organizațiile misionare primesc solicitări de sprijin din partea bisericilor, dar adesea nu au o doctrină clară a bisericii.

Organizațiile misionare sunt fie create având o abordare anume de lucrare, fie sunt create pe parcurs, răspunzând unei nevoi. Unele decid să se concentreze pe evanghelizarea într-un anume segment al populației, cum ar fi lucrările cu studenții sau cu oamenii de afaceri. Alte grupuri țintesc la echiparea liderilor cu un anume curriculum teologic. Alte organizații se concentrează pe plantarea unor noi biserici într-o anumită regiune sau într-un anumit grup etnic.

Ceea ce pare rar în aceste scenarii este ca acea organizație să evalueze adecvat „succesul" prin a lua în considerare sănătatea pe termen lung a bisericilor pe care le-au plantat. Ca un lider de nivel mediu în organizația misionară unde slujesc, îmi amintesc cum mă luptam să exist între tensiunea obiectivelor organizaționale măsurabile – câte grupuri noi am deschis? – și dorința ca lucrarea noastră să aibă viabilitate pe termen lung. Încercările mele de a purta conversații despre sănătatea lucrării noastre dincolo de niște cifre seci nu mergeau prea departe.

3. Misionari înșiși nu știu ce anume urmăresc.

Există o zicală care sună cam așa: „nu ținti la nimic, și vei lovi ținta de fiecare dată". Fiecare misionar de pe terenul de lucrare încearcă să facă o lucrare bună. Misionarii își împărtășesc credința, încearcă să-i ucenicizeze pe noii credincioși și se roagă ca Dumnezeu să le binecuvânteze lucrarea. Acesta este un start bun, dar nu este totuna cu a avea o perspectivă clară asupra unei biserici plantate care funcționează într-o manieră biblică și care își strânge propriile resurse pentru extinderea lucrării. Acestor misionari le lipsește o astfel de imagine, pentru că ei nu înțeleg ceea ce Cuvântul lui Dumnezeu spune despre biserica locală și despre rolul central pe care ea îl joacă în Marea Trimitere.

CE PUTEM FACE?

Ce poți face tu, ca păstor, pentru a începe să exporți o eclesiologie mai bună?

1. Evaluează programul de misiune al bisericii tale.

Cunoști tu, ca păstor, calitatea oamenilor pe care îi trimiteți? Știi ce fac ei cu adevărat pe terenul de misiune? Le-ai cerut să-și descrie lucrarea în detaliu? Ai făcut ca progresul lucrării lor să fie parte din viața de rugăciune a bisericii tale? Investesc timp liderii și membrii bisericii tale în a vedea biserici sănătoase plantate prin intermediul misionarilor voștri?

2. Preluați prima călătorie misionară a lui Pavel ca model pentru lucrarea voastră de misiune (F.A. 13-14).

Concentrați-vă pe calitatea misionarilor, nu pe cantitate. Duhul Sfânt a condus biserica din Antiohia să-i trimită pe Pavel și pe Barnaba, aceștia fiind doi dintre cei mai buni slujitori pe care biserica îi avea (F.A. 13:2)! Căutați să-i încurajați pe cei care slujesc deja în biserica voastră, așa încât ei să se gândească și să se roage cu privire la lucrarea de misiune.

Faceți ca lucrarea misionarilor să devină o parte centrală a vieții bisericii voastre. Trimiterea lui Pavel și a lui Barnaba a constituit un timp în care biserica s-a implicat în întregime în post și rugăciune (F.A. 13:3). În mod asemănător, gândiți-vă la moduri în care să faceți ca rugăciunea pentru misionarii voștri să fie mai consecventă în biserică. Folosiți rugăciunea pastorală și întâlnirile de rugăciune ale bisericii pentru a vă ruga în mod regulat pentru misionarii pe care îi susțineți și pentru evanghelizarea oamenilor din întreaga lume.

Încurajați-i pe misionarii voștri să își mențină privirile ațintite asupra obiectivului de a planta biserici sănătoase. Pavel și Barnaba nu *doar* au predicat și au ucenicizat, ci ei au continuat să viziteze și să păstorească până când au fost rânduiți prezbiteri în fiecare biserică (F.A. 14:23). Intuim că acest lucru a fost ceea ce biserica din Antiohia a așteptat de la ei. Așadar, cereți-le potențialilor misionari să-și creioneze planul de lucrare așa încât acesta să includă atât plantarea de biserici cât și păstorirea acelor biserici către obiectivul sănătății lor.

Invitați-i pe misionarii care călătoresc acasă în vacanță să depună un raport complet înaintea bisericii. Pavel și Barnaba au adunat biserica și „au istorisit tot ce făcuse Dumnezeu prin ei" (F.A. 14:27). Într-o vacanță recentă, ni s-a cerut de către comitetele de prezbiteri ale mai multor biserici care ne susțin să depunem niște rapoarte în fața acestora. Mi-a plăcut atât de mult acest lucru! În sinea lor, misionarii doresc să știe că bisericile care îi susțin sunt alături de ei în această lucrare de plantare de biserici indigene. De asemenea, ne place să știm că trebuie să împărtășim mai mult decât câteva fotografii cu oameni din zona unde noi slujim, care zâmbesc frumos.

3. Gândiți-vă cum puteți să faceți mai multe lucruri cu mai puține resurse.

În esență, exportul unei eclesiologii greșite provine din ideea occidentală că mai mult conduce în mod necesar la rezultate mai mari. Noi trimitem mai mulți lucrători și le cerem mai multe rezultate. Măsurăm succesul nostru în termenii mai multor profesiuni de credință și a mai multor biserici plantate, fără a pune întrebări legate de sănătatea „convertiților" sau a „bisericilor". Cred că noi știm inerent că multe dintre sistemele pe care le punem la lucru țintesc mai degrabă la cantitate decât la calitate, dar nu știm cum să schimbăm acest lucru.

Un lucru simplu pe care am putea să îl facem ar fi ca, în timp, să trecem la a susține mai puțini oameni, dar într-o modalitate mai bună. Alocați mai mulți bani unui grup mai restrâns de misionari. Alocați o anumită sumă trimiterii regulate a unui prezbiter care să viziteze lucrarea lor. Faceți posibil ca misionarii ce vin în vacanță să petreacă mai mult timp cu biserica voastră. Mai presus de orice, gândiți-vă că lucrarea lor este și lucrarea voastră. Luați-vă ca obiectiv nu doar să aveți o biserică sănătoasă, ci să vedeți cum biserici sănătoase sunt plantate în toate locurile unde trimiteți misionari.

DESPRE AUTOR:

Mark Collins este păstor și plantator de biserică ce a slujit în Asia vreme de 18 ani. El locuiește acolo alături de soția sa, Megan, și de cei cinci copii ai lor, dar provine din Fairfax, Virginia.

NU MAI TRIMITEȚI MISIONARI! DE CE MAI MULT NU ESTE ÎNTOTDEAUNA MAI BINE

Steve Jennings

„Am auzit glasul Domnului, întrebând: „Pe cine să trimit, și cine va merge pentru Noi?" Eu am răspuns: „Iată-mă, trimite-mă!" (Isaia 6:8).

Atunci le-a zis ucenicilor Săi: „Mare este secerișul, dar puțini sunt lucrătorii! Rugați-L dar pe Domnul secerișului să scoată lucrători la secerișul Lui." (Matei 9:37-38).

Aceste pasaje ale Scripturii au fost scrise pe cartonașele de rugăciune ale multor candidați la lucrarea de misiune, care se pregăteau să meargă în teren. Ele au ars în inimile multor biserici și persoane care au recunoscut că noi, creștinii, am primit o însărcinare: să facem ucenici din toate popoarele.

Aceste națiuni, din nefericire, au fost neglijate de către biserică vreme de generații, așa că este lăudabil faptul că, în generațiile recente, am corectat greșelile noastre misionare și am căutat cu vigoare să împlinim această însărcinare de a face cunoscută înțelepciunea lui Dumnezeu înaintea lumii (Efes. 3:10).

Totuși, în puținii mei ani de lucrare misionară – chiar în mijlocul ferestrei 10/40, înconjurat de grupuri etnice neatinse de Evanghelie – nu pot să nu mă întreb dacă nu cumva această corecție a ajuns să corecteze prea puțin. Se pare că pendulul a mers mult prea mult în cealaltă direcție și are el însuși nevoie să fie corectat.

Marea Trimitere este imensă și orice însărcinare imensă necesită viziune, dedicare și multă muncă. Acestea fiind spuse, există multe situații când aș vrea să mă opresc și să-i spun bisericii din Occident: „Opriți-vă din a-i mai trimite! Încetați să trimiteți misionari necalificați!"

Da, este adevărat, lucrătorii sunt *puțini*, iar secerișul este *mare*. Dar asta nu înseamnă că a trimite mai mulți lucrători este în mod necesar un lucru bun. Se pare că nerăbdarea care caracterizează atât de mult generația actuală s-a infiltrat în mișcarea misionară sub pretextul „urgenței". Această nerăbdare, în loc să fie corectată de către liderii bisericii, este adesea hrănită și chiar încurajată.

Care este oare rezultatul?

O mulțime de oameni merg înaintea popoarelor și, ca să fiu deschis, n-ar trebui să meargă – cel puțin nu momentan.

Iată întrebarea pe care îmi doresc ca tot mai multe biserici să o ia în considerare: De ce să trimiteți pe cineva să planteze biserici în afara țării, pe care nu l-ați angaja niciodată ca păstor sau nu l-ați nominaliza ca prezbiter laic? De ce vi se pare că „pasiunea", în loc de credincioșia dovedită, ar trebui să fie principalul criteriu pentru trimiterea bărbaților și femeilor ca plantatori de biserică? De ce este oare ștacheta pusă mai jos pentru astfel de lucrători la frontieră decât este ea pusă pentru biserica locală?

Provocările lucrării de misiune, stresul și ispitele ei sunt foarte reale și, în mod repetat, oameni cu mult zel, dar cu puțină înțelepciune sunt trimiși să înfrunte aceste provocări. Iată ce spunea acel înțelept, prin Duhul Sfânt:

„Lipsa de știință este o pagubă pentru cineva, și cine aleargă neghiobește înainte, o nimerește rău" (Prov. 19:2).

Acest proverb însumează foarte fidel starea lucrării din anumite acțiuni misionare: zel fără cunoștință. Iar zelul fără cunoștință, în lucrarea de misiune, este periculos, chiar mortal spiritual.

Acest câmp care este alb, gata de recoltă, ajunge să fie umplut de lucrători care distrug recolta, care folosesc greșit sau abandonează instrumentele pe care Dumnezeu le-a dat. Imaginați-vă un teren plin de oameni, care folosesc coasa în direcția greșită și uneori o prind de la capătul celălalt. Mult prea adesea – dacă aș îndrăzni să întind mai mult de această metaforă — ei nu folosesc deloc coasa. Mâinile lor sunt goale - o imagine deloc plăcută.

Cred că multe biserici și organizații care se ocupă cu trimiterea misionarilor nu petrec suficient de mult timp învățându-i pe oameni să discearnă între grâu și buruieni. Astfel, întrucât le lipsește discernământul, acești misionari ajung să recolteze buruieni și să scrie înapoi acasă, povestind despre succesele lor în lucrare. Din nou, noi, ca biserici, am primit o misiune, o cale pe care să mergem, dar multe picioare care pleacă la drum spre proclamarea Evangheliei păcii ratează această cale pentru că ei au zel, dar nu au cunoștință.

Fără îndoială, lucrătorii sunt puțini, dar nerăbdarea noastră a ajuns să anuleze eforturile noastre. Atunci când bisericile iau inițiativa de a trimite un anumit număr de oameni până la un anumit moment, dorința lor de a atinge acel obiectiv poate să scurtcircuiteze ucenicizarea și astfel să-i împingă înainte, în teren, pe anumiți oameni care vor fi deopotrivă răniți și îi vor răni pe alții.

Evident, ar trebui să privim la Pavel ca exemplu de răbdare însoțită de zel. Din momentul convertirii sale i s-a spus care este scopul vieții lui, dar veți observa în Faptele Apostolilor că au trecut mai mult de zece ani înainte de a avea loc prima sa călătorie misionară. În perioada de până atunci, el a petrecut trei ani formativi în Arabia, a petrecut timp în orașul său natal din Tars și în final o perioadă la biserica din Antiohia, și abia apoi a fost trimis alături de Barnaba. Acesta este Pavel, dacă nu vă deranjează, care la convertire avea deja o cunoaștere imensă a Scripturilor. Se vede că Pavel nu și-a început misiunea până când nu a fost trimis de către biserica lui din Antiohia, la îndemnul Duhului Sfânt, prin prezbiterii și congregația lui.

Dacă vei vorbi cu o generație mai veche de misionari, vei descoperi că, în zilele respective, absolvirea colegiului biblic era o cerință pentru lucrarea de misiune. Dacă vei citi biografii ale unor misionari precum Adoniram Judson, vei afla că ordinarea era o cerință. Dar, în aceste zile, odată ce biserica dă aprobarea, oamenii pot să treacă prin câteva evaluări și să participe la o tabără de două săptămâni, și astfel vor primi repede aprobarea de a pleca pe teren. Acest sistem atât de rapid și convenabil a fost conceput pentru a permite cât mai multor oameni să meargă cu Evanghelia la popoarele neatinse de ea.

Dar mai mulți nu înseamnă întotdeauna mai bine.

Provocările de care au parte acești oameni atunci când se duc cu Evanghelia în locuri dificile vor cere de la ei un caracter matur și testat. Întrebările care sunt puse misionarilor de către cei pe care îi evanghelizează vor cere adesea o cunoaștere teologică profundă și vastă. Iar faptul că se vor confrunta pe teren cu vrăjmașul care răcnește le va cere o credință adânc înrădăcinată în adevăr.

Pragmatismul este puternic răspândit în lucrările internaționale pentru că adesea lucrătorii nu știu cu adevărat cum să vorbească despre Dumnezeul lor. Erezia proliferează pentru că ei nu cunosc cu adevărat mesajul. Trăirea lumească predomină pentru că atât de mulți misionari sunt imaturi spiritual și practic incapabili să dea socoteală. Biserică, încetează să mai trimiți oameni care nu-L cunosc pe Dumnezeul lor, care nu-și cunosc mesajul și care nu știu ce înseamnă să se supună autorității! Te rog, de dragul gloriei lui Dumnezeu, încetează!

Dorința este lăudabilă, dar dorința vine și pleacă. Chemarea este ceea ce ar trebui cerut și celebrat. Dar nu orice fel de „chemare", ci chemarea înrădăcinată în adevăr și confirmată de alții, în particular de cei care te știu bine și de suficient timp, o chemare care a fost însoțită de ani de rodnicie, care are ca țel final gloria lui Dumnezeu și promisiunile sigure ale Evangheliei, așa cum sunt ele revelate în Scriptură.

Bisericile locale ar trebui să privească îndelung la lucrarea lor de misiune, să facă cu credincioșie mulți ucenici, care să fie capabili să meargă mai departe, și să persevereze în lucrarea credincioasă a Evangheliei. Ele ar trebui să se străduiască pentru cantitate fără a sacrifica în vreun fel calitatea.

N-ar trebui să ne mire de ce rata de abandon printre misionari este atât de mare, că ambiguitatea doctrinară este atât de răspândită și că misionarii care cad în păcate grosolane sunt atât de numeroși. Sunt trimiși oameni ce n-ar trebui trimiși, pentru că bisericile îi trimit mult prea curând.

De aceea, aș vrea să vă las acum câteva sugestii despre cum să îi pregătiți mai bine pe oameni pentru a-i trimite înaintea popoarelor:

1) Învățați-i bine, așa încât ei înșiși să fie capabili să-i învețe bine pe alții. Nu-i trimiteți până când n-au demonstrat că pot face același lucru (2 Tim. 2:2).

2) Asigurați-vă că sunt capabili să formuleze învățătura sănătoasă și să respingă doctrinele false. Incapacitatea de a răspunde obiecțiilor și de a corecta falsitatea este rețeta pentru dezastru atunci când se întâlnesc cu alte religii sau, mai rău, cu misionari cu învățătură greșită (Tit 1:9; Efes. 4:14).

3) Asigurați-vă că sunt capabili să se supună autorității biblice. Sunt ei niște singuratici care n-au avut niciodată autoritatea provocată cu adevărat? Dacă așa stau lucrurile, ei au nevoie să petreacă ceva timp supunându-se cu bucurie și dând socoteală înainte de a fi trimiși cu încredere (Evrei 13:17-18).

4) Legat de punctul anterior vine nevoia unui caracter evlavios dovedit. Acest lucru este ceva ce poate fi obținut doar de-a lungul unei perioade îndelungate de interacțiune apropiată și ucenicie persistentă, nu după o sesiune de consiliere și după creionarea unui profil de personalitate. Păcatele ascunse ajung să capete forme mai rele acolo, pe teren, nicidecum mai bune (Evrei 12:1).

5) Dacă n-ai putea să-l desemnezi pe acel bărbat ca prezbiter în biserica ta, atunci nu-l trimite nicăieri să planteze biserici, cu atât mai puțin în afara țării. Dacă trimiți pe cineva care nu este capabil să fie prezbiter sau n-a ajuns încă să aibă acele calități, atunci îți sugerez să-l trimiți altundeva, într-o biserică deja înființată, unde știi că dezvoltarea lui spirituală și lucrarea lui vor putea fi observate și supravegheate de către păstori credincioși (Evrei 10:24-25).

6) Scopul oricărui lucrător pionier pe care îl trimiteți trebuie să fie unul dintre aceste două lucruri: să se alăture unei biserici existente sau să adune credincioși pentru a începe o biserică nouă imediat ce acest lucru este posibil. Dacă nu există nicio biserică, atunci aș sugera să trimiți mai degrabă un nucleu de lucrători, decât un individ. Niciun creștin n-ar trebui să fie singur. Eclesiologia și misiologia ar trebui să fie întrețesute reciproc într-un mod inseparabil. Bisericile plantează biserici. Organizațiile para-bisericești ar trebui să slujească în rolul lor specializat și valoros de a ajuta bisericile să facă această lucrare, nu să le ia locul. (F.A. 20:28; 16:13).

7) În final, trebuie să existe consens în biserica ce îi trimite pe misionari cu privire la faptul că aceștia sunt oamenii ce trebuie trimiși, pentru că ei sunt chemați și pregătiți. Acest lucru îi va păzi pe cei trimiși și le va da o încurajare uimitoare asupra faptului că ei sunt parte a ceva dincolo de ambiția personală, ambiție care poate să se estompeze ușor sau să se reorienteze rapid (F.A. 13:3).

Am scris aceste lucruri nu dintr-o dorință de a stăvili zelul misionar al bisericii, ci de a o încuraja la a adopta o viziune pe termen lung și o credincioșie de durată, ca trăsături ale lucrării. Noi alergăm la un maraton, nu la un sprint. Așa este lucrarea noastră. Sentimentul evlavios de urgență implică pregătirea cu grijă pentru lucrare. Acest adevăr devine încețoșat dacă principalul scop al trimiterii de misionari este doar o creștere constantă a numărului de convertiți. Dimpotrivă, principalul nostru obiectiv în trimiterea misionarilor ar trebui să fie gloria lui Dumnezeu – și pentru aceasta ar trebui să ne pregătim și să fim pregătiți.

Așadar, haideți să simțim urgența lucrării, dar nu pe cheltuiala înțelepciunii. În joc este gloria lui Dumnezeu.

DESPRE AUTOR:

Steve Jennings este păstorul Immanuel Church din Fujairah, Emiratele Arabe Unite.

CARE SUNT FELURILE DIFERITE DE RUGĂCIUNE PE CARE O SLUJBĂ A BISERICII AR TREBUI SĂ LE INCLUDĂ?

În Biblie, noi descoperim rugăciuni de laudă la adresa lui Dumnezeu, rugăciuni de mărturisire a păcatelor, rugăciuni de mulțumire și rugăciuni care aduc înaintea lui Dumnezeu diferite cereri (Ps. 111; Ps. 51; 1 Cor. 11:24; Filip. 4:6). Nu există un verset care să spună că o strângere a bisericii ar trebui să conțină patru momente distincte de rugăciune, fiecare dintre acestea fiind concentrat pe unul dintre aceste patru tipuri diferite de rugăciune. Totuși, noi credem că este înțelept să facem astfel, pentru că noi credem că este important acest lucru și pentru a învăța congregațiile noastre să facă așa ceva.

1. Rugăciunea de laudă. Biblia ne poruncește și ne cheamă să Îl lăudăm pe Dumnezeu datorită măreției Lui (Ps. 22:23, 29:2, 30:4). O rugăciune de laudă Îl înalță pe Dumnezeu pentru ceea ce El este, prin contrast cu a-I mulțumi lui Dumnezeu pentru ceea ce El face.

2. Rugăciunea de mulțumire. O rugăciune de mulțumire ar trebui să Îi aducă mulțumiri lui Dumnezeu pentru toate binecuvântările pe care El ni le dă, în special pentru binecuvântările spirituale pe care ni le dă în Hristos. O astfel de rugăciune este o modalitate potrivită de a prefața momentul de dărnicie al congregației.

3. Rugăciunea de mărturisire a păcatelor. O rugăciune de mărturisire ar trebui să aducă păcatele noastre cu regret înaintea lui Dumnezeu, în lumina poruncilor Scripturii. O astfel de rugăciune ar trebui să ceară în mod explicit iertarea din partea lui Dumnezeu. Ea ar trebui formulată în termeni suficient de largi pentru a permite întregii congregații să se roage, și totuși să fie suficient de specifică pentru a scoate la iveală păcate concrete.

4. Rugăciunea de cerere. Un păstor ar trebui să conducă congregația în rugăciune pentru aspecte specifice din viața bisericii, a comunității și din întreaga lume. O astfel de rugăciune poate include mijlocirea pentru membrii congregației care se confruntă cu suferințe sau greutăți speciale, pentru chestiunile importante din viața bisericii sau a altor biserici locale, pentru cei aflați în autoritate (1 Tim. 2:1-4) și pentru răspândirea Evangheliei peste tot în lume.

Obiectivul tuturor acestor rugăciuni este, în primul rând, de a aduce o închinare potrivită lui Dumnezeu. El este vrednic de laudă și de mulțumirile noastre. Noi avem nevoie să ne mărturisim păcatul înaintea Lui. Pe de altă parte, Dumnezeu ne poruncește să aducem cererile noastre înaintea Lui. Un al doilea obiectiv al acestor rugăciuni este să îi învețe pe membrii bisericii să se roage. Pe măsură ce membrii bisericii participă în aceste rugăciuni comune variate, duminică de duminică, ei învață cum să se roage biblic, cum să se roage profund și cum să se roage folosind cât mai multe tipuri de rugăciune.

4 MOTIVE PENTRU CARE SĂ ADĂUGAȚI O SLUJBĂ DE RUGĂCIUNE REGULATĂ ÎN CALENDARUL BISERICII

Brad Wheeler

Dacă ar fi să adăugați un lucru la calendarul bisericii voastre, care ar fi acela? O tabără pentru femei sau un mic dejun între bărbați? Un seminar pe tema evanghelizării? Grupuri comunitare? O slujbă sâmbătă seara pentru cei care se trezesc mai greu duminică dimineața? Un studiu biblic la mijlocul săptămânii?

Aceasta este întrebarea pe care mi-am pus-o în mod repetat de când am ajuns la noua mea biserică în toamna anului trecut. Chiar dacă multe dintre acele sugestii de mai sus sunt lăudabile, eu, alături de prezbiterii bisericii noastre, am condus trupul local al lui Hristos către a începe o slujbă regulată de rugăciune organizată duminica seara.

Vorbești serios, o *slujbă de rugăciune*? Aceasta suna cumva demodat și ciudat, acel lucru pe care creștinii îl făceau înainte de apariția electricității, când viața era mai simplă, bisericile erau mai mici și când activitățile recreative ale copiilor noștri nu ne înghițeau calendarele cu totul.

Da, decizia noastră a fost întâmpinată cu oarecare opoziție. Un membru al lui bisericii mi-a spus că biserica deja se ruga *prea mult*. El simțea că momentele noastre de rugăciune din timpul slujbei de dimineață erau deja lungi. Ele furau din abilitatea echipei de închinare de a se încadra într-un ritual anume și întrerupeau experiența închinării. Alte persoane au sugerat că acest lucru poate să alimenteze legalismul, prin a le da oamenilor altceva decât ceea ce ei trebuie să primească. Alții și-au exprimat îngrijorarea că această slujbă de rugăciune ar putea să afecteze părtășia, căci unele persoane ar putea să părăsească grupul lor de studiu pentru a participa la întâlnirea comună de rugăciune.

Așadar, de ce să organizăm o întâlnire dedicată în primul rând rugăciunii comune? Aș vrea să sugerez patru motive.

1. ACEST LUCRU LE REAMINTEȘTE MEMBRILOR DIN BISERICILE NOASTRE DE IMPORTANȚA RUGĂCIUNII.

Nu este un lucru dificil să-i convingem pe membrii bisericilor noastre să vină la un eveniment sau să se implice într-un grup de studiu mic. Sute de persoane au venit la ultima întâlnire a femeilor. Zeci de persoane au venit la micul dejun al bărbaților sau la întâlnirile cu titlul *Biserica Secretă*. Așadar, de unde vine reținerea multora față de a ne aduna împreună pentru rugăciune? De ce a ajuns slujba de rugăciune în multe biserici să fie lăsată la sfârșit în lista de priorități?

Exprimat în termeni simpli, rugăciunea nu este ceva foarte atractiv. Ea nu este ceva atrăgător. Adesea nu este nici un lucru ușor sau convenabil, pentru că necesită efort și străduință. Este motivul pentru care Domnul Isus ne-a dat pilda văduvei insistente din Luca 18, îndemnându-ne să ne rugăm întotdeauna și să nu ne pierdem nădejdea. Noi suntem obișnuiți să fim hrăniți cu lingurița, prin muzică, media, predici audio și așa mai departe. Totuși, rugăciunea ne cere să punem deoparte toate aceste lucruri și să ne deschidem inimile.

Și exact aceasta este ceea ce noi trebuie să facem – nu doar la nivel individual, ci și la nivel colectiv, al bisericii. În Matei 21, Domnul Isus îi mustră pe oameni pentru faptul că au transformat templul într-o piață. El spune „Casa Mea se va chema o casă de rugăciune" (Matei 21:13). Potrivit Noului Testament, biserica este templul Duhului lui Dumnezeu (1 Cor. 3:16). De aceea, sunt oare bisericile noastre casa de rugăciune pe care o dorește Dumnezeu? Punem noi deoparte timp pentru această lucrare? Facem noi din dedicarea față de rugăciunea comună o prioritate? Sau este rugăciunea noastră comună un simplu moment folosit pentru a umple timpul dintre două cântări?

Robert Murray M'Cheyne spunea că „ceea ce omul este cu adevărat se vede atunci când este singur, pe genunchii lui, înaintea lui Dumnezeu". Cum ar fi dacă am aplica aceeași măsură bisericilor noastre? Ce s-ar putea spune despre noi? Rugăciunea comună are un efect asupra importanței acordate rugăciunii de către membrii bisericilor noastre și asupra necesității ei absolute. Lupta noastră este dusă cu forțele spirituale, iar aceasta necesită arme spirituale. Oare ce armă mai bună am putea avea decât rugăciunile nu doar ale unei singure persoane, ci a zeci, sute și chiar mii de credincioși?

2. ÎNTÂLNIREA DE RUGĂCIUNE CONSTITUIE UN MODEL DE PE URMA CĂRUIA MEMBRII BISERICILOR NOASTRE ÎNVAȚĂ CUM SĂ SE ROAGE.

Îmi amintesc de primul moment când m-am rugat în public. Eram proaspăt credincios, dar eram foarte confuz cu privire la cum ar trebui să mă rog. De aceea, ce puteam să fac la acel moment? Am copiat ceea ce îi auzeam pe alții făcând.

Dincolo de studiul rugăciunilor lui Daniel, Pavel, Ana sau Maria, nimic nu îi învață mai bine pe membrii bisericii noastre cum să se roage precum rugăciunile pe care le aud de pe buzele celor credincioși la slujbele bisericii. Dacă vrem ca oamenii noștri să se roage biblic și profund, vom dori ca ei să se roage cu o uimire plină de reverență și cu o dragoste personală, lucruri pe care le vom oferi ca model în adunările noastre. Așa cum observa D. A. Carson, „alegeți modele, dar alege-le bine. Studiază conținutul, profunzimea, pasiunea și ungerea lor – dar nu copia *ad literam* cuvintele lor".

3. ÎNTÂLNIREA DE RUGĂCIUNE A BISERICII UNEȘTE MEMBRII BISERICILOR NOASTRE ÎN JURUL SCOPURILOR LUI DUMNEZEU.

Noi suntem oameni egoiști prin natura noastră. N-avem nicio problemă să ne rugăm pentru nevoile, lipsurile sau dorințele noastre, la nivel individual. Și nu e nimic greșit în a face astfel de lucruri. Chiar ar trebui să le facem. Totuși, cât de deplorabilă este situația când viața noastră de rugăciune, în special viața de rugăciune comună, este dominată de astfel de preocupări. La urma urmei, nu *noi* suntem centrul istoriei. Nu fericirea și sănătatea *noastră* sunt ținta istoriei omenirii. *Biserica* și *creșterea* ei sunt ținta istoriei omenirii (Efes. 3:1-13). Atunci când ne adunăm pentru a accentua lucrurile spirituale ca fiind mai importante decât cele fizice, pe cele comune mai importante decât pe cele individuale, noi aducem alături membrii bisericilor noastre în jurul scopurilor lui Dumnezeu pentru biserica Lui. Rugăciunea comună hrănește preocuparea noastră pentru unitatea colectivă, pentru mărturia noastră comună.

4. RUGĂCIUNEA COMUNĂ PREGĂTEȘTE MEMBRII BISERICILOR NOASTRE PENTRU ACȚIUNILE LUI DUMNEZEU.

Circumstanța bisericii care se roagă împreună a marcat multe evenimente deosebite în cartea Faptelor Apostolilor. Ea i-a definit însăși viața la Cincizecime (2:42). I-a echipat pe credincioși cu Duhul Sfânt pentru a propovădui curajos Cuvântul lui Dumnezeu (4:31). Rugăciunea a marcat punerea deoparte a primilor diaconi (6:6), răspândirea Evangheliei printre samariteni (8:15), și chiar vedenia lui Petru de a duce Evanghelia la Neamuri (10:9). În fapt, rugăciunea comună a bisericii a fost ceea ce a condus la eliberarea lui Petru din închisoare (12:5)!

Prieteni, rugăciunea schimbă lucrurile! Este motivul pentru care Pavel *prezumă* că biserica se va ruga împreună, atât bărbații cât și femeile (1 Cor. 11, 14). Rugăciunea este mijlocul rânduit de Dumnezeu pentru a împlini obiective supranaturale. Ea este deopotrivă personală și puternică. Așa cum Domnul Isus le-a reamintit ucenicilor Lui, există unele obstacole care nu pot fi trecute decât prin rugăciune (Marcu 9:29).

Prieteni, așa cum observa Jamie Dunlop în cartea sa, *The Compelling Community*, „lui Dumnezeu Îi place să-Și apere reputația. Atunci când noi ne rugăm împreună, nevoile noastre devin publice. Când El răspunde, gloria Lui devine publică". Rugăciunea pregătește membrii bisericilor noastre pentru acțiunile lui Dumnezeu.

PRIMA NOASTRĂ ÎNTÂLNIRE DE RUGĂCIUNE COMUNĂ

Luna trecută am avut prima noastră slujbă de rugăciune de duminică seara, cel puțin atât cât ne amintim. Ea a venit cu o mulțime de momente ciudate și cu stângăcii atunci când ne-am poticnit de tot felul de lucruri de-a lungul slujbei. N-a fost exact așa cum ne-am planuit, și cred că mare parte din vină trebuie să mi-o asum.

Dar totul este în regulă, pentru că noi, poporul lui Dumnezeu, prin puterea lui Dumnezeu, ne-am întâlnit și ne-am rugat. Am făcut ceea ce niciun alt popor și nicio altă instituție de pe pământ nu are privilegiul să facă. Și vom face acest lucru din nou. Vom vedea, vom aștepta și vom anticipa lucrurile pe care Dumnezeu le va face ca răspuns la rugăciunile noastre.

DESPRE AUTOR:

Brad Wheeler este păstorul senior al University Baptist Church din Fayetteville, Arkansas.

RUGĂCIUNEA COMUNĂ: O LUCRARE INVIZIBILĂ, ȘI TOTUȘI VITALĂ

Megan Hill

Mie îmi plac sarcinile cu rezultate vizibile. Arată-mi o oglindă murdară, un birou plin de hârtii, un pat murdărit cu tot felul de bucățele de flori, și mă apuc să fac curățenie. După un efort de 10 minute, pot să transform un lucru urât într-unul frumos și haosul într-o atmosferă de calm. Și îmi dă un sentiment deosebit.

Temele pe care *nu* le iubesc la fel de mult sunt cele repetitive și aproape invizibile. Să gătesc o cină pe care cei trei băieți ai mei o devorează fără comentarii și cu o viteză incredibilă așa încât să se poată întoarce repede la joaca lor cu pistoale? Nu sună așa de atractiv. Să sun la cabinetul doctorului pentru a patra oară săptămâna asta ca să rezolv o problemă cu asigurarea medicală? Nu, mulțumesc.

NOUĂ NE PLAC LUCRURILE VIZIBILE

Dacă te uiți la categoria „lucrări" pe paginile de internet ale multor biserici, vei vedea că acest lucru scoate la iveală că noi tratăm într-o manieră asemănătoare viața noastră comună. Noi punem accent pe grupurile de ucenicizare, pe consilierea celor aflați în criză, pe evanghelizarea în comunitate, pe lucrările cu studenții, pe studiile biblice și pe grija față de cei din congregație. Fotografiile noastre arată oameni care cântă sau interpretează la instrumente, oamenii care țin în mână cești de cafea și Biblii deschise, oameni care manevrează scaune cu rotile sau care lucrează din greu cu fierăstrăul. Ca biserică, nouă ne plac lucrurile *vizibile*.

Și poate că tocmai din acest motiv rugăciunea comună își face loc rareori ca eveniment important în calendarul nostru – fie în cadrul unui serviciu de închinare sau într-o adunare de peste săptămână – și nu este un lucru foarte atractiv. Venim, plecăm capetele, Îi cerem lui Dumnezeu lucrurile potrivit nevoilor noastre zilnice și Îi cerem să dea succes lucrării Evangheliei. Apoi facem lucrul acesta din nou. Săptămână de săptămână, an după an, aceeași oameni aduc aceleași motive în același fel și înaintea aceluiași Dumnezeu. Și nu produce întotdeauna rezultate evidente.

Totuși, acesta este unul dintre cele mai importante lucruri pe care le face o biserică.

RUGĂCIUNEA PENTRU CREȘTERE

Ca să îmi pot stârni entuziasmul pentru acele lucruri nu foarte atractive de pe lista mea, trebuie să-mi reamintesc faptul că ele sunt, în realitate, prețioase. Dacă copiii mei nu mănâncă, nu vor crește. Dacă nu dau telefoane în mod repetat, va trebui să plătesc o factură uriașă pentru serviciile de sănătate. În mod asemănător, biserica trebuie să-și reamintească faptul că sarcina dificilă, invizibilă și adeseori contra-culturală a rugăciunii comune este lucrarea care susține tot ce ceea ce noi facem. Dacă nu ne rugăm, nu vom crește. Nu vom înainta.

Mai mult, atunci când ne adunăm pentru a ne ruga în comun, acest lucru afirmă trei lucruri esențiale pe care adesea suntem înclinați să le uităm în legătură cu biserica: suntem complet dependenți de Dumnezeul nostru, avem nevoie de fiecare membru al trupului, și avem o misiune spirituală.

În primul rând, biserica aceea care se roagă este o biserică ce își recunoaște dependența de Dumnezeu.

În celelalte activități ale noastre, putem fi ispitiți să credem că succesul depinde de noi. Dacă organizăm suficiente tabere de tineret, dacă ne cântăm imnurile cu toată inima sau dacă tundem suficient de bine iarba vecinului nostru, atunci biserica noastră va crește cu siguranță. Dacă invităm suficienți oameni, pregătim suficienți oameni, mobilizăm suficienți oameni, cu siguranță vom vedea rezultate în comunitatea noastră. Aceste lucruri pot fi bune. Totuși, venind împreună în rugăciune ne reamintim că înaintarea și creșterea bisericii lui Hristos nu depinde în ultimă instanță de noi. În rugăciune, noi întindem cu smerenie ceea ce Thomas Manton denumea „mâna goală a sufletului... [care] cere toate lucrurile de la Dumnezeu."

Noi îi luăm ca exemplu pe membrii bisericii primare care „stăruiau în învățătura apostolilor, în legătura frățească, în frângerea pâinii, și în rugăciuni" (F.A. 2:42). Ei s-au rugat împreună atunci când luau masa (F.A. 2:46) și când posteau (F.A. 13:2–3). S-au rugat împreună când erau amenințați cu persecuția (F.A. 4:23–31) și când au rânduit noi prezbiteri (F.A. 14:23). S-au rugat împreună în timpul serviciilor de închinare de la templu (F.A. 3:1) și în întâlnirile de rugăciune de pe malul râului (F.A. 16:13, 16).

Acei primi creștini se confruntau cu o mulțime de lucruri de făcut: propovăduirea Evangheliei, facerea de ucenici, plantarea de biserici și hrănirea văduvelor. Prioritizând rugăciunea comună, ei au recunoscut slăbiciunea lor și și-au găsit ajutorul de nădejde în Dumnezeu.

În al doilea rând, o biserică ce se roagă afirmă valoarea fiecărui membru al trupului.

Trist este că noi acționăm uneori ca și cum cele mai prețioase persoane din biserică sunt acelea a căror contribuție este cel mai ușor de observat. Cei ce organizează programele și care conduc diverse proiecte par adeseori să fie mai importanți decât văduvele în vârstă sau decât copiii cu dizabilități. Totuși, în rugăciunea comună, nu există celebrități. În rugăciunea comună, noi spunem bun venit laudelor copiilor care astupă gura vrăjmașului (Ps. 8:2) și onorăm munca grea a acelui membru care se roagă pentru ceilalți (Col. 4:12–13). Noi ne adunăm în rugăciune împlinind profeția de mii de ani a lui Isaia: „Casa Mea se va numi o casă de rugăciune pentru toate popoarele" (Isaia 56:7). Ne adunăm pentru a adăuga rugăciunile noastre la cele ale tuturor sfinților în marele potir de aur care stau înaintea tronului ceresc (Apoc. 5:8).

Mergi la orice întâlnire de rugăciune a bisericii într-o miercuri seara și vei vedea un grup divers de oameni. Acolo, bărbat și femeie, bogat și sărac, tineri și bătrâni – toți își afirmă identitatea comună și toți au părtășie cu Dumnezeul lor (Gal. 3:28). Fostul idolatru, fostul homosexual, fostul răzvrătit (1 Cor. 6:9–11) — toți cei care au fost spălați în sângele lui Hristos – se apropie împreună de tronul lui Dumnezeu într-un mod curajos (Evrei 4:6, 10:19). Cel slab și cel puternic, cel mai puțin onorabil și cel mai ales, cel mai neprezentabil și cel mai atractiv (1 Cor. 12:22–26) se ajută unul pe celălalt prin rugăciune. Nimeni nu este exclus, nimeni nu este trecut cu vederea și nimeni nu este socotit inutil.

În final, biserica aceea care se roagă se concentrează iarăși pe misiunea ei centrală, o misiune spirituală.

Există un motiv pentru care rugăciunea comună nu pare ceva deosebit, căci dacă facem acest lucru în mod repetat, totuși nu putem să-i cuantificăm rezultatele. Acesta este un motiv pentru care noi o practicăm cu ochii închiși și cu capetele plecate.

Motivul este simplu: rugăciunea este spirituală. Ea este arma spirituală a bisericii, de care se folosește într-un război spiritual (Efes. 6:10–20). Ea este instrumentul spiritual care ne ajută în lucrarea noastră spirituală (2 Cor. 1:11), și trădează nevoia noastră spirituală pentru lucrarea Duhului Sfânt (Luca 11:13).

Viața și lucrarea unei biserici nu există pur și simplu la nivelul vizibil al cărnii și sângelui, al clădirilor și claselor, al evenimentelor și al întâlnirilor de comitet. Cea mai mare lucrare a bisericii se desfășoară în locuri nevăzute – și așa ne rugăm noi.

Noi ne rugăm împreună ca Numele lui Dumnezeu să fie propovăduit cu succes în lumea întreagă (Ioan 17:23–26), ca lucrătorii Evangheliei să fie trimiși (Matei 9:38), ca oamenii să fie mântuiți și adăugați bisericii (F.A 2:47) și ca sfinții lui Hristos să fie uniți (Ps. 133). Ne rugăm împreună ca Dumnezeu să Își zidească Biserica și să zdrobească împărăția Satanei (Matei 16:18), să îi așeze pe membrii Bisericii Lui în congregații locale, potrivit cu planurile și scopurile Lui (1 Cor. 12:18), să dea înțelepciune poporului Său (Matei 21:15, Iacov 1:5), să îi asigure pe sfinții Lui (Ioan 6:37), și în ultimă instanță să ne ducă în locul în care vom trăi alături de El (Ioan 14:3).

Chiar dacă rugăciunea noastră împreună poate părea uneori lipsită de roadă și neimportantă, Biblia ne asigură că rezultatele vor fi într-o bună zi vizibile. În Apocalipsa 8, Ioan ridică cortina cerului și vedem acolo rugăciunile noastre amestecate cu focul lui Dumnezeu. Ele sunt aruncate apoi pe pământ, având cele mai spectaculoase rezultate: „și s-au stârnit tunete, glasuri, fulgere și un cutremur de pământ" (Apoc. 8:5).

Frați și surori, haideți să ne rugăm împreună.

DESPRE AUTOR:

Megan Hill este soție și fiică de pastor care și-a petrecut viața rugându-se cu ceilalți. Ea slujește în comitetul editorial al revistei Christianity Today și scrie în mod regulat pe teme hermeneutice la The Gospel Coalition. Megan este autoarea cărții *Praying Together: The Priority and Privilege of Prayer in Our Homes, Communities, and Churches* (Crossway, 2016).

CUM SĂ NE RUGĂM ÎN COMUN CELE PATRU MARI TIPURI DE RUGĂCIUNE

John Onwuchekwa

Noi toți am fost parte din biserici unde rugăciunea este prezentă, dar nu este nici intențională și nici puternică. Din nefericire, foarte adesea rugăciunea din biserică se simte asemenea unei rugăciuni dinaintea unei mese – este obligatorie, toți respectă hotărârea noastră de a ne ruga, dar nimeni nu se alege cu prea mult de pe urma ei. Ea ajunge să fie redusă la cea mai bună metodă de a face tranziția de la o activitate la alta. „Haideți să închidem cu toții ochii și să ne plecăm capetele, așa încât trecerea echipei de închinare pe scenă sau de pe scenă să nu fie deranjantă".

Rugăciunea a ajuns ca actul de deschidere pentru opera principală – predica de duminică. Totuși, E.M. Bounds, cunoscutul pastor din secolul al 19-lea, ne reamintește că „a le vorbi oamenilor despre Dumnezeu este un lucru deosebit, dar a-I vorbi lui Dumnezeu despre oameni este și mai măreț".

Având acest gând în minte, am conștientizat aici, la Cornerstone, unde eu păstoresc, că rugăciunea este un lucru important pentru noi. Noi nu vrem ca membrii bisericii noastre și vizitatorii să audă doar lucruri *despre* Dumnezeu prin cântările și predicile rostite din față. Dacă așa ar sta lucrurile, ar fi ușor pentru oameni să se simtă asemenea unor spectatori, însă nu acesta este obiectivul închinării colective. Obiectivul celor care vin la slujbele noastre este atât personal cât și participativ. Noi dorim ca toți cei care vin în biserica noastră să aibă oportunitatea să intre personal în relație cu Dumnezeu, motiv pentru care considerăm că rugăciunea este o componentă critică în vederea atingerii acelui obiectiv.

Toți oamenii înțeleg că *ar trebui* să ne rugăm la biserică. Totuși, felul în care te rogi face diferența, motiv pentru care noi folosim rugăciunea comună ca pe o modalitate de a-i învăța pe membrii bisericii noastre cum să comunice cu Dumnezeu.

Prin această disciplină, sperăm că vor avea loc trei lucruri esențiale. În primul rând, noi dorim ca rugăciunile noastre să corecteze ideile greșite, în al doilea rând vrem să ne rugăm pentru lucrurile pe care mulți dintre noi le neglijăm, precum rugăciunea pentru autorități, și în al treilea rând vrem să arătăm că rugăciunea cu substanță nu trebuie în mod necesar să consume foarte mult timp. O mulțime de lucruri pot fi realizate în doar câteva minute.

Pe scurt, am învățat să nu presupunem că oamenii știu cum să se roage, motiv pentru care noi includem în mod specific cele patru tipuri esențiale de rugăciuni atunci când ne adunăm ca biserică.

ADORARE

Adunarea așază fundația timpului petrecut de noi cu Dumnezeu. Noi vrem să întărim în inimile și mințile noastre faptul că este o onoare deosebită să putem să Îi vorbim lui Dumnezeu. Majoritatea dintre noi suntem atât de familiarizați cu rugăciunea, încât uneori ne adresăm ușuratic lui Dumnezeu. De aceea, noi vrem să tăiem din primele minute ale slujbelor noastre acest mugure de atitudine nepotrivită. În schimb, vrem să ni se reamintească de caracterul măreț al lui Dumnezeu – cine este El și ce a făcut El în Hristos pentru cei lipsiți de merite. Datorită jertfei mărețe a lui Isus Hristos, noi putem să ne apropiem curajos de Dumnezeu. Cu toate acestea, rugăciunile de adorare ne reamintesc că trebuie să venim înaintea Lui cu o atitudine smerită.

MĂRTURISIREA PĂCATELOR

Dacă am abordat adorarea așa cum se cuvine, mărturisirea devine apoi un reflex al sufletului, următorul pas logic. Pe măsură ce reflectăm asupra sfințeniei lui Dumnezeu, păcătoșenia noastră devine evidentă, așa încât suntem conduși către mărturisire.

Este nădejdea noastră că, atunci când îl auzim pe un membru din biserica noastră mărturisindu-și păcatele, vom gândi în felul următor: „și eu am păcătuit astfel; și eu am nevoie de iertare". Foarte adesea, noi avem tendința de a minimiza păcatul din viețile noastre, însă atunci când îi auzim pe alții mărturisindu-l, suntem încurajați să ne cercetăm inimile și să scoatem la iveală păcatele pe care le-am trecut cu vederea. Acest lucru nu ne conduce la disperare, ci la dependența de Dumnezeu și la bucurie, pentru că tocmai în astfel de momente ni se reamintește într-un mod special de credincioșia și bunătatea lui Dumnezeu (1 Ioan 1:9).

Mărturisirea făcută corect stârnește închinarea. Totuși, întrucât ea ne provoacă să explorăm părțile întunecate ale vieților noastre, noi uităm adesea de această componentă și, în consecință, ratăm experimentarea bucuriei pe care Dumnezeu ne-o oferă. Evident, orice rugăciune de mărturisire ar trebui să fie serioasă, marcată de remușcare, însă acest moment ar trebui să sfârșească întotdeauna cu bucurie, asemenea lui David în Psalmul 32:

„Ferice de cel cu fărădelegea iertată, și de cel cu păcatul acoperit! Ferice de omul, căruia nu-i ține în seamă Domnul nelegiuirea, și în duhul căruia nu este viclenie!"

MULȚUMIRE

Noi toți recunoaștem atotputernicia lui Dumnezeu. Totuși, dacă nu suntem atenți, această recunoaștere poate să submineze dorința noastră după închinare înaintea lui Dumnezeu cu o atitudine de mulțumire care să izvorască din inimă.

În această lume există o mulțime de lucruri care nu funcționează corect, lucruri pe care dorim ca Dumnezeu să le repare. Cu toate acestea, fiind creștini, noi cunoaștem că, de cele mai multe ori, antidotul cel mai bun față de nemulțumire este recunoștința. În adunările noastre de duminică, noi folosim un timp special pentru a-I mulțumi lui Dumnezeu pentru felul în care El este și pentru ceea ce El face, lucru care este considerat vital. La urma urmei, un duh zdrobit dar nemulțumit poate fi o piedică importantă în calea auzirii cuvintelor pline de har ce ne sunt adresate de Dumnezeu (Exod 6:9). De aceea, în rugăciunile noastre de mulțumire, noi vrem să ne reamintim reciproc că trebuie să fim recunoscători, și avem nevoie adeseori de altcineva care să ne îndrepte în acea direcție. Pe scurt, dorim să fim conștienți și de lucrurile rele din această lume, și totuși să nu fim orbiți așa încât să nu mai vedem bunătatea lui Dumnezeu. Așa cum spunea Pavel, noi suntem întristați într-un fel adecvat, și totuși ne bucurăm întotdeauna (2 Cor. 6:10).

CERERI

Dacă membrii bisericii ne conduc în rugăciuni de adorare, mărturisire și mulțumire, noi, ca păstori, am decis să conducem rugăciunile noastre de cereri. Vrem să lărgim orizontul legat de lucrurile pe care congregația noastră crede că le poate cere din partea lui Dumnezeu.

Oamenii sunt în general foarte înguști în felul în care ei se roagă lui Dumnezeu. Când se gândesc la rugăciune, ei își imaginează în mod uzual că doar trebuie să vină la Dumnezeu, cerându-I diverse lucruri. Noi sperăm să tratăm această concepție în felul în care ne folosim de rugăciunile menționate mai devreme.

În mod asemănător, am descoperit că oamenii tind să fie destul de înguști chiar și în ce privește lucrurile pe care I le cer lui Dumnezeu. Noi vrem să comunicăm în mod clar că este perfect în regulă să Îi cerem lui Dumnezeu vindecarea unei persoane bolnave, că este perfect normal să ne rugăm în mod repetat acel lucru și că este în regulă să-I cerem lui Dumnezeu diverse lucruri fără a atașa în mod regulat expresia „dacă este voia Ta". Evident, ascultând de modelul lui Isus din Rugăciunea Domnească, noi dorim ca voia lui Dumnezeu să se împlinească mai presus de orice altceva.

Totuși, trist este că mulți dintre noi ne îndoim de abilitatea și dorința lui Dumnezeu de a face lucruri mari în viețile *noastre*. Ca biserică, noi vrem să ilustrăm măreția lui Isus cerând lucruri mari în Numele Lui! Frumusețea acestui lucru este că uneori Dumnezeu ne răspunde *negativ*, așa încât noi învățăm să creștem împreună ca familie, punându-ne încrederea în Dumnezeu în acest drum. Pe de altă parte, Dumnezeu trece cu mult peste ceea ce noi ne-am așteptat sau mi-am imaginat. El răspunde afirmativ, așa încât credința noastră este întărită.

Ca biserică, noi dorim ca închinarea să fie congregațională, nu doar privată. Noi dorim ca femeile și bărbații să participe în închinarea noastră în felurile în care Scriptura ne încurajează și ne permite, și vrem să manifestăm acea diversitate a poporului lui Dumnezeu care Îi vorbește lui Dumnezeu în modalități diverse.

Toate aceste lucruri sunt posibile datorită rugăciunii comune și a faptului că ea este un element cheie în adunările noastre, duminică de duminică. Comunitatea noastră și chiar vizitatorii pot să se vadă pe ei înșiși în persoana care se roagă, în timp ce le este reamintit că rugăciunea cu sens poate să aibă loc în forme variate într-o perioadă scurtă de timp. Întrucât includem elementele adorării, mărturisirii, mulțumirii și cererii în adunarea noastră, avem astfel oportunitatea de a manifesta acea lărghețe emoțională care ar trebui să fie parte din relația cu Dumnezeu.

ÎNCHEIERE

Atunci când vorbești cu un chelner la restaurant, pur și simplu îți prezinți cererile. Dacă ești în prezența cuiva pe care îl admiri, te vei concentra pur și simplu pe a complimenta acea persoană. Ambele reacții vorbesc totuși despre o relație superficială. Dumnezeu dorește însă o relație profundă cu poporul Său, și cu cât mai profundă este acea relație, cu atât mai variată este comunicarea.

DESPRE AUTOR:

John Onwuchekwa este păstor principal la Cornerstone Church în Atlanta, Georgia. Îl puteți găsi pe Twitter la adresa @JawnO.

Despre 9Marks

IX

MISIUNEA

9Marks există pentru echiparea liderilor bisericilor cu o viziune biblică și cu resurse practice pentru a reflecta gloria lui Dumnezeu înaintea popoarelor, prin biserici sănătoase.

ISTORIA ORGANIZAȚIEI

Organizația 9Marks își are rădăcinile în lucrarea pastorală a lui Mark Dever și Matt Schmucker la Capitol Hill Baptist Church (Washington, D.C.).

După zeci de ani de decădere, această congregație a cunoscut o perioadă de reformă la începutul anilor '90, sub lucrarea lui Mark și Matt. Ei n-au fost călăuziți de înțelepciunea convențională a specialiștilor în creșterea bisericii, n-au făcut sondaje de opinie, n-au creat noi programe, și nici nu s-au concentrat pe formarea unei anumite culturi.

Tot ce au făcut a fost să deschidă Biblia înaintea congregației. Mark a predicat și amândoi au lucrat pentru a da bisericii un fundament conform Scripturii.

CARTEA

La îndemnul lui Matt, Mark a scris și a publicat în mod independent broșura 9 semne ale unei biserici sănătoase care, la câțiva ani mai târziu, a devenit cartea cu același titlu, publicată în limba engleză de Crossway, în anul 2000. Organizația a fost înființată către finele anilor '90, cu scopul ca tot mai mulți păstori să ia parte la discuții sănătoase despre creștinism, inițiate de Mark și Matt. De atunci încoace, ea a crescut gradual tot mai mult.

VIZIUNEA

9Marks crede că biserica locală este punctul focal al planului lui Dumnezeu de a reflecta gloria Sa printre popoare. De asemenea, noi credem în suficiența Bibliei pentru viața bisericii. De aceea, ca organizație, lucrarea noastră se concentrează pe Scriptură, biserică și păstori. Noi prețuim multitudinea vocilor și a stilurilor celor care sunt partenerii noștri, și cu care împărtășim aceeași viziune. Nădăjduim că vom continua să creștem în cunoașterea Cuvântului lui Dumnezeu și în aplicarea lui în adunarea locală.

Intenția noastră este să împărtășim aceste lucruri cu ceilalți utilizând noile instrumente și platforme media, în plus față de cele existente.

CELE 9 SEMNE

Cele 9 Semne sunt: (1) predicarea expozitivă, (2) teologia biblică, (3) o înțelegere biblică a Evangheliei, (4) o înțelegere biblică a convertirii, (5) o înțelegere biblică a evanghelizării, (6) membralitatea bisericească biblică, (7) disciplina biblică a bisericii, (8) ucenicia și creșterea biblică a bisericii, și (9) conducerea biblică a bisericii. Acestea nu sunt singurele lucruri necesare pentru zidirea unor biserici sănătoase, ci ele sunt nouă practici pe care multe biserici din zilele noastre le-au uitat și, de aceea, este nevoie să fie readuse în atenție.

CUM SE FINANȚEAZĂ 9MARKS?

9Marks se bazează pe donații din partea bisericilor și persoanelor individuale, care înțeleg natura strategică a lucrării de echipare a păstorilor și liderilor cu o viziune biblică asupra bisericii locale. Suntem profund recunoscători pentru generozitatea tuturor celor care contribuie la această lucrare.

---

www.9marks.org | revistarom@9marks.org

Pentru mai multe informații despre Revista 9Semne, ne puteți contacta la adresele de email: revistarom@9marks.org. Suntem aici pentru a vă sluji.

Dacă nu este precizat altfel în text, citatele biblice sunt preluate din –iblia Cornilescu, ediția revizuită. Drepturi de autor –ritish and Foreign –ible
ociety (–F–
) și
ocietatea –iblică –nterconfesională din –omânia (
–––) 1924, 2016. Folosit cu permisiune.

–eferințele biblice notate cu NT– sunt preluate din –iblia, Noua Traducere –omânească (NT–). Copyright 2007, 2010, 2016 de –iblica –nc. Toate drepturile sunt rezervate. Folosit cu permisiune.

–eferințele biblice notate cu
–– sunt preluate din –iblia
ocietății –iblice –ritanice, ediția 1921 (domeniul pu- blic).

–eferințele notate cu G–VN sunt preluate din –iblia, traducerea G–V 2001. Toate drepturile sunt rezervate. Fo- l osit cu permisiune.

ZIDIND BISERICI SĂNĂTOASE

9Marks există pentru echiparea liderilor bisericilor cu o viziune biblică și resurse practice în vederea glorificării lui Dumnezeu între națiuni, prin intermediul bisericilor sănătoase.

În acest scop, dorim să vedem bisericile caracterizate de următoarele nouă semne ale sănătății:

1. Predicarea expozitivă
2. Teologia biblică
3. Înțelegerea biblică a Evangheliei
4. Înțelegerea biblică a convertirii
5. Înțelegerea și practicarea biblică a evanghelizării
6. Membralitatea biblică în biserică
7. Disciplina biblică a bisericii
8. Ucenicizarea biblică
9. Conducerea biblică a bisericii.

La 9Marks noi scriem articole, cărți, recenzii de carte și un jurnal online. Găzduim conferințe, înregistrăm interviuri și producem diferite alte resurse pentru a ajuta bisericile să reflecte gloria lui Dumnezeu.

Vizitați siteul nostru pentru a descoperi conținut în mai mult de **30 de limbi** și înregistrați-vă pentru a primi gratuit jurnalul nostru online. Vedeți lista completă a siteurilor noastre în alte limbi aici:

9marks.org/about/international-efforts/

9marks.org

www.ingramcontent.com/pod-product-compliance
Lightning Source LLC
Chambersburg PA
CBHW080026130526

44591CB00037B/2681